„De olle Vierfuß har dat tweide Gesicht.“
Erzählkultur um Theodor Caspar A. J. Wreesmann,
den „Seher von Friesoythe“

Alexander Reuter

„De olle Vierfuß har dat tweide Gesicht."

Erzählkultur um Theodor Caspar A. J. Wreesmann, den „Seher von Friesoythe"

Waxmann 2022
Münster · New York

Die Publikation dieses Buches wurde finanziell gefördert durch die Stadt Friesoythe.

Bibliografische Information der Deutschen Nationalbibliothek
Die Deutsche Nationalbibliothek verzeichnet diese Publikation in der Deutschen Nationalbibliografie; detaillierte bibliografische Daten sind im Internet über http://dnb.dnb.de abrufbar.

Print-ISBN 978-3-8309-4397-6
E-Book-ISBN 978-3-8309-9397-1

Steinfurter Straße 555, 48159 Münster

www.waxmann.com
info@waxmann.com

Umschlaggestaltung: Anne Breitenbach, Münster
Umschlagfoto Vorderseite: Theodor Wreesmann, Ausschnitt aus einem Wandgemälde in der Langen Straße, Friesoythe (gemalt 1993). Künstlerinnen: Michaela Plaggenborg und Brigitta Norrenbrock. Foto: Alexander Reuter (2021).
Umschlagfoto Rückseite: Der Stadtschreiber am Schreibpult (Ausschnitt). Verworfener Modellentwurf für ein lebensgroßes Bronzedenkmal. Künstler: Holger Voigts. Foto: Stadt Friesoythe (2021).
Lektorat: Jonathan Ivo Löwer
Satz: satz&sonders GmbH, Dülmen
Druck: CPI books, Leck
Gedruckt auf alterungsbeständigem Papier gemäß ISO 9706

Printed in Germany

Mein Dank gilt

Jonathan Ivo Löwer für das inhaltliche und formale Lektorieren dieses Buches, Gisbert Strotdrees für seine Einschätzungen zum ersten Manuskriptentwurf, Peter Sieve für das Beantworten unzähliger E-Mails mit Fragen sowie Hedwig Liebsch für das ausführliche Erzählen über ihren Großonkel zweiten Grades,

für weitere Recherchehilfen und das Bereitstellen von Quellenmaterial: Wilhelm Baumann, Carolin Weichselgartner, Ferdinand Cloppenburg, Walter Beckmann und Wolfgang Letzel,

für weitere Erzählberichte, inhaltlichen Austausch, diverse Auskünfte, Fotos und Bildrechte, Hilfe mit dem Plattdeutschen oder sonst wie geartete Unterstützung: Uwe Löwensen, Michael Borth, Roswitha Krause, Elisabeth Olberding, Otger Eismann, Sven Stratmann, Franziska Buchmann, Nicole Kockentiedt, Marina Böckmann, Heiner Schepers, Michaela Rumpke, Holger Voigts, einigen anonym gehaltenen Personen und vielen meiner Verwandten,

der Stadt Friesoythe für die finanzielle Förderung dieses Buches,

und dem Team von satz&sonders für das „in Form Bringen" und dem Team vom Waxmann Verlag, insbesondere Sven Solterbeck und Julian Schröder für die hervorragende Betreuung des Buchprojekts und Anne Breitenbach für die schöne Umschlaggestaltung.

Abb. 1: Der Stadtschreiber von Friesoythe (1931). Kohlezeichnung angefertigt von August Kathe.

Inhalt

1	**Einleitung**	9
2	**Theoretischer Hintergrund: „Das Zweite Gesicht“**	15
2.1	Begriffsklärungen und Erläuterungen gängiger Motive im Vorschauglauben	15
2.2	Das Zweite Gesicht, Spökenkiekerei und Präkognition – ein historischer Abriss	24
3	**Theodor Caspar Anton Joseph Wreesmann – „De olle Vierfuß“**	42
3.1	Zur Person Wreesmanns	43
3.2	Stadtschreiber mit heimatkundlichem Interesse	57
3.3	Gespaltenes Verhältnis der Bevölkerung zu Wreesmann	71
4	**Vermeintliche Voraussagen Wreesmanns**	80
4.1	Todesvisionen, Brände und Hochzeiten	83
4.2	Die Zerstörung der Stadt Friesoythe im Zweiten Weltkrieg	88
4.3	Der rothaarige Geistliche und das weiße Kreuz	105
4.4	Der Wiederaufbau der Stadt	120
4.5	Das unbebaute Grundstück	123
4.6	Die Kirche stürzt ein	133
5	**Der „Seher von Friesoythe“ als Teil der Ortsgeschichte**	138
5.1	Rezeption Wreesmanns nach dem Zweiten Weltkrieg	138
5.2	Der Seher als Teil des Friesoyther Sagen- und Erzählkanons	148
6	**Künstlerische Aufarbeitung und Verewigung im Stadtbild**	156
6.1	Plastische Darstellungen, Gemälde und Zeichnungen	156
6.2	Gedicht: „De olle Vierfuß“	158
6.3	„Der Mahner deutet auf Zerstörung“ – Geschichte eines Denkmals	161
6.4	Fassadenmalerei am unbebauten Grundstück	173
6.5	Das fiktive Interview	176

7 Ausblick und Resümee 180

8 Literatur- und Quellenverzeichnis 183
Literatur und Tagespresse 183
Sonstige Internetquellen 198
Abbildungsverzeichnis 198

9 Anhang 201
9.1 Übersetzungen plattdeutscher und englischer Zitate ins Hochdeutsche 201
9.2 „De olle Vierfuß“ in hochdeutscher Übersetzung 206
9.3 Friesoyther Sagen nach Ludwig Strackerjan und Karl Willoh . . . 207
9.4 „Der Wasserhund“ von Albert Faske 211

1 Einleitung

„Eine der interessantesten Gestalten der Stadt Friesoythe war zweifellos der alte Stadtschreiber Wreesmann, dessen markantes Gesicht bei vielen Friesoythern noch in klarer Erinnerung ist. Wr. hatte die Gabe des ‚Zweiten Gesichts' und wurde von der Bevölkerung der ‚Spökenkieker' genannt. Mit Aufmerksamkeit verfolgte man seine Spaziergänge durch die Straßen. Jeder fragte sich: Wohin geht er? In vielen Fällen hatte er den Brand eines Hauses vorhergesehen und fragte den Besitzer, ob sein Anwesen auch gut versichert sei. Noch schwerer aber lastete die Sehergabe auf Wr., wenn ihm ein Gesicht den Tod eines Einwohners angekündigt hatte. Er schaute dann durch ein Fenster des Sterbehauses und erfüllte die Hausbewohner mit Furcht und Schrecken. Dieser Gabe und dieser Erlebnisse wegen sah man ihn nicht gern im Hause. So war Wr. eine menschenscheue Natur geworden. Zur Kirche kam er stets kurz nach Beginn der hl. Messe und verließ vorzeitig das Gotteshaus, um nicht mit andern sprechen zu müssen." (o.V. 1955a: 6)

„Still, sonderbar und menschenscheu sei der ‚Spökenkieker' gewesen, sagten die einen. Andere beschrieben ihn als genügsam, freundlich und an Gesprächen interessiert. Sein markantes Gesicht war auf jeden Fall von tiefen Furchen gezeichnet, die Augen klar, der Blick wachsam und der Geist mit einer Gabe versehen, die nicht selten für Furcht und Schrecken sorgte und auch auf ihm selbst lastete: Theodor Caspar Anton Joseph Wreesmann sah Tragödien und Ereignisse voraus." (Wimberg 2021)

„Längere Zeit vor dem 2. Weltkriege stand er eines Tages auf der Freitreppe des Krankenhauses, das am Stadtrande steht. Aufgeregt zeigte und schaute er hierhin und dorthin. Es kommen Leute und fragen, was er denn sehe. ‚Ich sehe ganz Friesoythe brennen. – Alles brennt nieder – ich kann über die Stadt hinweg das Amtsgericht sehen. Alle Leute laufen weg. Sie laufen ja alle den verkehrten Weg, sie laufen ins Moor und nach Mehrenkamp und Schlingshöhe! Das ist gefährlich! Sie sollen nach Pemertange [sic] laufen, aber nicht zu weit nach Thüle.' – ‚Weißt du denn auch, wann das alles geschehen wird', fragen die Leute. Er zeigt nach Pemertange, zu der Zeit ein einsames Heide- und Waldgebiet. ‚Dahinten werden sie eine weiße Brücke über die Soeste bauen, und wenn die fertig ist, dann ziehen viele mit Pferd und Wagen da hinüber nach Pemertange. Ich sage ja, da wird nichts passieren.'" (Reinke 1954: 251)

Theodor Caspar Anton Joseph Wreesmann (1855–1941) hatte das „Zweite Gesicht". So behaupteten zumindest später die Mitmenschen des ehemaligen Friesoyther Stadtschreibers, wie die einleitenden Zitate veranschaulichen, und er selbst soll ebenfalls dieser Überzeugung gewesen sein. Wenn er nachts, getrieben von seiner Bürde, rastlos durch die Straßen ging und schließlich vor einem Haus verweilte oder gar durchs Fenster stierte, soll es dort später einen Brand, einen Todesfall oder eine Hochzeit gegeben haben. Viele Menschen sollen ihn und seine rätselhafte Sehergabe gefürchtet haben; andere höhnten seiner markanten Gestalt und seinem exzentrischen Verhalten mit dem Spottnamen „Vierfuß". Und dennoch, so berichten zumindest Zeitzeuginnen und Zeitzeugen, erinnerten sich im April 1945 zahlreiche Menschen in Friesoythe einer Weisung, die er hinsichtlich des besonders verheerenden Brandes durch die Kriegszerstörung geäußert haben soll. Diese Weisung habe angeblich zahlreiche Leben gerettet.

Welchen Stand hatte ein Mensch wie Wreesmann in einer dörflichen oder kleinstädtischen Gemeinschaft, der der Spuk auch im 20. Jahrhundert noch nicht völlig fremd geworden war? Ob man ihn nun aufgrund der vermeintlichen schaurigen Begabung fürchtete, ob man ihn wegen seiner Bildung, seines Interesses für das Weltgeschehen und seiner altmodischen Kleidung als verschrobenen Sonderling belächelte oder ob man ihn posthum zum Retter stilisierte und ihm dementsprechend Gedichte widmete und Denkmäler errichtete – immer erregte der als wortkarg und bescheiden beschriebene Mann Aufmerksamkeit, die er so wohl nicht gewollt hat bzw. hätte. Inmitten des Zweiten Weltkrieges und kurz vor seinem 86. Geburtstag verstarb Theodor Wreesmann. Die Geschichten um ihn, die beinahe allesamt Kriegsbezug aufweisen, entwickelten dagegen in den frühen Jahren der Bundesrepublik ein Eigenleben bis hin zu einer mythisch angehauchten Form der Geschichtsschreibung: Kaum ein heimatkundlicher Chroniktext über Friesoythe im Zweiten Weltkrieg verzichtet auf die Nennung Wreesmanns als Propheten der Zerstörung. Die Erzähltradition, die sich um den Verblichenen etablierte, entsprang einem kollektiven Bedürfnis nach Erklärung für die mit der totalen Niederlage des Naziregimes verbundene Zerstörung der Stadt kurz vor der Kapitulation. Einwandfrei belegt sind allerdings die wenigsten Informationen, die im Laufe der letzten Jahrzehnte über den Stadtschreiber kursierten, und teilweise sind die Aussagen der Zeitzeuginnen und Zeitzeugen widersprüchlich. Wenn es um „den alten Vierfuß" geht, ist der Übergang zwischen Fakt und Fiktion bis heute fließend. In der Friesoyther Innenstadt aber liegt ein für kommerzielle Zwecke optimal gelegenes Grundstück, zu dem der Stadtschreiber eine apokalyptische Warnung geäußert haben soll, seit tatsächlich 77 Jahren unbebaut dar.

Für mich, als Autor eines Buches über Theodor Wreesmann, stellt sich die Frage danach, wie ich die Geschichten einzuordnen habe, die einige für historische Wahrheit und andere für ausgemachten Unsinn halten. Gerade diese Zwiespältigkeit trägt allerdings die Antwort bereits in sich, da sie charakteristisch für *Sagenerzählungen* ist. Der Erzählforscher Helge Gerndt definiert diese Textsorte wie folgt:

> „Eine Sage, speziell die sogenannte Volkssage, ist eine relativ kurze Geschichte über vergangene Geschehnisse, denen *zugleich* Glaubwürdigkeit und Unglaubwürdigkeit zukommt. Fehlt der Anspruch, das Geschilderte sei wirklich geschehen, spricht man von Fantasiegeschichten, von einem Märchen, von Lügenerzählung oder Räuberpistole; gilt dagegen das Geschehen als wahr, handelt es sich um eine Nachricht, einen Tatsachenbericht, eine Geschichtsdarstellung, ein Memorabile und Ähnliches. Sagen konstituieren sich als spezifische Erzählgebilde erst mit der Doppelheit von Wahrheit *und* Zweifel. Das erscheint paradox. Das Rätsel löst sich aber – fürs Erste – dadurch, dass Wahrheitsanspruch und Zweifel in Bezug auf die Realität des Geschehens nicht von ein und derselben Person vertreten werden: Ein Erzähler hält die Geschichte für wahr, ein Zuhörer zweifelt daran oder umgekehrt.
>
> Der Sachverhalt ist freilich kompliziert. Es können von derselben Person auch bestimmte Teile [...] als wahr angenommen und andere angezweifelt werden; [...]. Ein anderes Problem ist, dass man auch – entsprechend Sigmund Freuds Begriff der Ambivalenz (das meint zum Beispiel, eine Person gleichzeitig zu lieben und zu hassen) – ein Vorkommnis *zugleich* glauben und nicht glauben kann.
>
> Ein Kulturwissenschaftler, der sich den Prinzipien der Objektivität und Nachprüfbarkeit verpflichtet weiß, steht hier vor einem diffizilen Problem." (Gerndt 2020: 9 f. Herv. i. O.)

Dass ich vor einem Problem stünde, würde ich nicht sagen, wohl aber stehe ich vor der Frage, was ich überhaupt herausfinden will und kann. Und um schon im Vorfeld keine falschen Erwartungen aufkommen zu lassen: Selbstverständlich kann ich *keine* Erkenntnisse darüber liefern, ob es ein „Zweites Gesicht" gibt und ob Wreesmann, damit behaftet, zukünftige Ereignisse sehen konnte. Allgemein kann ich nicht die Frage danach beantworten, „was dran ist" an den Geschichten – und wenn das Sinn und Zweck dieser Arbeit wäre, so könnte ich diesen bloß verfehlen. Wenn ich im Folgenden also stets von den *vermeintlichen* Voraussagen Wreesmanns spreche, so steckt dahinter nicht die Absicht, Aussagen von Zeitzeuginnen und Zeitzeugen oder auch allgemein den ggf. noch an der einen oder anderen Stelle lebendigen Glauben an die „Spökenkiekerei" zu delegitimieren. Vielmehr handelt es sich dabei um die Notwendigkeit, eine kritische Distanz zu einem Erzählstoff zu wahren, dessen Inhalt nicht einwandfrei belegt ist und der – je nachdem, wer die Geschichte gerade erzählt – auch immer einem gewissen Wandel unterliegt. Wenn die Frage nach dem Wahrheitsgehalt der Erzählungen um den Friesoyther Stadtschreiber also unbeantwortet bleiben muss, warum sonst lohnt sich eine Auseinandersetzung mit ihnen? Oder allgemeiner gefragt: Welcher Erkenntnisgewinn lässt sich aus Geschichten ziehen, „die man sich so erzählt"? Auch hier wartet Gerndt mit einer Antwort auf:

> „In den Erzählungen eines Menschen äußert sich sein individuelles Bewusstseinsgeflecht aus Wahrnehmungen und Erinnerungen, Ideen, Wünschen und Hoffnungen – letztlich seine Weltvorstellung und sein Weltverständnis – besonders plastisch. Ständig und überall wird in Alltagsgesprächen erzählt. Vieles davon wird über Zeitungen und Bücher, im Fernsehen und im Internet vermittelt. Erzählen entwächst einem Grundbedürfnis nach sozialem Kontakt und Selbstvergewisserung, und jede Erzählung kondensiert und transzendiert ein Stückchen Wirklichkeit. Diese Erkenntnis bildet die Grundlage kulturwissenschaftlicher Arbeit." (Gerndt 2020: 15)

Demzufolge geht es nicht um die rein inhaltliche Ebene, denn „Sage und Sagenerzähler, Inhalt und Sagenvermittlung [sind] nicht zu trennen" (ebd.: 72). Es geht um die Art und Weise, wie über „den alten Vierfuß" und sein „Zweites Gesicht" erzählt wird. Dies ist ebenso interessant wie die Geschichten als solche.

Sagenhafte Geschichten über das „Zweite Gesicht" (als spezifische Form des Erblickens zukünftiger Ereignisse) und die damit behafteten „Spökenkieker" (Spukseher) waren bis in das 20. Jahrhundert hinein in Nordwestdeutschland überaus verbreitet. Damit stehen die Erzählungen um den Friesoyther Stadtschreiber in einer überregionalen Erzähltradition, die zunächst erschlossen werden muss, um den für das bestmögliche Verständnis des Einzelfalls notwendigen theoretischen Rahmen abzustecken. In Kapitel 2 dieser Arbeit referiere ich also zunächst über die Jahrhunderte währende Diskussion um das sogenannte „Zweite Gesicht" als ein Phänomen, für das durchaus nicht nur Erklärungen im „Übernatürlichen" gesucht wurden und das damit eine

Sonderstellung im Bereich von Sagen und „Aberglauben“ einnimmt. Um die kulturhistorische Bedeutung dieses Erzählmotivs für Nordwestdeutschland zu verdeutlichen, gehe ich nebenher kurz auf die Thematisierung von „Spökenkiekern“ in belletristischer Literatur ein. Das Kapitel 3 wird eingeleitet durch den Versuch, aus den wenigen überlieferten Informationen über Theodor Wreesmann eine Biographie zusammenzustellen und außerdem seine Tätigkeit als Stadtschreiber von Friesoythe zu beleuchten. Die historische Persönlichkeit des Stadtschreibers nehme ich ferner im Hinblick auf seine soziale Positionierung innerhalb der kleinstädtischen Gemeinschaft unter die Lupe, wo er aus verschiedenen Gründen eine gewisse Außenseiterrolle einnahm. Daraufhin wird auf seinen Ruf als „Spökenkieker“ eingegangen und die einzelnen ihm zugeschriebenen Voraussagen werden in Kapitel 4 ausführlich dokumentiert und im historischen Kontext hauptsächlich des Zweiten Weltkrieges analysiert. Aus Perspektive der Erzählforschung betrachte ich Wreesmann dabei nicht als isolierte Person, sondern nehme die gesamte Erzählgemeinschaft mit den W-Fragen in den Blick: *Wer* erzählt *was* über Wreesmann und *wer* hört zu bzw. liest? *Wann* und *wo* wird *wie* erzählt und vor allem: *warum*? In Kapitel 5 widme ich mich der Rezeption des „Sehers“ nach dem Zweiten Weltkrieg, als er zu einem bedeutenden Teil der Ortsgeschichte stilisiert wurde. Dies drückte sich vor allem posthum in diversen künstlerischen Auseinandersetzungen aus, inklusive eines öffentlichen Denkmals, die schließlich in Kapitel 6 dokumentiert und kommentiert werden. Diese künstlerischen Verarbeitungen in Kombination mit den diversen Niederschriften der um Wreesmann kursierenden Erzählungen geben Grund zur Annahme, dass zumindest in den frühen Jahren der Bundesrepublik eine starke Mythisierung seiner Person stattgefunden hat – die in sehr abgeschwächter Form noch immer fortwährt.

Wie es auch schon bei meiner Arbeit über den „Pestschinken“ von Friesoythe der Fall war (2021), dient das vorliegende Buch schließlich auch dem Zwecke, das über viele Jahrzehnte hier und da verstreut erschienene und teilweise nur schwer zugängliche Quellenmaterial gesammelt und gebündelt auszuwerten und als einen über Jahrzehnte andauernden Diskurs zu verstehen. Bücher und Artikel werden im Text mit Kurzverweis auf das Literaturverzeichnis zitiert. An einigen Stellen zitiere ich aus plattdeutscher und englischsprachiger Literatur. Übersetzungen der betreffenden Passagen ins Hochdeutsche finden sich im Anhang. Wo ich mich im Fließtext auf längere persönliche Gespräche oder E-Mail-Kontakt mit dem Historiker und Archivar am *Bischöflich-Münsterschen Offizialat*, Peter Sieve, dem Friesoyther Stadtarchivar Walter Beckmann, der Gästeführerin Roswitha Krause, dem ehemaligen evangelischen Pfarrer Uwe Löwensen und dem ehemaligen katholischen Pfarrer Michael Borth beziehe, verwende ich als Quellennachweis deren kleingeschriebene Initialen oder, bei Zitatblöcken, deren volle Namen. Auch habe ich ein Gespräch mit der einzigen lebenden Person geführt, die Theodor Wreesmann noch persönlich gekannt hat. Diese heißt Hedwig Liebsch und ist seine Großnichte zweiten Grades. Bei einigen Zitatblöcken findet sich in der Quellenangabe der Vermerk „Text auf Grundlage von Gesprächsnotizen". Da ich die Erfahrung gemacht habe, dass Audioaufnahmegeräte häufig eine abschreckende Wirkung zeigen, habe ich die persönlichen Gespräche ohne ein solches geführt und mir stattdessen beständig Notizen über das Gesagte gemacht. Die aus diesen Notizen resultierenden Texte wurden mit den betreffenden Personen abgestimmt.

2 Theoretischer Hintergrund: „Das Zweite Gesicht“

Bevor ich nun auf die Person des Theodor Caspar Anton Joseph Wreesmann zu sprechen komme, bedarf es der Absteckung eines theoretischen Rahmens. Wreesmann ist vor allem dafür bekannt, dass ihm die Fähigkeit zur Vorausschau zukünftiger Ereignisse nachgesagt wurde. Damit ist er allerdings kein Einzelfall: Verschiedene Formen des Glaubens an Wahrsagerei und Prophetie existieren bekanntlich seit Menschengedenken überall auf der Welt, aber auch die konkrete Form des bildhaften Erblickens von zukünftigen und zumeist nur für einen kleinen Personenkreis oder eine Dorfgemeinschaft relevanten Ereignissen verfügt über eine lange Tradition sowie eine weite Verbreitung. Geschichten über sogenannte „Spökenkieker“ – ein Begriff, mit dem spätestens posthum auch Wreesmann belegt wurde – finden sich in unerschöpflicher Anzahl in Sagensammlungen, vor allem aus norddeutschen Gebieten. Dementsprechend ausgiebig wurde diskutiert, welchen Wahrheitsgehalt diese Erzählungen aufweisen und welche (natürlichen oder übernatürlichen) Umstände ihnen zugrunde liegen.

Dieses Kapitel dient vor allem dazu, den Kontext für die spätere kulturgeschichtliche Einordnung der Erzählungen um Wreesmann zu erschließen. Zu diesem Zwecke beginne ich es mit diversen Begriffsklärungen zum Vorschauglauben und fahre mit der Erläuterung gängiger Motive fort. In einem weiteren Schritt findet eine Besprechung diverser Abhandlungen über den Vorschauglauben statt, um die historische Entwicklung des Diskurses sowie die verschiedenen Positionen darin zu veranschaulichen.

2.1 Begriffsklärungen und Erläuterungen gängiger Motive im Vorschauglauben

Zunächst einige Vokabeln zum *Vorschauglauben* – also dem Glauben an die Befähigung einzelner Menschen, zukünftige Dinge im Vorfeld anschaulich wahrzunehmen: Mit dem Begriff des *Zweiten Gesichts* wird, so Heimatvereinsvorsitzender Ferdinand Cloppenburg, „die Befähigung mancher Menschen beschrieben, in Form einer Vision von zeitlich noch bevorstehenden Ereignissen Kenntnis zu erhalten“ (Cloppenburg 1992b: 402). Wer über dieses *Zweite Gesicht* (manchmal: *das andere Gesicht*, oder plattdeutsch: *dat tweide Ge-*

sicht) verfügt, wird in der niederdeutschen Sprache als *Spökenkieker* (oder *Späukenkieker*), also als *Spukseher* bezeichnet (ebd.); manchmal auch als *Schichtkieker* oder *Schichter*[1]. Das Sehen zukünftiger Dinge im scheinbaren Wachzustand über eine solche ungewollte Vision wird dementsprechend mit dem Verb *schichten* bzw. *schichtig kieken, schichtkieken* gefasst. Die Sichtung eines zukünftigen Ereignisses oder Umstandes ist ein *Vorgesicht*, ein *Vorspuk (Vörspauk),* eine *Vorgeschichte* oder ein *Vörloop.* Sobald das vorhergesehene (oder -gehörte) Ereignis tatsächlich eintritt, das *Vorgesicht* also durch Eintreffen bestätigt wird, ist der Spuk *utdaohn*, also *ausgetan.* Einen anschaulichen Eindruck vermittelt die folgende Charakterisierung des Phänomens, verfasst von Annette von Droste-Hülshoff:

> „Größere Aufmerksamkeit [...] verdient das sogenannte ‚Vorgesicht‘, ein bis zum Schauen oder mindestens deutlichen Hören gesteigertes Ahnungsvermögen, ganz dem Second sight der Hochschotten ähnlich, und hier [in Westfalen, Anm. d. Verf.] so gewöhnlich, daß, obwohl die Gabe als eine höchst unglückliche eher geheim gehalten wird, man doch überall auf notorisch damit Behaftete trifft, und im Grunde fast kein Eingeborner sich gänzlich davon freisprechen dürfte. – Der Vorschauer (Vorgucker) im höheren Grade ist auch äußerlich kenntlich an seinem hellblonden Haare, dem geisterhaften Blitze der wasserblauen Augen, und einer blassen oder überzarten Gesichtsfarbe; übrigens ist er meistens gesund und im gewöhnlichen Leben häufig beschränkt und ohne eine Spur von Ueberspannung. – Seine Gabe überkömmt ihn zu jeder Tageszeit, am häufigsten jedoch in Mondnächten, wo er plötzlich erwacht, und von fieberhafter Unruhe ins Freie oder ans Fenster getrieben wird; dieser Drang ist so stark, daß ihm kaum Jemand widersteht, obwohl Jeder weiß, daß das Uebel durch Nachgeben bis zum Unerträglichen, zum völligen Entbehren der Nachtruhe gesteigert wird; wogegen fortgesetzter Widerstand es allmählig abnehmen, und endlich gänzlich verschwinden läßt. – Der Vorschauer sieht Leichenzüge – lange Heereskolonnen und Kämpfe – er sieht deutlich den Pulverrauch und die Bewegungen der Fechtenden, beschreibt genau ihre fremden Uniformen und Waffen, hört sogar Worte in fremder Sprache, die er verstümmelt wiedergiebt, und die vielleicht erst lange nach seinem Tode auf demselben Flecke wirklich gesprochen werden. – Auch unbedeutende Begebenheiten muß der Vorschauer unter gleicher Beängsti-

1 Mittelniederhochdeutsch: schên = geschehen; Schichte = Geschehnis. Vgl. dazu sowie zu weiteren Begrifflichkeiten Zurbonsen 1921: 22 und vor allem Denkler 2013.

gung sehen, z. B. einen Erndtewagen, der nach vielleicht zwanzig Jahren auf diesem Hofe umfallen wird; er beschreibt genau die Gestalt und Kleidung der jetzt noch ungebornen Dienstboten, die ihn aufzurichten suchen; die Abzeichen des Fohlens oder Kalbes, das erschreckt zur Seite springt, und in eine jetzt noch nicht vorhandene Lehmgrube fällt &c. [...]" (von Droste-Hülshoff 1860: 288 ff.)

Was die sogenannten Spökenkieker in den sich um sie rankenden Erzählungen vorhersehen, betrifft in der Regel nicht die große Weltgeschichte, sondern einen überschaubaren Personenkreis oder eine Dorfgemeinschaft. Paul Bahlmann betonte, dass Vorgesichte „nur die Geschicke einzelner Personen oder Gegenstände" beträfen (Bahlmann 1898: 6) und „nie eine religiöse oder übersinnliche Richtung [nehmen], sondern [...] sich ganz in der Sphäre des gewöhnlichen bürgerlichen Lebens [halten], meist Todesfälle und Leichenbegängnisse, aber auch Brände, Hochzeiten, Geburten, Freundschaften, das Ankommen von (dem Seher oft ganz unbekannten) Fremden und dgl. betreffend" (Bahlmann 1901: 5). Diese Überschaubarkeit der Vorgesichte, sowohl auf inhaltlicher Ebene als auch im Hinblick auf den Wirkungsraum, grenzt das Phänomen ab von bspw. den kryptischen und weltweit viel interpretierten „Prophezeiungen des Nostradamus".

Das Gesehene ist, wohl abgesehen von den vergleichsweise raren Vorschauen von Hochzeitsfesten, selten wünschenswert. Schepper schrieb, dass „der Mensch gegenüber der Zukunft und ihrer Unsicherheit in einem heimlichen Weltangstgefühl gleichsam wie vor einer bedrohlichen Nebelwand" stehe, weshalb „die Zukunft ein psychologisch besonders mächtiges Motiv" sei (Schepper 1981: 23). Dasjenige Motiv, welches die meisten Spökenkieker-Erzählungen prägt, ist das vorzeitige Ankündigen von Todesfällen. Dieses geschieht in vielen Fällen durch die Voraussicht der Trauerzüge, was allerdings bedeutet, dass der oder die Tote nicht direkt benannt werden kann, da die Leiche sich bei der Sichtung bereits im geschlossenen Sarg befindet. In anderen Fällen sieht der Spökenkieker oder die Spökenkiekerin einen geöffneten Sarg und kann die bald darauf sterbende Person namentlich benennen. Seltener kommt es vor, dass eine Person den eigenen Tod, also sich selbst aufgebahrt in einem Sarg, erblickt. Aufgrund der zumeist negativen Behaftung der Gesichte wird den vermeintlichen Sehern häufig mit Misstrauen begegnet.

Wenn eine spuksichtige Person von ihrer Veranlagung heimgesucht wird (zumeist, aber nicht ausschließlich, bei Nacht), so kommt es in einigen Erzählungen vor, dass andere Menschen diese festhalten, um das Vorgesicht zu vermeiden. So erzählte man sich bspw. von einer Magd in einem Wirtshaus in Oldenburg, die von anderen Mädchen festgehalten wurde, bis sie sich losreißen und den Totenzug erst beim Kirchhof einholen konnte. Die anderen Mädchen bat sie später, sie in einem solchen Fall nicht wieder festzuhalten, da sie „es“ sehen müsse (Petschel 2006: 21). Ein anderer Mann bei Oldenburg soll, als er sich nachts festgebunden fand, so sehr geschrien haben, dass die anderen Menschen sich erbarmten und ihn losbanden. Als er aber zu spät auf den Friedhof kam, brach er ohnmächtig zusammen, beinahe tot, und war danach noch lange krank und auch nicht vom Zweiten Gesicht erlöst (ebd.). Diese erzählerischen Details verdeutlichen eine Machtlosigkeit der Spökenkieker gegenüber ihrer übernatürlichen Befähigung, die sie zu den Spuksichtungen zwingt. Auch lässt sich an ihnen ablesen, dass die Spukseher nicht als handelnde Akteure sondern als reine Beobachter verstanden werden, also keinerlei Einfluss auf die künftigen Ereignisse haben.

Die Inhalte der Vorgesichte sind unausweichlich, da sie als vorgeschriebenes Schicksal verstanden werden: Laut einer in zahlreichen Orten nahezu identisch erzählten Wandersage soll ein Knecht seinen eigenen toten Körper in einem Sarg erblickt haben und bald darauf, nach einem erfolglosen Versuch, durch Flucht vom Hof seinem Schicksal zu entrinnen, tatsächlich verstorben sein[2]. Solcherlei Versuche, das Vorgesicht eines Spökenkiekers durch aktives Entgegenwirken nicht oder nicht vollständig zur Erfüllung kommen zu lassen, werden in zahlreichen Vorschau-Erzählungen unternommen – und immer kommt das Schicksal gegenüber den sich widersetzenden Menschen zu seinem Recht, teilweise auch erst bedingt durch deren Widersetzen. Häufig sind es auch kleine unvorhergesehene Un- oder Zwischenfälle, die zur Erfüllung der Prophezeiung beitragen: So gibt es eine Geschichte aus Ahlen im Münsterland, laut der ein „Spöükenkieker“ einen Todesfall voraussagte (Henßen 1935: 79): Die sterbende Person konnte er nicht benennen, sah aber, dass u. a. ein weißer Schimmel den Totenwagen ziehen würde. Die Menschen entschieden sich nun bewusst für ein schwarzes Pferd, um dem Seher kein Recht zu geben, woraufhin dieses aber lahmte und doch der Schimmel vorgespannt werden musste. Eine sehr ähnliche Geschichte ist aus dem Ammerland festgehalten (Petschel 2006: 23 f.): Darin wurde neben der Rasse des ziehenden Pferdes auch die

2 So bspw. im münsterländischen Vorhelm (Henßen 1935: 78 f.), aber auch im mit Friesoythe benachbarten Altenoythe (Strackerjan und Willoh 1909: Bd. II, 177 f.) und an anderen Orten.

Reihenfolge der Kutschen im Begräbniszug vorhergesagt. Als die Menschen diese vermeiden wollten, gab es an einer Kutsche einen plötzlichen Schaden, wodurch die vorbestimmte Reihenfolge schließlich gewährleistet wurde. In diesen Details steckt der Glaube an ein vorgeschriebenes und nicht durch Menschenhand änderbares Schicksal, eine Machtlosigkeit der Menschen gegenüber einer höheren Vorsehung, vor der es kein Entrinnen gibt.[3] Außerdem dienten genannte Details den Erzählerinnen und Erzählern der Sagen dazu, Zweifeln zuvorzukommen: sie bekräftigen, dass das, was der Spökenkieker vorhersieht, unter allen Umständen die unbedingte Wahrheit sein muss. Der folgende Textauszug über einen Pfarrer aus dem nordfriesischen Niebüll liefert dafür abschließend ein anschauliches Beispiel:

> „Wir wollen hier nur eines dieser Beispiele auszugsweise anführen, welches von dem Küster Nahnsen zu Lindholm erzählt worden seyn soll. In dem Dorfe Niebüll war ein Seher, als ein Pastor Petersen erster Prediger der Gemeine war. Dieser wünschte einmal von jenem Seher gerufen zu werden, wenn er wieder eine Erscheinung in der Nachbarschaft bekomme. Es geschieht. Der Seher ruft ihn eines Abends, führt ihn in ein Seitengäßchen, stellt sich mit ihm vor eine Hausthür und sagt, aus dieser werde nächstens eine Leiche kommen, schildert auch, auf Befragen des Predigers, alle Umstände genau; unter andern bittet Past. P., als der Zug in der Erscheinung, von welcher aber der Pastor nichts sieht, in die Kirche gegangen ist, darauf zu achten, ob er selbst oder der zweite Prediger die Rede in der Kirche halten werde. Er erhält die Antwort, es sei seine Stimme, ja der Seher giebt Terteswortе und den Hauptinhalt der Rede an. Nach kurzer Zeit stirbt wirklich Jemand in dem bezeichneten Hause. P. P. wählt vorsätzlich einen andern Tert, als den ihm der Seher genannt hatte, und einen ganz andern Gedankengang zu der in der Kirche zu haltenden Rede. Alle andere Umstände trafen ein, aber P. P. bestieg die Kanzel mit dem festen Vorsatze, seine treu memorierte Rede zu halten. Hier aber ‚versank er, seiner eigenen nachherigen Versicherung zufolge, in einen Zustand gänzlicher Bewußtlosigkeit, und in demselben Augenblicke, als ihm Sprache und Besinnung wiederkehrte, sagte er, wie von einer unsichtbaren Macht getrieben, die von dem Seher angegebenen Terteswortе her, und hielt nun über diese eine

3 In diesem Charakteristikum fällt bereits eine Unregelmäßigkeit der Geschichten um Theodor Wreesmann auf: Wenn, wie bereits angedeutet wurde und später näher beleuchtet wird, die Erzählerinnen und Erzähler davon ausgehen, dass durch eine seiner Ankündigungen Menschenleben gerettet wurden, so setzt dies voraus, dass das Schicksal der Geretteten nicht festgeschrieben stand, sondern beeinflusst werden konnte.

Rede aus dem Stegreife, zu der es ihm jetzt an Stoff und Gedankenfülle nicht mangelte.‘“ (o.V. 1827: 701f.)

Neben dem Tod einzelner Personen sind Häuserbrände und Feuerkatastrophen weitere gängige Motive der Vorgesichte: Ein junger Mann in Cloppenburg bspw. soll zahlreiche Feuersbrünste treffsicher vorausgesagt haben und sei deswegen unter Verdacht der Brandstiftung auf das Landgericht bestellt worden, wo er seine Unschuld habe beweisen müssen (Lübbing 1968: 274). Knappe und charakteristische Erzählungen um Brandvorgesichte mit Erfüllung überliefern Strackerjan und Willoh bspw. aus Altenoythe und Bösel:

> „Ende August 1902 gingen am frühen Morgen zwei Männer den Kämpe-Weg. Sie hatten ungefähr die Hälfte des Weges zurückgelegt, da sehen beide zu gleicher Zeit, daß in nordöstlicher Richtung eine Feuersäule langsam emporsteigt und sich dann langsam wieder senkt. Das ist Vorgeschichte, sagte der eine zum andern. In der Richtung des Feuerscheins lag das Haus des Joh. E. Mehrenkamp, welches Ende September ein Raub der Flammen wurde. (Altenoythe.)“ (Strackerjan und Willoh 1909: Bd. I, 165)

> „Zeller K. in Bösel brannte vor einigen Jahren infolge Blitzschlages ab. Ein Hellseher hatte ihn vorher auf dies Feuer aufmerksam gemacht und geraten, versichern zu lassen. K. beachtete die Warnung nicht und erlitt großen Schaden.“ (ebd.: 182)

Als Brände im weiteren Sinne können auch kriegerische Handlungen und die daraus resultierenden Zerstörungen verstanden werden. In einer Mühle zu Waddewarden soll ein Müllerlehrling eines Nachts Soldaten erblickt haben, die nur er sehen konnte. Jahre später soll betreffende Mühle von fremden Soldaten zerstört worden sein (Lübbing 1968: 96f.).

Weitere Ereignisse, die (allerdings ungleich seltener) Gegenstand von Vorgesichten wurden, sind Hochzeiten. Gesehene Hochzeitskutschen bilden dabei eine Parallele zu den Pferdewagen der Leichenzüge. Dass Hochzeiten zumeist freudige Ereignisse sind, bedeutet allerdings nicht, dass Spökenkieker den Vorspuk derselben gern angeschaut hätten. Es verhalte sich sogar gegenteilig, wie Strackerjan auf Grundlage von Erzählungen zu berichten weiß, denn vorspukende Hochzeitsgesellschaften würden sich besonders schaurig gestalten:

> „Die sehenden Leute erblicken einzeln zwar Vorgeschichten der verschiedensten Art, weitaus am häufigsten indessen Leichenzüge, seltener eine Hochzeit; jedoch soll die letztere ein unheimlicheres Schauspiel bieten als die

> ersteren, denn das Gefolge einer Leiche geht ehrbar und würdig mit gesenktem Haupte einher und macht den ernsten Eindruck, welchen die Gelegenheit verlangt, aber Hochzeitsgäste und Begleiter eines Brautpaares verzerren die Gesichter, grinsen und sehen mit den geöffneten Lippen und den langen weißen Zähnen gräulich aus.“ (Strackerjan und Willoh 1909: Bd. I, 175)

Auch seien einzelnen Sagenaufzeichnugen zufolge die Abläufe der jeweiligen Festivitäten von den spuksichtigen Personen zum Teil detailliert vorhergesehen worden. So bei der durch eine Magd im Vorfeld beschriebenen Hochzeit eines Ammerländer Bauern (Petschel 2006: 22). Auch bei dieser Geschichte dienten Beschreibungen bestimmter Besonderheiten der Festivität dazu, Glaubwürdigkeit zu schaffen: Bspw. dass die Hochzeit entgegen der Planung im Unterschlag statt im eigentlichen Haus vorgenommen wurde, wie von der Magd vorausgesagt.

Dann wiederum gibt es eine Reihe Geschichten darüber, wie mit dem Zweiten Gesicht behaftete Personen keine konkreten zukünftigen Ereignisse, sondern die Beschaffenheit der zukünftigen Welt erblickt haben. Besonders tun sich dabei neue technische Errungenschaften hervor, welche die Welt und Lebensweise der Menschen nachhaltig verändert haben:

> „Wie solche Zerstörungen durch Krieg, Tod und Brand werden auch Neuschaffungen im Vorgesicht wahrgenommen. Als Vorschau wurden z. B. Gebäude gesehen die erst viel später erbaut wurden.“ (Faß 2002: 51)

> „Auch technische Erfindungen sind vorausgesehen worden. Als häufigste tritt hier Land auf und ab die Vorschau auf den Bau der Eisenbahn auf.“ (ebd.: 47)

Allerdings wurden ebenso Trivialitäten vorausgeschaut: So soll um 1860 eine Frau in Ohmstede das neue Schulgebäude vorhergesehen haben, welches über eine unpraktische Lage verfügte (Petschel 2006: 24). Als ein Haus in praktischerer Lage geplant wurde, äußerte die Frau, dieses würde dann wohl nicht lange stehen bleiben, woraufhin aufgrund der Angst der Menschen vor einem Einsturz desselben genau so unpraktisch gebaut wurde, wie die Frau das Gebäude vorhergesagt hatte. Eine solche Sage mag den Zweck gehabt haben, ein misslungenes Bauprojekt zu erklären. Noch trivialer, dafür umso kurioser: In einem Beispiel aus Vechta (Strackerjan und Willoh 1909: Bd. I, 189 f.) stellte sich ein beunruhigendes nächtliches Geräusch, welches „klang wie das Röcheln eines schwer Leidenden oder Zähneknirschen eines Zornigen“ als der Vorspuk des Schnarchens einer späteren Hausbewohnerin heraus.

An den genannten sowie auch an zahlreichen hier nicht aufgeführten Beispielen ist erkennbar, dass die Menschen, denen ein Zweites Gesicht nachgesagt wurde, sehr heterogen waren. Die meisten Spökenkieker-Sagen handeln von Männern, doch gibt es auch einen beachtlichen Frauenanteil und die Männerdominanz findet sich in den meisten anderen Sagenkategorien ebenfalls. Auch sind die Schichtkieker unterschiedlich alt: In vielen Texten wird keine Altersangabe gemacht, manchmal ist explizit von jungen, häufiger aber von betagten Menschen die Rede. Das Phänomen wird nicht zwangsläufig als individuell-persönlich betrachtet: So soll es in Norddeutschland ganze Familien gegeben haben, die als „Spökenkiekerfamilien“ bekannt waren (Bonin 1976: 551). Die religiöse Konfession ist für den Glauben an das Zweite Gesicht ebenfalls nicht ausschlaggebend: Sowohl das katholisch geprägte Westfalen als auch das evangelisch geprägte Niedersachsen (inklusive des wiederum katholischen Oldenburger Münsterlands, in dem Theodor Wreesmann zu verorten ist) gelten als hauptsächliche Verbreitungsgebiete der Erzählungen.[4]

Etwas homogener wird es hinsichtlich des sozialen Milieus der Personen: In den meisten überlieferten Fällen trifft es Mägde, Knechte, Schafhirten, Lehrlinge (bspw. eines Müllers), Arbeiter (bspw. ein Kuhlengräber) und Landwirte, seltener auch Handwerker – Berufe, die vor allem in ländlichen oder dörflichen Gemeinschaften angesiedelt sind und überwiegend auch keinen hohen sozialen Status für die jeweiligen Personen bedeutet haben. Interessanterweise sind es die gleichen Berufe, deren Träger besonders häufig von Sagensammlern als Erzähler herangezogen wurden: So gibt bspw. die münsterländische Sagensammlung *Volk erzählt* von Gottfried Henßen (1935) detailliert Aufschluss über die Gewährsleute der einzelnen Texte. Mit großer Mehrheit handelt es sich dabei um Landwirte, ferner Handwerker, Gastwirte und Arbeiter. Der Historiker Friedrich Zurbonsen führt allerdings auch zahlreiche Fälle an, in denen Angehörige der oberen sozialen Schichten Vorgesichte gehabt haben sollen bzw. wollen (Zurbonsen 1920).

---

4 Um einen Eindruck davon zu gewinnen, wie verbreitet Erzählungen um das Zweite Gesicht in Niedersachsen zeitweise waren, lohnt sich ein Blick in die Sagensammlungen *Aberglaube und Sagen aus dem Herzogtum Oldenburg* (Strackerjan und Willoh 1909) und *Niedersächsische Sagen Band I* (Peuckert 1964). Schon allein die schiere Menge der darin enthaltenen einschlägigen Sagenaufzeichnungen ist als Hinweis auf eine hohe soziale Relevanz des Erzählmotivs zu werten.

Heutzutage ist der Glaube an Spökenkiekerei beinahe ausgestorben und wird überwiegend als Phänomen der Vergangenheit oder als Teil regionaler Kulturgeschichte rezipiert. So trägt ein regionales Anzeigenmagazin aus Sassenberg in Nordrhein-Westfalen den Namen *Spökenkieker* und bietet auf seiner Website einen gut recherchierten Eintrag über die Wortbedeutung[5]. Der Aufklärungsturm A der Bundeswehr in Klaustorf nahe Großenbrode in Schleswig-Holstein wurde im Volksmund *Spökenkieker* genannt (Pille 2018: 8f). Seine jüngste öffentliche Rezeption fand der Begriff im Zuge der Corona-Krise: Der Musiker Bernd Begemann wandte sich im November 2020 auf Twitter an Leugner der Pandemie und schrieb: „Ihr seid keiner Verschwörung auf der Spur, ihr umgarnt größtenteils rationale Maßnahmen mit dunkler Mystik. Ihr seid Spökenkieker.“ In dem Tweet, der weite Verbreitung fand (nachzulesen bspw. in Hartwig 2020), wurde der Begriff spöttisch und quasi als Synonym für Fantasten gebraucht.

Der Glaube an Vorspukgeschichten nahm lange eine Sonderstellung gegenüber anderen Sagen und Legenden ein: Zahlreiche Menschen, die andere Spukgeschichten als Aberglauben abgetan haben, äußerten sich dahingehend, dass das Zweite Gesicht allerdings nicht unter diese Kategorie falle. Der Heimatforscher Benno Eide Siebs wusste bspw. von der ostfriesischen Insel Norderney folgendes zu berichten:

> „Der Glaube an die Wiedergänger, den Nåloop, ist den meisten Insulanern lange verloren gegangen. Anders steht es mit dem Glauben an den Vorspuk, den Voerloop. Nicht selten begegnet man der Auffasung [sic]: Nåloop gift ’t neet, man Voerloop gif ’t.“ (Siebs 1930: 150)

Am konkreten Beispiel des Stadtschreibers Wreesmann wird sich später zeigen, dass diese Auffassung sich noch lange nach dem Zweiten Weltkrieg in Friesoythe gehalten hat und vereinzelt auch heute noch hält. Ebenso hat es, um das Zweite Gesicht von anderem Sagenstoff zu unterscheiden, diverse Versuche von Forscherinnen und Forschern unterschiedlicher Fachdisziplinen gegeben, das Phänomen zu rationalisieren und teilweise sogar naturwissenschaftlich erklärbar zu machen. Vor allem die wissenschaftlichen Positionen über Vorspuk und das Zweite Gesicht, ganz am Rande auch noch die belletristische Verarbeitung desselben, sollen im folgenden zusammengefasst werden.

---

5 Homepage: Spökenkieker. Ihr regionales Anzeigenmagazin. Eintrag: Was ist ein Spökenkieker?

Dies geschieht in der Annahme, dass sie ein tieferes Verständnis für die Legenden ermöglichen, die sich um Wreesmann ranken. Es muss allerdings auch das Folgende bedacht werden: Der Stadtschreiber Theodor Wreesmann war ein belesener Mann. Sollte er tatsächlich selbst davon überzeugt gewesen sein, Vorspuk zu sehen, ist es möglich, dass er einige der nachfolgend genannten Werke gekannt hat und dass Thesen daraus in sein Selbstbild eingeflossen sind. Darüber lässt sich allerdings nur mutmaßen, da seine private Habe nicht mehr existiert und es auch keine anderen Hinweise auf Wreesmanns Lektüre gibt.

2.2 Das Zweite Gesicht, Spökenkiekerei und Präkognition – ein historischer Abriss

An dieser Stelle nun soll ein Abriss über den über 400-jährigen Diskurs um das sogenannte „Zweite Gesicht“ vorangestellt werden, um später die Einordnung der Geschichten um den Stadtschreiber Wreesmann in eine historische Entwicklung zu erleichtern. Dabei wird kein Anspruch auf Vollständigkeit erhoben und es werden nicht alle Stimmen in der gleichen Ausführlichkeit besprochen, da viele sich in ihren Grundannahmen recht ähnlich sind. Wie sich zeigen wird, gründen die Erzähltradition um das Zweite Gesicht sowie das gängige Bild des grüblerischen und versonnenen Spökenkiekers als Schäfer auf einsamer Heide zu einem großen Teil auf der Verklärung des Phänomens durch Gelehrte, anstatt auf mündlicher Überlieferung „im gemeinen Volke“.

Die Diskussion begann, soweit rückverfolgbar, im 16. Jahrhundert mit der theologischen Schrift *Ein Christlicher Vnderricht Von den Gespensten, Welche bey Tag oder Nacht den Menschen erscheinen* des reformierten Gelehrten und Staatsmanns Johann von Münster. Das Buch erschien in der von Unsicherheiten geprägten Zeit der Nachreformation, in der „die Furcht vor rätselhaften Erscheinungen, Geistern und ‚düsteren Gesichten‘“ gedieh (Strotdrees 2013: 38). Der Autor sah die Erscheinungen als von Gott gesandte Gespenster, welche die aus der Sünde „herfliessende Gefahr Leibs unnd der Seelen“ (von Münster 1591: 47) anmahnen und zur Umkehr bewegen sollen. Dabei traten bereits gängige Motive des Vorschauglaubens zutage: Wo ein Vorbrand gesehen wird, fände „Götzendienst“ oder „Hurerey unnd Ehbruch“ statt (ebd.: 48) und Todesgesichte wie Särge und Leichenzüge sollen an die eigene Sterblichkeit erinnern und ggf. den persönlichen Lebenswandel im Angesicht des göttlichen Gerichts überdenken lassen (vgl. ebd.: 51 f.). Der Historiker Gisbert Strotdrees fasst zusammen: „Die angeblichen Vorzeichen und Prophezeiungen legte von Münster theologisch-moralisch aus, als göttlichen Wink zur individuellen Umkehr“ (Strotdrees 2013: 38). Innerhalb der reformierten Theologie gab es allerdings ebenso Gegenstimmen: Im 17. Jahrhundert eiferte Magister Heinrich Schwarz – während des Dreißigjährigen Krieges schwedischer Feldprediger, später dritter Prediger an der evangelischen Bischofskirche St. Lamberti in Oldenburg – entschieden gegen den Vorspukglauben, den er mit dem Teufel in Verbindung brachte:

> „Einige geben für, sie müssen nachts zu gewisser Zeit aufstehen und sehen, was passiert. Da sehen sie denn ganze Leichenbegängnisse, Leute, die sie kennen, in richtiger Prozession. Sie sehen weiße Männer und Weiber für die Türe gehen. Sie sehen Totenlichter im Hause brennen. Sie sehen und hören Totensärge zuschlagen und was die Phantasie mehr ist. Das ist allzumal nichts als des leidigen Teufels Gespenst. Der will weissagen und sich an des allwissenden und wahrhaftigen Gottes Statt stellen usw.“ (Schwarz, unbekanntes Jahr, zit. n.: Strackerjan und Willoh 1909: Bd. I, 135 f.)

Ebenfalls im 17. Jahrhhundert wandte sich der Lübecker lutherische Theologe und Pastor Jacob Stolterfoht aus frühaufklärerischer Sicht gegen das Phänomen. Strotdrees zufolge legte Stolterfoht schon damals drei Kernmerkmale der Vorgesichte offen:

> „1. das Element des Erzählens, des Austausches ‚unerhörter‘ Ereignisse
>
> 2. die Absicht des Erzählers, Aufsehen erregen zu wollen, Aufmerksamkeit auf sich ziehen zu wollen, und schließlich
>
> 3. das schöpferische Moment, der kreative Akt des Erfindens und Ausgestaltens“ (Strotdrees 2013: 38)

Mit seiner Schrift *Consideratio Visionum. Oder Schrifftmessiges Bedencken. Was von Gesichtern heutiges Tages zu halten sey* (1634) habe Stolterfoht einen „scharfen Streit in der Gelehrtenwelt“ ausgelöst, der „auf Kirchenkanzeln und in Universitäts-Hörsälen [...], vor allem aber in Zeitschriften, Flugblättern und Büchern“ ausgetragen wurde (Strotdrees 2013: 38). Die zahlreichen in diesem Zusammenhang erschienenen Schriften, unabhängig davon, ob sie für oder wider das Phänomen argumentierten, „hielten in diesem Streit das Thema der ‚Vorgesichte‘ präsent“ (ebd.: 39), weshalb Strotdrees im Hinblick auf die daraus resultierende Erzählkultur um das Zweite Gesicht zu dem Schluss kommt:

> „Sie gründete eben nicht, wie später oft behauptet, auf Volkserzählungen, sondern war durch Druckschriften, Flugblätter, Predigten und andere Medien

> vermittelt und wurde durch sie stets aufs Neue wachgehalten.“ (Strotdrees 2013: 39)

Der Begriff des Zweiten Gesichts geht zurück auf denjenigen des *Second Sight*, welcher durch den schottischen Schriftsteller Martin Martin (bzw. auf Gälisch: Màrtainn MacGilleMhàrtainn) geprägt wurde. Dieser veröffentlichte erstmals im Jahr 1703 die erfolgreiche Abhandlung *A Description of the Western Islands of Scotland*, in welcher er u. a. kulturelle Eigenarten in der Lebensweise der Inselbewohner beschrieb. Schon auf dem Titelblatt des Buches, welches eine Inhaltsangabe enthält, wird das Second Sight umrissen als „Faculty of foreseeing things to come, by way of Vision, so common among them [the inhabitants, Anm. d. Verf.]“ (Martin 1716: i).

Im Preußen des 18. Jahrhunderts stellte der Philosoph und Aufklärer Immanuel Kant in seiner Abhandlung mit satirischen Zügen *Träume eines Geistersehers, erläutert durch Träume der Metaphysik* (1766) Überlegungen dazu an, ob es „Geister“ geben könnte oder nicht. Ganz im Sinne aufgeklärter Unvoreingenommenheit stellte er fest, dass „es ebensowohl ein dummes Vorurteil ist, von vielem, das mit einigem Schein der Wahrheit erzählt wird, ohne Grund *nichts* zu glauben, als von dem, was das gemeine Gerüchte sagt, ohne Prüfung *alles* zu glauben“ (Kant 1912: 332. Herv. i. O.). Bereits im einleitenden Abschnitt sprach er sich allerdings dafür aus, „sich mit dergleichen vorwitzigen oder *müßigen* Fragen gar nicht zu bemengen und sich an das *Nützliche* zu halten“ (ebd. Herv. i. O.) und bekannte außerdem, dass er in dieser Frage zu keinem Ergebnis gelangen konnte (vgl. ebd). Da seine Untersuchung des Gegenstands durch die Vernunft weder zum Beweis der Möglichkeit noch der Unmöglichkeit der Existenz von Geistern geführt hatte, zog Kant den folgenden persönlichen Schluss:

> „Ebendieselbe Unwissenheit macht auch, daß ich mich nicht unterstehe, so gänzlich alle Wahrheit an den mancherlei Geistererzählungen abzuleugnen, doch mit dem gewöhnlichen, obgleich wunderlichen Vorbehalt, eine jede einzelne derselben in Zweifel zu ziehen, allen zusammengenommen aber einigen Glauben beizumessen. Dem Leser bleibt das Urteil frei; was mich aber anlangt, so ist zum wenigsten der Ausschlag auf die Seite der Gründe des zweiten Hauptstücks bei mir groß gnug, mich bei Anhörung der mancherlei befremdlichen Erzählungen dieser Art ernsthaft und unentschieden zu erhalten. Indessen da es niemals an Gründen der Rechtfertigung fehlt, wenn das Gemüt vorher eingenommen ist, so will ich dem Leser mit keiner weiteren Verteidigung dieser Denkungsart beschwerlich fallen.“ (Kant 1912: 366f.)

Der im genannten zweiten Hauptstück seiner Abhandlung behandelte konkrete Anlass, aus dem heraus Kant sich überhaupt entschieden hatte, sich dem Thema einmalig zuzuwenden, war die vorangegangene Lektüre der Schriften des schwedischen Mystikers und Theosophen Emanuel Swedenborg. Dieser, dessen Hauptwerk *Arcana caelestia* Kant in seiner Satire als „acht Quartbände voll Unsinn" (Kant 1912: 376) bezeichnete, hatte u. a. angegeben, im Jahr 1759 vom 400 Kilometer entfernten Göteborg einen Stadtbrand in Stockholm gesehen und beschrieben zu haben. Da aus der Vernunft weder Möglichkeit noch Unmöglichkeit abzuleiten seien, „so kann man nur den Erfahrungen das Recht der Entscheidung einräumen" (ebd.: 388).

> „Wenn aber gewisse angebliche Erfahrungen sich in kein unter den meisten Menschen einstimmiges Gesetz der Empfindung bringen lassen und also nur eine Regellosigkeit in den Zeugnissen der Sinne beweisen würden, (wie es in der Tat mit den herumgehenden Geistererzählungen bewandt ist), so ist ratsam, sie nur abzubrechen, weil der Mangel der Einstimmung und Gleichförmigkeit alsdenn der historischen Erkenntnis alle Beweiskraft nimmt und sie untauglich macht, als Fundament zu irgendeinem Gesetze der Erfahrung zu dienen, worüber der Verstand urteilen könnte." (Kant 1912: 388 f.)

Die geistige Natur liege „gänzlich außer dem Gesichtskreise der Menschen" (ebd. 386 f.) und eine weitere Auseinandersetzung mit ihr müsse Kant zufolge als hinfällig betrachtet werden.

Im 19. Jahrhundert wurden zunehmend Versuche unternommen, auf naturwissenschaftlicher Ebene Erklärungen für das Phänomen zu finden, bspw. im sogenannten „thierischen Magnetismus". Die Ergebnisse dieser Untersuchungen blieben äußerst vage. Eine in variierender Form recht häufig vertretene Grundaussage war bspw. folgende:

> „So viel ist aber doch wol ausgemacht, daß Kräfte und Wirkungen in neueren Zeiten mit Grunde angenommen und vertheidiget sind, die man eine Zeitlang viel zu rasch verworfen und als bloße Erzeugnisse des Aberglaubens betrachtet hat." (o.V. 1827: 705)

Die Antworten wurden also jenseits von Gott und Teufel gesucht, die Berichte aber nicht generell in Zweifel gezogen, ein allmählicher Perspektivwechsel in der Diskussion um das Zweite Gesicht. Der evangelische Theologe Georg Conrad Horst sprach vom second sight als „eine Art, nur eine bestimmte, individuelle Aeußerung der Deuteroskopie überhaupt und nach ihrem weitesten Umfange" (Horst 1830: Bd. II, 245), welche Würdigung verdiene „als ein bis jetzt noch räthselhaftes und wundervolles [...] Aeußerlichwerden, oder aus Sichheraustreten unserer feinsten innerlichen Organe und Seelenvermögen, (unseres, im Gegensatz mit den gröberen äußeren Sinnen unendlich feineren inneren Sinns) nach allen seinen mannichfachen Erscheinungen und Modifikationen“ (ebd.).

Der Arzt, Gelehrte und Maler Carl Gustav Carus unterschied zwischen einer Tag- und einer Nachtseite des Seelenlebens. Er bemerkte, dass wenn bereits in Vorahnungen, wie er argumentierte, „ein Herübergreifen der Nachtseite des Seelenlebens in die Tagseite bemerkt werden konnte, so ist nun das, was man zweites Gesicht und Visionen-haben genannt hat, ein vollkommnes Hervortreten von Traumbildern im wachen Zustande“ (Carus 1831: 334. Herv. entfernt). Vorgesichte seien demnach „nichts andres als ahnende oder hellsehende Träume [...], welche mitten im Wachen plötzlich hervortreten, um so, gleich den Visionen, ein bald mehr bald weniger wahres Bild dem Schauenden zu zeigen“ (ebd.: 336. Herv. entfernt). Obgleich viele Menschen sich verleiten ließen, die gesehenen Bilder als objektive Wirklichkeit zu betrachten und ihnen ein von der eigenen Person „unabhängiges Dasein zuzuschreiben“ (ebd.: 340), blieben sie doch subjektive Seelenäußerungen (vgl. ebd.: 339 ff.).

Der Philosoph Arthur Schopenhauer benannte ein „vom äußern Eindruck auf die Sinne unabhängige[s] Anschauungsvermögen“ als „Traumorgan“ (Schopenhauer 1877: 254). Wie der normale Sehsinn sei dies „eine Funktion des Gehirns“ (ebd.: 253), allerdings ginge hier „die Erregung vom Innern des Organismus“ (ebd.: 321) aus. Dieser Wahrnehmung entsprängen verschiedene Unterformen außersinnlicher Wahrnehmung, u. a. das Zweite Gesicht als visionäre Zukunftsschau. In diesen Wahrnehmungen würde „die Gränze zwischen Subjekt und Objekt, welche die erste Bedingung aller Erkenntniß ist, zweifelhaft, undeutlich, wohl gar verwischt“ (ebd.: 317). Die Kommunikation des Inneren mit einem Äußeren geschehe über den Willen, der als „Ding an sich“ außerhalb des Prinzips von Zeit und Raum stehe, weshalb die Wahrnehmungen diesem auch nicht unterworfen seien, und jeder Individuation in einzelne Menschen noch vorausgehe, weshalb auf diese Weise ein Einwirken der einen auf die anderen ohne Vermittlung der äußeren Sinne denkbar sei (vgl. ebd.: 321 f.).

Josef Michael Schlenter, ein Vertreter des Darwinismus, versuchte, rein naturwissenschaftliche Weltanschauung und die Tatsächlichkeit des Zweiten Gesichts kompatibel zu machen: Er sah das Phänomen als einen sich erst in der evolutionären Entwicklung befindlichen und deshalb bei nur einzelnen Menschen bereits vorhandenen „Fernsinn“, der eine Fernschau in Raum und Zeit ermöglichen solle (vgl. Schlenter 1893). Sein Werk, welches schon im Titel eine „natürliche Erklärung mystischer Vorgänge" versprach, mystifizierte und verklärte die Erzählungen um Vorgesichte letztendlich nur auf eigene Weise im Sinne darwinistischer Ideologie.

Ein zumindest im Oldenburger Raum sehr bekannter Gegner des Vorschauglaubens war der jeversche Jurist, Politiker und Schriftsteller Ludwig Strackerjan. Nicht nur dass er Erzählungen um das Zweite Gesicht in sein Werk *Aberglaube und Sagen aus dem Herzogthum Oldenburg* (1867) aufnahm, was bereits die Einstellung des Autors gegenüber dem Phänomen verdeutlichte: Er widmete diesem noch einen kritischen Essay mit dem Titel *Wie ist der Vorspuk zu erklären?*. Darin bemerkte er zunächst, bei seiner Sammelarbeit die Erfahrung gemacht zu haben, „daß kein Zweig des Aberglaubens sich lebendiger erhalten hat als der Glaube an Vorspuk. Selbst in halbwegs gebildeten Kreisen grünt und blüht derselbe weiter" (Strackerjan 1881: 82). Seine Argumentation gründete auf einem strikt an den Naturwissenschaften orientierten Weltbild:

> „Wenn mein Tastsinn Dinge, die nicht existieren, nicht wahrnehmen kann, können es auch meine anderen Sinne nicht. Was keine Luftschwingungen zu erzeugen vermag, kann auch nicht gehört werden, und Luftschwingungen zu erzeugen vermögen nur wirkliche materielle Dinge. Die Sehkraft hat es mit feineren Schwingungen zu thun, aber doch mit Schwingungen, und wir kommen über das Materielle auch hier nicht hinweg. Also eines ist unrichtig: entweder die Sinne machen keine Wahrnehmung, oder was wahrgenommen wird, ist auch wirklich vorhanden, etwas Körperliches. Der Vorspuk, wie ihn das Volk sich denkt, steht mit den Naturgesetzen in Widerspruch." (Strackerjan 1881: 86)

Viele Vorspukgesichte erklärte Strackerjan sich mit purem Eigennutz der Sehenden, auch „Eitelkeit" und „Habgier" seien Ursachen für Gesichte:

> „So muß der Glaube, daß ein spukweise gesehener Hausbrand durch Rockenspenden an arme Leute abgewendet oder doch verzögert werden könne, die Armen in Versuchung führen, recht viele Häuser brennen zu sehen, und es kann nicht auffallen, wenn man erfährt, daß hauptsächlich die Häuser geiziger und hartherziger Leute brennend gesehen werden." (Strackerjan 1881: 90)

Außerdem verwies er darauf, dass viele Vorgesichte vor allem historischer Ereignisse niemals zur Erfüllung gekommen seien (vgl. ebd.: 91). Andere Gesichte, die vermeintlich Erfüllung gefunden haben, könnten im Nachhinein auf das tatsächlich Geschehene umgedichtet worden sein, oder wurden durch das vielfache Weitererzählen verfremdet – der berühmte Klatsch und Tratsch.

Besonders betroffen gewesen seien die „ungebildeten Stände“, weil sie, vom Gemütsleben beherrscht, nur in Bildern dächten und keine abstrakten Begriffe kennten (ebd.: 104). Mit einem gewissen überheblichen Sarkasmus empfahl der Autor abschließend denjenigen Menschen, welche viele düstere Vorahnungen empfänden, eine genaue Überprüfung ihrer Ernährungsweise (ebd.: 109). Akzeptierendere Worte gebrauchte der katholische Priester Karl Willoh 1909 in der überarbeiteten Zweitauflage von Stackerjans *Aberglauben und Sagen aus dem Herzogthum Oldenburg*:

> „Der Glaube an Vorgeschichten findet sich auch bei Menschen, die nicht im Verdachte stehen, abergläubisch zu sein. Ernste und besonnene Männer, Gebildete aller Stände, tief religiöse und religiös freisinnige bekennen sich zu demselben. Sie geben zu, dass viel Täuschung und Betrug mit unterläuft, daß die Phantasie subjektiven Sinnesvorgängen den Schein von objektiven Wahrnehmungen verleihen und dadurch Sinnesvorspiegelungen bewirken könne, und daß somit unzweifelhaft viele Visionen auf solche Hallucinationen zurückzuführen seien, bleiben aber dabei, daß es trotzdem Vorgeschichten gebe. Sie berufen sich zu dem Ende auf Selbsterlebtes oder auf das Zeugnis zuverlässiger Seher. Der Streit ist alt und wird wohl niemals ein Ende finden.“ (Strackerjan und Willoh 1909: Bd. I, 135)

Prägender noch als dieser häufig ideologisch anmutende Streit, den vor allem Wissenschaftler und Gelehrte um das Zweite Gesicht geführt haben, war wohl die literarische Auseinandersetzung einer westfälischen Schriftstellerin mit dem Phänomen. Annette von Droste-Hülshoff widmete ihm, neben der weiter oben bereits zitierten prosaischen Charakterisierung, ein Gedicht mit dem Titel *Vorgeschichte (Second sight).* Laut Familienüberlieferung erzähle der Versepos von einem Vorgesicht, welches tatsächlich in der Familie der Autorin stattgefunden habe (vgl. Grywatsch 2013: 173). Strotdrees arbeitete aus verschiedenen Texten der Autorin allerdings heraus, dass Droste-Hülshoff dem Phänomen durchaus kritisch gegenüberstand (Strotdrees 2007b: 88). Mit der ersten Strophe des genannten Gedichts trug sie dennoch nachhaltig zur Bildung eines Spökenkieker-Stereotypen bei:

> Kennst du die Blassen im Haideland,
> Mit blonden flächsenen Haaren?
> Mit Augen so klar wie an Weihers Rand
> Die Blitze der Welle fahren?
> O sprich ein Gebet, inbrünstig, ächt,
> Für die Seher der Nacht, das gequälte Geschlecht.
> (von Droste-Hülshoff 1844: 294)

Mir ihrer Charakterisierung der vermeintlichen Seher als blasse, blonde und von einer Bürde belastete Heidebewohner hat Droste-Hülshoff ein prägendes Bild geschaffen, das starken Einfluss auch auf die Selbstwahrnehmung vieler der betroffenen Personen genommen hat. So zitierte Zurbonsen später einen seiner Berichterstatter wie folgt: „wir blassen, blonden, stillen Menschen fühlen ein natürliches Widerstreben, das, was wir an uns selber erfahren haben, der Oeffentlichkeit preiszugeben“ (Anonymisierter Berichterstatter laut Zurbonsen 1920: 8). Auch in den Werken einiger anderer namhafter belletristischer Autorinnen und Autoren finden sich „Spökenkieker“, woran abermals die Bedeutung des Phänomens in bestimmten Regionen abzulesen ist.[6]

Zu Beginn des 20. Jahrhunderts veröffentlichte der westfälische Historiker und Gymnasiallehrer Friedrich Zurbonsen (in späteren Auflagen unter der selbstgewählten Schreibweise „Friedrich zur Bonsen“) eine erfolgreiche und häufig nachgedruckte Monografie über das Zweite Gesicht. Ihre Grundaussage: Die Seele, als „Abglanz des Göttlichen“ (Zurbonsen 1921: 86), sei anders als der vergängliche Körper nicht in Raum und Zeit gebannt und somit sei die „Tatsache“ des Zweiten Gesichts „ein Beweis für die Geistigkeit und Unsterblichkeit der Seele“ (ebd.: 87). Zum großen Verkaufserfolg des Buches bemerkt Strotdrees:

---

6 Zu nennen wäre bspw. Theodor Storm, dessen literarisches Werk vor allem in Nordfriesland angesiedelt und durchzogen ist von Motivik aus Sagen und Volksglauben. In einem Brief an Gottfried Keller erklärte er, „dß [sic] wir hier an der Grenze Nordfrieslands, wie in Schottland, uns in der Heimath des zweiten Gesichts befinden“ (Storm 1882 an Keller. In: Laage 1992: 92). Hedwig Kiesekamp verfasste eine dramatische Liebesnovelle um einen Spökenkieker und eine Magd, welcher Hexerei nachgesagt wird (1909). Dabei wird die Hexerei als Aberglaube, die Spökenkiekerei hingegen als treffsichere Begabung inszeniert. In Gorch Focks auf der Elbinsel Finkenwerder angesiedeltem Roman *Seefahrt ist not!* (1913) ist der örtliche Spökenkieker schaurig dargestellt und man misstraut ihm. Siegfried Lenz verarbeitete das Motiv des Schichtkiekens in seinem berühmtesten Roman *Deutschstunde* (1968), dessen Handlung sich während des und nach dem Zweiten Weltkrieg in der Nähe von Husum vollzieht. Geboren im damaligen Ostpreußen erachtete der nach dem Krieg in Hamburg lebende Schriftsteller das Phänomen wohl als charakteristisch für Nordwestdeutschland. 2015 erschien die plattdeutsche Übersetzung des Asterix-Comics *Le Devin* bzw. *Der Seher* unter dem Titel *De Spökenkieker* (Goscinny et al.: 2015).
Insbesondere in der westfälischen Literatur gibt es noch zahlreiche weitere Beispiele für die Verarbeitung des Spökenkieker-Motivs in Lyrik und Prosa. Denjenigen Leserinnen und Lesern, die diesbezüglich näher interessiert sind, sei Peter Wittkampfs zusammenfassendes Buch *Spökenkieker. Das Zweite Gesicht in Westfalen* (2019) empfohlen.

> „Mit diesem Thema hatte Zurbonsen einen Nerv getroffen. Denn um die Jahrhundertwende war das Interesse an okkulten Themen groß. Vielerorts gab es Vereine, Forschungszirkel und Verlage, gab es Schriftsteller und Künstler, Philosophen und Juristen, die sich den Phänomenen des ‚Übersinnlichen‘ widmeten. Eine Modewelle des Okkulten rauschte durch Deutschland, war allerdings städtisch, bürgerlich und akademisch geprägt. Das änderte Zurbonsen, der auf das Land und seine ‚Seher‘ wies.“ (Strotdrees 2015: 106)

„Unerklärlichkeit und Unmöglichkeit sind noch lange nicht dasselbe“ (Zurbonsen 1921: 9), erklärte der Autor und beklagte eine Voreingenommenheit der Wissenschaft (vgl. ebd.: 10). Er führte diverse gutbürgerliche Zeugen an, um zu betonen, dass der Vorschauglaube nicht lediglich in den ärmeren Teilen der ländlichen Bevölkerung Verbreitung gefunden habe. Außerdem führte er die soziale Stellung sowie den Bildungsgrad seiner Gewährsleute vielfach als Beweise für deren Glaubwürdigkeit an, was kaum als stichhaltig bezeichnet werden kann. Die Stille und Einsamkeit der westfälischen Heide benannte Zurbonsen als Faktor, der die dortige weite Verbreitung des Phänomens begünstige (ebd.: 17). Strotdrees zufolge prägte Zurbonsen mit seinem Buch das stereotype Bild des „sehenden Schäfers“ auf einsamer Heide (Strotdrees 2015: 106), das in Harsewinkel im Kreis Gütersloh 1962 sogar in Form eines Denkmals Gestalt angenommen hat (Abb. 2).[7]

Bedingt durch den Zeitgeist und angeregt durch Zurbonsens Bearbeitung des Stoffs sowie die dichterische Verarbeitung durch Annette von Droste-Hülshoff, kristallisierte sich auch im Hinblick auf die Charaktereigenschaften der Seher zunehmend ein bestimmtes, verklärend-romantisierendes Bild heraus. In den *Heimatblättern*, der Zeitschrift des *Heimatbundes für das Ol-*

---

7 Zur Identität ihres Spökenkiekers gibt die Internetpräsenz der „Mähdrescherstadt Harsewinkel“ Auskunft: „Spricht man in Harsewinkel vom Spökenkieker, so denkt man in der Regel an den so genannten ‚alten Stümpel‘. Stümpel, der in der Zeit von 1830 bis 1904 in Harsewinkel lebte, mit bürgerlichem Namen Anton Westermann hieß und sich als Tagelöhner verdingte, hatte früh düstere Ahnungen über den Ausbruch eines großen Krieges. Er prophezeite Brände, den Bau der Eisenbahnlinie, den Tod eines Kindes und sah auch sein eigenes Ende im Jahr 1904 voraus.“ Zum Denkmal bietet die Website folgende Informationen: „Am 27. November 1962 wurde in Harsewinkel vor dem neu gebauten Rathaus ein 2,40 Meter hohes Spökenkieker-Denkmal, das einzige seiner Art in Deutschland, feierlich übergeben. Der Wiedenbrücker Bildhauer Hubert Hartmann schlug in den Weser-Sandstein die Figur eines Schäfers, zu dessen Füßen sich Hund und Schafe ducken.“

Abb. 2: Das Spökenkieker-Denkmal in Harsewinkel, erschaffen vom Bildhauer Hubert Hartmann.

denburger Münsterland, wurde diese Vorstellung in einem großen, sich auf zehn Ausgaben erstreckenden Fortsetzungsbeitrag vermittelt:

> „Das stille, träumerische Gelände, die sinnende Unendlichkeit der braunen Heiden und der schwermütigen Moore scheinen dem Gemüte jene eigene Tiefe zu geben, welche die Vorbedingung zum ‚Zweiten Gesicht' abgeben. Nicht jeder ist zum ‚Schichtkieken' veranlagt.
>
> Aufgeregte, nervöse Menschen werden nicht der Gabe des ‚Zweiten Gesichtes' gewürdigt, auch nicht die Menschen, die irgend einem Laster, sei es Trunksucht oder Unzucht oder dergleichen verfallen sind, werden zu dieser Prophetenschule gehören. Die lärmende Beschäftigung in den Fabriken oder das hastende, unruhige Getriebe nach Reichtum ist allem Sehertum feind und

> vertreibt nicht bloß den Glauben an Vorgeschichten, sondern vertreibt auch die Vorgeschichten selbst.
>
> Zum ‚Zweiten Gesicht‘ gehören gemütreiche, versonnene, träumerische Naturen, deren Sinnen nach Innen gekehrt, deren Denken ernst und gesammelt, nüchtern und beschaulich ist. Selbst im Aeußern tragen sie oft dies auffällige Seherantlitz: Hagere, hohe Gestalten mit starren, wasserhellen, hellgrauen Augen, blasse Farbe, hellblonde Haare.“ (L. A. 1921: 10)

Diese Beschreibung enthält bereits zahlreiche Charaktereigenschaften, die später auch dem Friesoyther Stadtschreiber Theodor Wreesmann zugeschrieben werden sollten.

Im Zuge der anhaltenden „Modewelle des Okkulten“ und stark beeinflusst durch Zurbonsens erfolgreiche Monographie zeigten in der Weimarer Republik auch Vertreter der spirituellen Neugeist-Bewegung, welche sich einer Lehre von der geistigen Einheit alles Seins verschrieben hatte, Interesse am Zweiten Gesicht. Die vom einschlägigen Johannes-Baum-Verlag herausgegebene Zeitschrift *Die Okkulte Welt* widmete dem Phänomen, mit ausgeprägter Bezugnahme auf Zurbonsen, eine ihrer Ausgaben. Der Autor des Heftes, ein A. Neidhart, sah im Zweiten Gesicht einen Beweis dafür, dass „dem inneren und innerlichen Menschen eine ungeheure Macht gegeben“ sei (Neidhart 1924: 21). „Sein Unterbewußtsein ist grundsätzlich allwissend, seine Ideen sind allmächtig, er hätte also göttliche Eigenschaften, die auch sonst in ethischer Beziehung im Unterbewußtsein wohnen. In sein Unterbewußtsein ragt etwas überindividuell Seelisches hinein“ (ebd.). Eine angenommene rückgängige Tendenz des Phänomens sah der Autor in einer vorherrschenden und destruktiven materialistischen Denkausrichtung begründet (vgl. ebd.: 22). Eine ablehnende Haltung gegenüber Erscheinungsformen der Moderne machte, wie die vorangegangenen Beispiele gezeigt haben, in der Weimarer Zeit einen großen Teil der völkisch anmutenden Faszination für verklärtes Landleben und den damit assoziierten Seherglauben aus.

Eine kuriose und satirisch formulierte aber durchaus ernst gemeinte Gegenposition zu okkulten Schwärmereien vertrat der münsterische Volkskundler Franz Jostes mit seiner, wie Strotdrees sie nennt, „Buchweizen-Theorie“, die hier nicht zuletzt aufgrund ihres Unterhaltungswerts genannt sein soll:

> „Tatsache ist, daß alle diese Leute starke Träumer sind; nach keiner Speise aber träumt man mehr als nach Buchweizenkost (wohl wegen des Ölgehaltes). Ein neunzigjähriger Greis sagte mir, er träume jede Nacht und habe das

> immer getan – er aß eben jeden Abend Buchweizenpfannkuchen! Ist nun bei solcher Nahrung ein Mann körperlich noch besonders disponiert, glaubt er an Träume, weil mal ein Traum sich zufällig erfüllt hat, dann ist die ‚Gabe' da: er wird immer mit dem Gedanken zu Bette gehen, daß er in der Nacht ein Gesicht haben könne und häufig auch schon rein natürlich voraussehen können, was sich in der nächsten Zeit ereignen muß. Erfüllt sich seine Prophezeiung nicht bald, nun dann ist es der nächsten Generation vorbehalten ihre Wahrheit zu erleben: eine Zeitbestimmung darf man keinem Propheten zumuten! Auf diese Weise läßt sich ohne Annahme von Betrug die Sache vielleicht aufklären. Es erscheint dementsprechend auch ganz natürlich, daß mit der Änderung in der Lebensweise, bei welcher besonders der Buchweizen von viel geringerer Bedeutung ist als früher, auch die ‚Vorgeschichten' sich ungemein vermindert haben." (Jostes 1904: 107)

Zwar wurde um Friesoythe tatsächlich Buchweizen angebaut und Pfannkuchen daraus („Bookweiten-Janhinnerk", vgl. nn 1950) waren eine beliebte Speise, welche schon in einem satirischen Gedicht (von Heimburg 1984, verfasst um 1884) angeführt wurde, um den Ort zu charakterisieren, doch soll dieser Fährte hier nicht weiter nachgegangen werden.

Vom Bann des Okkulten ebenfalls unberührt war Sigmund Freud, österreichischer Arzt, Psychologe und der Begründer der Psychoanalyse. In der *Wiener psychoanalytischen Vereinigung* hielt er einen 1922 veröffentlichten Vortrag unter dem Titel *Traum und Telepathie*. Schon eingangs betonte er, die Zuhörerschaft werde aus seinem „Vortrag nichts über das Rätsel der Telepathie erfahren, nicht einmal Aufschluß darüber erhalten, ob ich an die Existenz einer ‚Telepathie' glaube oder nicht" (Freud 1922: 1). Sollte es aber möglich sein, im Schlafzustand auf telepathische Weise Bilder realer Ereignisse zu empfangen und zu sehen, so wollte Freud dieses Phänomen nicht als eine Form des Träumens verstanden wissen:

> „Nehmen wir an, wir hätten es mit einem solchen unentstellten und unvermischten telepathischen Traum zu tun, dann erhebt sich eine andere Frage: Soll man ein derartiges, telepathisches Erlebnis überhaupt einen ‚Traum' nennen? Sie werden es ja gewiß tun, solange Sie mit dem populären Sprachgebrauch gehen, für den alles Träumen heißt, was sich während der Schlafzeit in Ihrem Seelenleben ereignet. [...] Ich meine, es wäre im Interesse wissenschaftlicher Genauigkeit, wenn wir ‚Traum' und ‚Schlafzustand' besser auseinanderhielten. [...] Wenn wir also einen solchen reinen telepathischen ‚Traum' antreffen sollten, so wollen wir ihn doch lieber ein telepathisches Erlebnis im Schlafzustand heißen. Ein Traum ohne Verdichtung, Entstellung,

> Dramatisierung, vor allem ohne Wunscherfüllung, verdient ja doch nicht diesen Namen. Sie werden mich daran mahnen, daß es noch andere seelische Produktionen im Schlaf gibt, denen man dann das Recht auf den Namen ‚Traum‘ absprechen müßte. Es kommt vor, daß reale Erlebnisse des Tages im Schlaf einfach wiederholt werden, die Reproduktionen traumatischer Szenen im ‚Träume‘ haben uns erst kürzlich zu einer Revision der Traumtheorie herausgefordert; es gibt Träume, die sich durch ganz besondere Eigenschaften von der gewohnten Art unterscheiden, die eigentlich nichts anders sind als unversehrte und unvermengte nächtliche Phantasien, den bekannten Tagesphantasien sonst durchaus ähnlich. Es wäre gewiß mißlich, diese Bildungen von der Bezeichnung ‚Träume‘ auszuschließen. Aber sie alle kommen doch von innen, sind Produkte unseres Seelenlebens, während der reine ‚telepathische Traum‘ seinem Begriff nach eine Wahrnehmung von außen wäre, gegen welche sich das Seelenleben rezeptiv und passiv verhielte.“ (Freud 1922: 11 f.)

Telepathische Vorgänge, welche Natur sich auch hinter ihnen verberge, würden durch den Schlafzustand begünstigt, doch sei dieser keine unumgängliche Bedingung für ihr Zustandekommen (vgl. ebd.: 22). Ohne die einschlägigen Begrifflichkeiten zu verwenden, hob Freud damit die Unterscheidung auf, die zwischen Vorstellungen des „Wahrträumens“ und des „Zweiten Gesichts“ traditionell gemacht wurde. Die Psychoanalyse könne „das Studium der Telepathie fördern, indem sie mit Hilfe ihrer Deutungen manche Unbegreiflichkeiten der telepathischen Phänomene unserem Verständnis näher bringt, oder von anderen, noch zweifelhaften Phänomenen erst nachweist, daß sie telepathischer Natur sind“ (ebd.).

Für das *Handwörterbuch des deutschen Aberglaubens* verfasste der Volkskundler und Sagenforscher Will-Erich Peuckert ausführliche Artikel zu den Begriffen *Spökenkieker* und *Vorgeschichte* (Peuckert 1936ab). Wie der Titel des zehnbändigen Lexikons schon nahelegt, wurde das Phänomen darin als Aberglaube behandelt, also als Glaubensvorstellung, welche von theologisch fundiertem oder gar „richtigem“ Glauben abweicht.

Während und nach der Herrschaft des Nationalsozialismus forschte der Psychologe und Volkskundler Karl Schmëing, ein Schüler des genannten Jostes, zum Zweiten Gesicht. Er stammte aus dem Emsland und sah Niedersachsen als das „Kernland des Vorschauglaubens“ (Schmëing 1943: 12), wofür er landschaftlich-klimatische, gesellschaftliche und „rassische“ Gründe anführte (ebd.: 15 f.). Okkulte und parapsychologische Deutungen lehnte Schmëing ab und sah den Ursprung des Phänomens stattdessen in einer „eidetischen

Anlage“ (ebd.: 10) der vermeintlichen Seherinnen und Seher. Der Begriff der Eidetik leitet sich vom alt-griechischen *eidos* (Bild) ab und bezeichnet „die Fähigkeit, subjektive Anschauungsbilder erzeugen zu können“ (Bonin 1976: 151), die „in hochgradigen Fällen mit voller Wirklichkeitstreue erlebt“ (Schmëing 1943: 17) werden. Es erscheine „dem Eidetiker als ein buchstäbliches, optisches Sehen mit offenen Augen [...], das in manchen Fällen auch subjektiv eine Wirklichkeit vortäuscht, die objektiv nicht vorhanden ist“ (ebd.) – eine „bis zum höchsten Grade gesteigerte bildhafte Anschaulichkeit“ (ebd.: 29). Wie alle anderen Formen von Visionen auch (bspw. Geister, Wiedergänger und andere Erscheinungen, die sich nicht auf die Zukunft beziehen), seien sie „restlos natürlich zu erklären“. Traditionelle Motive entstünden und verfestigten sich in einem „eidetischen Zirkel“, einer „Wechselwirkung von Gesicht und Glaube, Glaube und Gesicht“ (ebd.):

> „Wer – als Eidetiker – einen ‚Wiedergänger‘ sieht, glaubt an ihn, und erhält damit neue seelische Einstimmungsgrundlagen für weitere Gesichte ähnlicher Art. So kann dann eine visionäre Tradition entstehen, die zur Ausbildung stehender visionärer Figuren führt [...]“. (Schmëing 1943: 11. Herv. entfernt)

Auf Grundlage diverser Fälle ausbleibender Erfüllung bestritt Schmëing die Zwangsläufigkeit des tatsächlichen Eintretens des Gesichteten (ebd.: 12). Er sah „[d]as Visionäre – und damit auch das eidetische Erlebnis – [...] [als] Abbildungsvorgang, der innerliche Vorgänge und Zustände in der Form von Sinneswahrnehmungen zum äußeren Ausdruck bringt“ (ebd.: 13. Herv. entfernt) – also als rein subjektives Erleben. Die Ausprägung und Deutung der eidetischen Vorgänge sei „von dem jeweiligen Volksglauben abhängig“ (ebd.: 16). Die Bekämpfung heidnischen Brauchtums durch das Christentum habe dazu beigetragen, dass der Glaube an das Zweite Gesicht überwiegend im Heimlichen existierte (ebd.: 90f.). Die Annahme, jeder Kult und Geisterglauben sei auf eidetische Anlage zurückzuführen, war für Schmëing „ein Schritt auf dem Wege, die Magie abzustreifen“ (Schmëing 1954: 157). So schloss sein letztes Buch mit einer eindringlichen Forderung zur Unterscheidung „objektiver“ Eindrücke des „ersten“ und „subjektiver“ Eindrücke des „zweiten“ Gesichts, womit „Irrtümer ebenso wie Ängste“ enden würden (Schmëing 1954: 157).

In der frühen Nachkriegszeit verlagerte sich die Diskussion um das Zweite Gesicht zunehmend in den Bereich der Parapsychologie und spielte in anderen Fachkreisen nur noch in Ausnahmefällen eine Rolle. Der evangelische Theologe Ernst Schering sprach noch von einer besonderen Veranlagung, welche nur bestimmte Menschen besäßen, und bezeichnete diese als „innere Schaukraft“ (Schering 1953). Die Volkskundlerin Gerda Grober-Glück unternahm auf Grundlage der Fragebogensammlung zum *Atlas der deutschen Volkskunde* aus den 1930er Jahren den Versuch, einen „realen Kern dieses Phänomens“ (Grober-Glück 1972: 124) herauszuarbeiten und hielt abschließend fest, „daß spontane Erlebnisberichte von Vorgesichten in den Sog der mündlichen Tradition geraten und umgebildet werden“ (ebd.: 128) und es sich bei den als Sagen überlieferten Berichten demnach um ein „sehr eng verschlungene[s] Miteinander von wahren Erlebniskernen und Volksglaubensvorstellungen“ handele (ebd.: 129). Der niederländische Parapsychologe Wilhelm Heinrich Carl Tenhaeff sah, dass überlieferte Voraussagen zum größten Teil nicht der Forderung nach zweifelsfreier Beglaubigung standhielten und dass in der bisherigen Forschung „so gut wie nirgends die Rede“ von experimenteller Beobachtung des Phänomens war (ebd.: 66). Das schließe aber nicht aus, „daß am Bestehen des Phänomens als solchem nicht gezweifelt werden kann“ (ebd.) und man dürfe „dabei nicht aus dem Auge verlieren, daß dieses Phänomen nicht für sich allein gesehen werden darf, sondern nur im Zusammenhang mit der parapsychologischen Erforschung der Präkognition“ (ebd.). Er sah die vermeintliche Abnahme des Phänomens in einer zunehmenden Erschließung jener ehemals „einsamen“ Landstriche und einer veränderten Lebensführung und Geisteshaltung begründet, welche bewirkten, „daß die paragnostische Begabung immer weniger Gelegenheit hatte, sich zu offenbaren“ (ebd.: 64). Im *Lexikon der Parapsychologie und ihrer Grenzgebiete* definierte Werner F. Bonin das Zweite Gesicht als eine „in bestimmten Landschaften um die Nordsee (Schottland, Färöer, Teile Irlands, Dänemark, Norwegen bis Lappland, Bretagne, Hebriden, Westfalen mit Schwerpunkten im Sauer- und Münsterland, Friesland usw.) früher stark verbreitete Form der ASW [außersinnlichen Wahrnehmung, Anm. d. Verf.]“ (Bonin 1976: 551). Im Umkehrschluss gestand Bonin damit ein, dass das Phänomen zu der Zeit, da er den Artikel darüber verfasste, keine starke Verbreitung oder soziale Relevanz mehr genoss. Der Astrologe Heinrich Bessler attestierte 1976, „daß bei dem Seher die Schwelle, die sein bewußtes Ich vor dem Ansturm unbewußter Inhalte bewahrt, von Natur aus sehr niedrig ist“ (Bessler 1976: 350), und proklamierte: „Die Zeit, in der man Vorschauer und Paragnosten zu verlachen pflegte, geht ihrem Ende entgegen“ (ebd.: 351). Was tatsächlich stetig seinem Ende entgegenging, war vielmehr die Suche nach Beweisen für das Zweite Gesicht sowie die soziale Relevanz der damit verbundenen Erzählungen. 1981 bemerkte Rainer Schepper, der für den WDR zuvor schon eine Sendefolge zum Zweiten Gesicht produziert hatte[8], noch recht schwammig, dass es zur weiteren Erforschung des Phänomens „des ingeniösen Weitblicks autonom denkender Wissenschaftler von Rang, die die uns umgebenden Rätsel des Lebens und der Psyche einer Erklärung oder Klärung nahezubringen vermögen", bedürfe (Schepper 1981: 96). Die französische Psychiaterin, Psychotherapeutin und Homöopathin Élisabeth Laborde-Nottale, die sich weder bei den „Hyperrationalisten" noch bei den „gläubigen Anhänger[n] der Parapsychologie" verorten mochte (Laborde-Nottale 1995: 19), beklagte, dass „Phänomene des Hellsehens noch immer den Beigeschmack des Okkulten" hätten (ebd.: 14). Der Terminus *Präkognition* bezeichne für gewöhnlich „die Erfahrung eines vorgreifenden Erkennens der Zukunft" (ebd.: 211). In der Annahme, dass die Zukunft nicht determiniert sei, definiert Laborde-Nottale *Präkognition* allerdings lieber als den „Eindruck, ein normalerweise nicht vorhersehbares, aber in der Zukunft mögliches Ereignis vorgreifend erkannt zu haben, mit Bestätigung durch das spätere tatsächliche Eintreten" (ebd.). Vorausgesehen würden Aspekte der Zukunft dabei „durch intuitives Erfassen unbewußter Gedanken, die die Entwicklung eines Menschen bestimmen" (ebd.: 155).[9]

Nach der Jahrtausendwende erschienen nur noch sehr vereinzelt Bücher, die den Themenkomplex des Zweiten Gesichts zum Inhalt hatten. Wenn dies nicht gerade esoterische Anleitungen zur „Aktivierung" desselben waren (wie bspw. Raskasar 2017), wurden darin hauptsächlich alte Spökenkieker-Erzählungen aus diversen Sagenbüchern und Ortschroniken zusammengetragen.

8 „Ut dat Tüskenland", 1967 produziert von Rainer Schepper im Rahmen der niederdeutschen Sendungen des WDR-Hörfunks für Westfalen.

9 Ein jüngerer Artikel in *Volkstum und Landschaft*, der Heimatbeilage der *Münsterländischen Tageszeitung*, welcher vom Zweiten Gesicht handelt und u. a. Theodor Wreesmann beispielhaft erwähnt, beruft sich wie folgt auf die französische Psychiaterin: „Die französische Ärztin Elisabeth Laborde-Nottale fand bei ihren Recherchen auffällig viele Seher mit traumatischen Kindheitserlebnissen wie der Trennung von der Mutter. Sie hält es für möglich, dass Menschen durch seelische Erschütterungen wieder Zugang erhalten zu einer frühkindlichen Bewusstseinsstufe, in der das Ich noch nicht mit allem verbunden ist und ‚telepathisch' mit der Welt kommuniziert" (Pille 2018: 9). Unabhängig davon, was von dieser These zu halten ist, scheint sie in dem Artikel auch deshalb angeführt zu werden, weil Theodor Wreesmann bereits im Alter von zehn Jahren Vollwaise wurde, obgleich diese Tatsache selbst dort nicht genannt wird.

Aktuelle Spökenkieker-Erzählungen, sofern solche denn überhaupt noch kursieren, sind nicht dokumentiert oder besprochen worden.[10] So veröffentlichte bspw. der Großenknetener Gemeindearchivar und Regionalforscher Dirk Faß im Jahr 2002 eine auf Niedersachsen fokussierte Sammlung mit dem bewusst indifferent gehaltenen Titel *Spökenkieker. (Un)glaubliche Geschichten*. Der Geograph und Germanist Peter Wittkampf präsentierte 2019 eine Zusammenstellung von theoretischen, berichteten und literarischen Texten, deren Bündelung die historische Bedeutung des Zweiten Gesichts speziell für die Region Westfalen veranschaulicht.

Die wissenschaftliche Auseinandersetzung mit dem Zweiten Gesicht ist großteils eingeschlafen. Wo sie ab und an noch geschieht, wie in der Erzählforschung, nimmt sie eine neue Perspektive ein: Der hier bereits mehrfach zitierte Historiker Gisbert Strotdrees erklärt, dass aus „Westfalen bzw. aus Nordwestdeutschland [...] kein einziger Bericht vor[liegt], der nachweislich und überprüfbar vor dem angeblich prognostizierten Ereignis schriftlich niedergelegt worden ist“ (Strotdrees 2013: 34).[11] Die Frage nach dem „Erlebniskern“ könne „nur in einen esoterischen Nebel führen“ (ebd.). Dagegen erlaube „der Blick auf die Erzählkultur, die Texte als historische Quellen zu lesen und zu interpretieren“ (ebd.). Die Leitfrage laute demnach:

> „[...] von wem wurde was erzählt, warum und wann? Fragen nach den Autoren bzw. Urhebern und ihren Motiven, den erzählten Inhalten, der Zuhörerschaft und ihrem jeweiligen Verhalten sowie auch nach der Rolle kirchlicher bzw. staatlicher Instanzen tragen zum Verständnis der scheinbar rätselhaften Texte und zur Klärung historischer Lagen und Erzähltraditionen bei.“ (Strotdrees 2013: 34)

Es sei unübersehbar, dass „in der erzählten Welt der ‚Sehergeschichten‘ die Nöte und Ängste der Bevölkerung [sich widerspiegelten], ausgelöst durch die täglichen, als allgegenwärtig erlebten Gefährdungen, denen sich eine agra-

---

10 Einige jüngere Spökenkieker-Geschichten veröffentlichte Gisbert Strotdrees in einem Aufsatz (Strotdrees 2008c: 112), doch auch diese wurden von den jeweiligen Erzählerinnen in den 1950er Jahren verortet und können (obwohl viel später noch erzählt) nur noch bedingt als „aktuell“ bezeichnet werden.

11 In dieses Urteil eingeschlossen sind auch die Erzählungen um Theodor Wreesmann, denen Strotdrees einen Beitrag seiner umfangreichen Artikelserie *Das zweite Gesicht* gewidmet hat, die 2007/08 im *Landwirtschaftlichen Wochenblatt Westfalen-Lippe* erschienen ist (Strotdrees 2008b).

risch-vormoderne Gesellschaft weitgehend hilflos ausgesetzt sah“ (ebd.: 36). Damit konnten jene Erzählungen „ – neben dem Gebet – dazu beitragen, diese Ängste ‚aufzuheben‘, also zur Sprache zu bringen und zu bewältigen“ (ebd.). Aus Perspektive der Erzählforschung nimmt Strotdrees diejenigen Menschen in den Fokus, die die Spökenkieker-Geschichten (weiter)erzählen oder erzählt haben. Heutzutage, wo der „‚Glaube‘ an die Möglichkeit eines ‚Zweiten Gesichts‘ [...] weitgehend verschwunden [ist], zumindest [...] nicht mehr öffentlich bekundet“ wird (ebd.: 42), sei das Phänomen „gerade für Westfalen zu einem Erinnerungsort“ geworden (ebd.). Der Begriff des Erinnerungsortes wird dabei, nach einem Konzept des französischen Historikers Pierre Nora, auch im übertragenen Sinne angewandt „auf historische Personen und Ereignisse, [...] ebenso auch auf Mythen aus Literatur, Publizistik oder erzählter Überlieferung“ (ebd.). Merkmale des Erinnerungsortes seien „eine besonders aufgeladene, symbolische Bedeutung, die für die jeweilige Gruppe identitätsstiftende Funktion hat“ (ebd.). Das Fazit, zu dem Strotdrees kommt, ist nicht nur für Westfalen, sondern auch für Niedersachsen von Relevanz:

> „Das ‚Zweite Gesicht‘ als Erinnerungsort, vor Jahrzehnten in Westfalen hochaktiv, vielfältig emotional aufgeladen und auch propagandistisch instrumentalisiert, prägte bis weit in die Nachkriegsjahrzehnte hinein die kulturelle Selbstwahrnehmung und Selbstdarstellung Westfalens.“ (Strotdrees 2013: 42)

3 Theodor Caspar Anton Joseph Wreesmann – „De olle Vierfuß“

> „*Wreesmann*, so hieß er – im Volksmunde hieß er wegen seiner mächtig großen Füße Vierfuß – war seiner Zeit Stadtschreiber von Friesoythe gewesen, er war Junggeselle, war ein Liebhaber von seltsamen Büchern und Schriften, war einsam, grüblerisch und versonnen. In seinen alten Tagen bezog er ein Stübchen im Altersheim des Krankenhauses zu Friesoythe. Er starb während des letzten Krieges.“ (Reinke 1950b: 1. Herv. i. O.)

„Gequatscht wird viel!“ – Diese allgemeingültige Feststellung ist wohl insbesondere dann im Hinterkopf zu behalten, wenn Menschen thematisiert werden, die in der einen oder anderen Weise nicht den gängigen Normen entsprechen. Glaubt man den Aussagen von Zeitzeuginnen und Zeitzeugen sowie den Berichterstattungen wie der oben beispielhaft angeführten, so galt das für den Stadtschreiber Wreesmann in vielerlei Hinsicht, so dass „Spökenkiekerei“ nur noch das i-Tüpfelchen gewesen wäre. Kaum jemand, der die Geschichten um Wreesmann kennt, verfügt nicht über eine Vorstellung davon, wie er gewesen sein könnte. Diese Vorstellungen hängen wohl in erster Linie von den Menschen ab, die sie entwickeln. So äußerte eine Person im Gespräch mit mir auf Grundlage von Hörensagen wenig schmeichelhaft: „Das muss ein ganz furchteinflößendes Männchen gewesen sein, ganz klein und krumm.“ Eine andere Person mutmaßte dagegen etwas nüchterner: „Wahrscheinlich war das doch ein ganz normaler Mann, der bloß eben ein bisschen kauzig war.“ Der Wald an Meinungen über den Stadtschreiber ist kaum zu durchdringen.

In diesem Kapitel wird zunächst die historische Person Wreesmann thematisiert. Zu Beginn wird der Versuch unternommen, aus den wenigen vorhandenen Informationen eine Biographie zusammenzustellen, wobei beachtet werden muss, dass viele der darin aufgenommenen Details nicht einwandfrei zu belegen sind. Darauf aufbauend werden, mit schon deutlich besser gesicherter Quellenlage, Wreesmanns Tätigkeit als Friesoyther Stadtschreiber sowie einige seiner heimatkundlichen Bemühungen beleuchtet. Der Abschluss des Kapitels widmet sich der Außenseiterrolle, die Wreesmann in Friesoythe einnahm, sowie dem gespaltenen Verhältnis der übrigen Bevölkerung zu dem als „alten Vierfuß“ verspotteten „schrulligen Sonderling“.

3.1 Zur Person Wreesmanns

Ab 1950 wurden zahlreiche Beschreibungen Wreesmanns veröffentlicht, die zum Teil allerdings sehr einseitig und auch wenig wertschätzend formuliert waren:

> „Wegen seiner riesigen Plattfüße, die ihn unbeholfen machten beim Gehen, hatte er seit je den Spitznamen Veerfaut. Er war Junggeselle. Seine alten Tage brachte er im Friesoyther Krankenhause in einem Altersheim-Stübchen zu. Er liebte es gar nicht, daß die Leute, auch die Schwestern, sich viel um ihn kümmerten. In seiner Stube konnte nur er sich zwischen seinen Büchern, Andenken und Kleidungsstücken zurechtfinden. Die Leute hatten übrigens auch nicht gern viel mit ihm zu tun. Er war ihnen geheimnisvoll.“ (Reinke 1954: 250)

Solcherlei Charakterisierungen Wreesmanns leiten zumeist Ausführungen über seine vermeintliche Spuksichtigkeit ein. Nicht selten, wie auch in dem oben genannten Beispiel, sind sie verfasst von Personen, die Wreesmann gar nicht gekannt haben, basieren auf Hörensagen und dienen dazu, ein geheimnisumwittertes Bild von ihm zu zeichnen. Genau das möchte ich *nicht* tun, sondern stattdessen die historische Person auch abseits von Schauergeschichten betrachten. Vorweg sei gesagt, dass eine Trennung nur bis zu einem gewissen Grad funktioniert.

In diesem Abschnitt unternehme ich also den Versuch, eine Art Biographie Wreesmanns herauszuarbeiten. Ich spreche deshalb nur von einer „Art Biographie“, weil lediglich wenige Eckdaten einwandfrei belegt sind: Geburts- und Sterbedatum, Familienhintergrund, Tätigkeit als Stadtschreiber. Nahezu alle Angaben, die über die Persönlichkeit Wreesmanns aufzufinden sind, basieren, wie oben bereits angedeutet, auf zum Teil sehr subjektiven Einschätzungen von Zeitzeuginnen und Zeitzeugen. Diesen Aussagen soll nicht ihr Wert abgesprochen werden, doch ist die menschliche Erinnerung nicht vor äußeren Einflüssen gefeit, und so ist es durchaus möglich, dass spätere Erzählungen und Deutungen mitunter einen nicht zu unterschätzenden Einfluss darauf genommen haben. Dies gilt es bei der Lektüre des folgenden Abschnitts im Hinterkopf zu behalten. Als besonders aussagekräftig erachte ich nichtsdestotrotz die Aussagen der letzten lebenden Person, die Wreesmann noch persönlich gekannt hat. Hedwig Liebsch, so ihr Name, ist seine Großnichte zweiten Grades, das heißt: Ihre Großmutter Amalia war eine Cousine Theodor Wreesmanns. Ein naher Verwandtschaftsgrad ist das nicht, aber dennoch ging die Zeitzeugin als Kind den „Onkel Theodor“ regelmäßig besuchen. Als er verstarb, war sie neun Jahre alt. An seinen Tod hat sie keine Erinnerung mehr. Dankenswerterweise gab Frau Liebsch mir ausführlich Auskunft über Theodor Wreesmann und ermöglichte damit einige interessante Einblicke, die im folgenden Text an verschiedenen Stellen mit einfließen.

Theodor Caspar Anton Joseph Wreesmann wurde laut Taufregister am 29. April 1855 geboren und am 1. Mai katholisch getauft. Seine Taufpaten waren „Theodor Anton Joseph Wreesmann, Gastwirth zu Friesoythe [und] Bernadina Francisca Mertens geb. Diekstall zu Friesoythe“ (Stadtarchiv Friesoythe, Bestand 12, Nr. 2). Der Täufling stammte aus einer Linie der Familie(n) Wreesmann, die schon lange mit verschiedenen Zweigen in Friesoythe ansässig war(en).[12] Er war:

- Ururenkel eines Schmiedes namens Helmerich Wreesmann und Lümmeke von Garrel (Sieve 1986: 10f.).
- Urenkel des Kirchenprovisors und Bürgermeisters Theodor „Diedrich, Dirk“ Wreesmann (1720–1802; an ihn erinnert vor dem Eingang zum Pastorat noch ein Gedenkstein) und der verwitweten Maria Elisabeth Grummel geb. Eilers (1731–1807) (ebd.).
- Enkel des Kaufmanns Theodor Anton Josef Wreesmann (1766–1831) aus dessen zweiter Ehe mit Angela von Garrel (1781–1850) (ebd.: 11). Aus seiner ersten Ehe mit der Tochter eines Klostergutpächters in Bokelesch bekam der Kaufmann (und damit auch seine Nachfahrenschaft) den inoffiziellen Beinamen „Klosters“ (ebd.).

12 Eine unveröffentlichte Familienchronik spricht von der „Sippe Wreesmann“ (Gerken 1976: 2). Der Stammbaum der Familie reicht, wie der Chronist Anton Wreesmann nachwies, bis zum Jahr 1473 zurück, wenn auch die Schreibweise sich mit den Jahrhunderten mehrmals geändert hat (Bspw. Wreiszman, Wreszman, Wreyszmann, Wresman) (o.V. 1955b: 12). Die unveröffentlichte Familienchronik nennt zu der Datierung auch eine Quelle: „Im Personenstandsregister, das aufgestellt wurde zwecks Erhebung des Türkenpfennings [sic], findet sich 1473 der erste erfaßbare Name Wreesmann“ (Gerken 1976: 2). Die erste Silbe „Wrees“ könnte gleichbedeutend sein mit „Fries“ (wie in „Friesoythe“, zumal die Aussprache der Silben sich im Plattdeutschen ähnelt) und eine mögliche Bedeutung des Namens ist „Mann aus Friesland“ (Woltermann 1977b: 15). Die unveröffentlichte Chronik schlägt außerdem „Einwanderer aus Vrees aus dem Hümmling“ als Namensbedeutung vor (Gerken 1976: 2). Für weiterführende Informationen zu Namensherkunft, Familiengenealogie und -verbreitung siehe Woltermann 1977b sowie Sieve 1989 und, sofern auffindbar, Gerken 1976.

– Zweites von fünf Kindern des Kaufmanns Wilhelm Anton Joseph Wreesmann (1825–1865) und Lisette Clementine Heidhaus (1833–1864) (Cloppenburg 1992b: 400).

Die Mutter verstarb bereits im Alter von 31 Jahren wenige Tage nach der Geburt des jüngsten Kindes, als Theodor erst neun Jahre alt war (ebd.). Ein Jahr später, 1865, verschied auch der Vater. Die Geschwister starben ebenfalls jung, Theodor Wreesmann überlebte sie alle um mindestens 51 Jahre:

> „Die ältere Schwester Wilhelmine Hermanda Engeline Elisabeth (1853) starb 1876 ledig, sein jüngerer Bruder Wilhelm Anton Josef (1857) schon 1860, sein weiterer Bruder Wilhelm Hermann Anton Joseph (1861) im Jahre 1890 (verheiratet, Kinder) und sein jüngster Bruder Joseph Maria Caspar (1864) nicht ganz zwei Monate nach seiner Geburt." (Cloppenburg 1993: 2)

Der Vollwaise Wreesmann wuchs bei Verwandten auf (ebd.: 3), wobei nicht klar ist, ob allein oder mit den noch lebenden Geschwistern (Güthlein 1989a). Er verbrachte wahrscheinlich sein ganzes Leben in Friesoythe (ebd.), doch ist dies nicht mit Bestimmtheit festzustellen, da über seine jungen Jahre nichts weiter überliefert ist. Viele alteingesessene Familien in Friesoythe trugen plattdeutsche Beinamen, was besonders bei den sehr zahlreichen Wreesmanns der Fall war (ps). Der Zeitzeuge Josef Kösters berichtete Peter Sieve 1989 in einem Gespräch, dass Theodor Wreesmann unter dem Beinamen „Kloster Dirks Thedor" bekannt gewesen sei (ps)[13]. Das elterliche Haus Wreesmanns habe, wie „Kösters Joob" sich erinnerte, direkt neben dem Rathaus gestanden (ps).

---

13 Der Bezug des Beinamens auf ein Kloster stammte, wie bereits erwähnt, noch von dem Großvater Theodor Anton Josef Wreesmann, welcher in erster Ehe mit der Tochter des Klostergutpächters Schulte in Bokelesch verheiratet war und seither den Beinamen „Klosters" trug (vgl. Sieve 1986: 11 oder Cloppenburg 1993: 2). Zu den Namensbestandteilen „Dirks" und „Thedor" äußerte sich Peter Sieve wie folgt: „Thedor war damals, zumindest in Friesoythe, offenbar eine Kurzform für Theodor. Dazu hier ein kleiner Exkurs: Im Mittelalter gehörte zu den beliebtesten Männernamen Dietrich mit den davon abgeleiteten Kurzformen wie Dirk. Dieser germanische Name ist wohl nicht zuletzt durch den berühmten Gotenkönig Theoderich populär geworden. Im Humanismus wurde der Name dann mit dem griechischen Theodor gleichgesetzt, was bekanntlich Gottesgeschenk bedeutet. Im 17./18. Jahrhundert war es in katholischen Gebieten üblich, manche Namen germanischer Herkunft durch ähnlich lautende zu ersetzen, die im Heiligenkalender stehen. Wenn Eltern ihr Kind daher Dirk nennen wollten, wurde im Kirchenbuch Theodor eingetragen. Spätestens im 19. Jahrhundert trat Theodor dann tatsächlich an die Stelle des zugrunde

Über Wreesmanns schulische oder berufliche Ausbildung sind keine Informationen erhalten. „Lange Jahre war er als Kopiar am Amtsgericht in Friesoythe tätig und später viele Jahre als Stadtschreiber beim Magistrat der Stadt Friesoythe beschäftigt“ (hn 1955). Im Juli 1902, während der Amtszeit des Bürgermeisters Friedrich Haßkamp, trat er seinen Dienst als Stadtschreiber der Stadtgemeinde Friesoythe an (Sieve 2007a: 45) und er übte diese Tätigkeit bis ungefähr 1926 aus (Plaggenborg 2012). Einige Zeitzeuginnen und Zeitzeugen haben später über ihn erzählt, dass Wreesmann sehr menschenscheu gewesen sei, während andere von freundlichen Gesprächen zu berichten wussten, „in denen er sehr interessiert an städtischen Entwicklungen und an der großen Politik Anteil nahm“ (Cloppenburg 1992b: 401). Dies muss nicht per se im Widerspruch stehen, zeugt aber davon, dass die überlieferten Charakterisierungen sehr von subjektiven Einschätzungen der sich Erinnernden geprägt sind.

> „‚Er war ein Sonderling‘, sagen Friesoyther, die sich an ihn erinnern. Wenn der alte Mann mit dem zerfurchten und verbitterten Gesicht [...] in einem fast bodenlangen Gehrock und in viel zu großen Schuhen durch die Straßen von Friesoythe ‚schlurfte‘, war er Ziel für Hänseleien und Spott der Kinder. ‚Oller Vierfuß‘, riefen sie.“ (Güthlein 1989a)

Wenn es vorkam, dass Kinder ihm Worte wie „Vierfuß“ nachriefen oder auf andere Weise ihren Spott äußerten, „konnte er ärgerlich werden und drohte mit dem Handstock“ (Cloppenburg 1993: 3). Über den Ursprung des Spott- und Schimpfnamens „Vierfuß“ (bzw. plattdeutsch „Veerfaut“ oder „Veerfoot“) existieren verschiedene Thesen. Einige Quellen sprechen davon, dass seine angeblich „mächtig großen Füße“ (Reinke 1950b: 1) Anlass des Spotts gewesen seien. Entfernte Verwandte zweifelten einem Zeitungsartikel zufolge nicht daran, dass der Name auf den Umstand zurückgehe, „daß Theodor Wreesmann immer viel zu große Schuhe trug, ‚weil er da bequem reinschlüpfen konnte‘“ (laut Güthlein 1989a). Eine besonders kuriose Erklärung des Namens findet sich in einem plattdeutschen Leseheft zum Einsatz an Süd-Oldenburger Schulen:

> „Masse Friesayther hebbt den ollen Vierfuß in’n Düstern bi Vullmaond äöwer dat Stadttor kreipen seihn, un dat up Hannen un Feuten. Hei schall nämlick maondsüchtig wän wäsen. Dorvan köm uck sien Binaom Vierfuß.“ (Oldenburgische Landschaft 1983)

---

liegenden Rufnamens. Und zuletzt wurden aus Theodor auch wieder bequemer aussprechbare Rufnamen gebildet, wie eben Thedor.“ (Peter Sieve in einer E-Mail an den Verfasser, Dezember 2020.)

Es ist doch sehr zu bezweifeln, dass Wreesmann bei Vollmond auf allen Vieren über das Stadttor gekrochen sei. Diese skurrile Erklärung, die sogar Assoziationen mit Werwolfsgeschichten weckt, gibt einen Vorgeschmack auf die zahlreichen seltsamen Erzählungen, die posthum über den Stadtschreiber kursieren sollten.

Die verbreitetste Erklärung des Spottnamens „Vierfuß“ verweist auf die Dreyfus-Affäre – einen Justizskandal, der in den letzten Jahren des 19. Jahrhunderts die Französische Republik schwer erschütterte. Der aus dem Elsass stammende jüdische Artillerie-Hauptmann Alfred Dreyfus war 1894 durch ein Kriegsgericht des Landesverrats zugunsten des Deutschen Reiches schuldig gesprochen und u. a. zu lebenslanger Deportation verurteilt worden, obgleich die Beweise rechtswidrig waren. Nach Jahren heftiger politischer Auseinandersetzungen sowie zunehmendem Antisemitismus, die das Land in eine tiefe politische wie moralische Krise stürzten, wurde Dreyfus 1906 durch das Oberste Berufungsgericht vollständig rehabilitiert. Die Affäre Dreyfus erregte international Aufsehen und Betroffenheit. Wreesmann soll, wie der ehemalige Vorsitzende des Heimatvereins Fritz Landgraf in seinen *Erinnerungen aus den Kindertagen* zu berichten weiß, „anhaltend die Sache des Hauptmanns Dreyfuß [sic]“ vertreten haben (Landgraf 1958: 119). Als Dreyfus „zu lebenslänglicher Deportation auf die Teufelsinsel verbannt wurde, habe der alte Wreesmann wochenlang nur von Dreyfuß [sic] geredet. Und wie er so immerfort von Dreyfuß gesprochen habe, habe man ihm schließlich den Namen ‚Vierfuß‘ gegeben“ (hn 1955). Woltermann schreibt ebenfalls, Wreesmann habe sich „lebhaft für den Hauptmann ein[gesetzt], so lebhaft, daß man ihn bald Vierfuß nannte“ (Woltermann 1977a: 12). Auch der Heimatvereinsvorsitzende Ferdinand Cloppenburg hält diese Variante des Namensursprungs für wahrscheinlich und verweist darauf, dass der Stadtschreiber sehr belesen „und weit über den Friesoyther Horizont am internationalen Geschehen“ interessiert gewesen sei (Cloppenburg laut Güthlein 1989a). Daher sei es möglich, dass er als Folge seiner Erregung über den Skandal „bereits um die Jahrhundertwende ‚Vierfuß‘ genannt wurde“ (ebd.).

Unabhängig davon, welchen Ursprung der Spottname tatsächlich gehabt haben mag, kann festgestellt werden, dass Wreesmann seinen Mitmenschen dem Betragen, den Interessen sowie dem Aussehen nach als Sonderling galt. Strotdrees zufolge scheint der Beiname sogar darauf hinzudeuten, dass man Wreesmann „seinerzeit nicht ganz ‚für voll‘“ genommen habe (Strotdrees 2008b: 112). 1973 berichtete der Volkskundler Ernst Helmut Segschneider in einem Artikel über die mündliche Überlieferung von Sagen in Südoldenburg, wie Zeitzeuginnen und Zeitzeugen sich an Wreesmann erinnerten:

> „Die Erinnerung an den damaligen Stadtschreiber Wreesmann ist bis heute, mehr als zwanzig Jahre nach seinem Tod, wach geblieben. Die Beschreibungen karikieren ihn als kleines, dürres Männchen mit langer Nase, langen, beim Gehen ‚rudernden‘ Armen und großen Füßen, die in noch größeren Schuhen steckten. So sah man ihn oft, vornüber gebeugt, stets mit einer Schreibfeder hinterm Ohr und mit Akten beladen durch die Straßen eilen.“ (Segschneider 1973: 176)

An dieser Stelle muss den Schauergeschichten doch noch einmal vorgegriffen werden: Zahlreiche Berichte behaupten, nicht allein sein Aussehen und Betragen seien Ursache für Wreesmanns Einzelgängertum gewesen: Manchen Bewohnerinnen und Bewohnern der Stadt soll er unheimlich gewesen sein, einige hätten sich gar vor ihm geängstigt, wenn er nachts durch die Straßen ging und dabei an einem Haus stehen blieb (Cloppenburg 1992b: 402). Zurückzuführen sei dies auf seine vermeintliche Fähigkeit, Unheil vorauszusehen. Als „Spökenkieker Wreesmann“ oder einfach „der Spökenkieker“ sei er bekannt gewesen, erzählte eine Zeitzeugin. Zu seinem Leidwesen soll er von diesem bedrückenden Schicksal auch selbst überzeugt gewesen sein und die Visionen von bevorstehenden Todesfällen hätten ihn stark belastet. „Ick müsste dor weer hän“, habe er manchmal zu seiner Cousine Amalia Wreesmann (genannt „Klosters Malchen“, 1865–1950)[14] gesagt, und damit gemeint, dass ihn sein Zweites Gesicht wieder zu den Häusern der Todgeweihten hinausgetrieben habe – auf diese Weise sei er einmal ganz bis nach Edewecht gelangt (Plaggenborg 2012).[15] Er soll über seine Visionen für gewöhnlich nicht gesprochen haben, doch habe er sich der Cousine anvertraut. Die wiederum erzählte es später ihrer Enkelin:

14 In den Kindheitserinnerungen der Friesoytherin Elisabeth Schaefer heißt es an einer Stelle: „Malchen soll auch wie Vierfuß das zweite Gesicht gehabt haben“ (Schaefer 2008: 11). Von mir auf dieses Detail angesprochen, lachte die Enkelin Amalia Wreesmanns und äußerte, dass dies nicht stimme. Es handelt sich hierbei wohl um ein gutes Beispiel dafür, wie sich das „Zweite Gesicht“ auch über Klatsch und Tratsch verbreitete.

15 Edewecht ist knapp 15 Kilometer entfernt von Friesoythe. Allerdings liegt hier wahrscheinlich seitens der Verfasserin des Artikels ein Missverständnis vor. So heißt es in anderen noch zu nennenden Quellen nämlich, es habe Wreesmann einmal nach Edewechterdamm getrieben, was knapp neun Kilometer von Friesoythe entfernt liegt.

> „Zu meiner Oma hat er mal gesagt: ‚Malchen, dat will ik dir seggen: Gah nich nachts ut't Huus! Hal di nich so'n Kruz an, worunner ick lied. Bliev nachts to Hus un hol dir nich wat an.' Vor der Nacht hatte er Angst. Oder Respekt, sagen wir es mal so." (Frau Liebsch im Gespräch, November 2021. Text auf Grundlage von Gesprächsnotizen.)

„[W]enn er doch davon nur erlöst werden könnte", habe er sich Amalia Wreesmann gegenüber außerdem geäußert (Cloppenburg 1993: 4). Auch zur Schwiegertochter seiner Cousine Amalia habe Wreesmann ein gutes Verhältnis gehabt. „Meiner Mutter, der er vertraut hat, erzählte er, dass er sehr unter dieser Fähigkeit leidet", blickte deren Tochter zurück (in Plaggenborg 2012). Cloppenburg mutmaßt, dass „diese Last des sogenannten ‚zweiten Gesichts' manches von der Einsamkeit des Stadtschreibers Wreesmann" erkläre (Cloppenburg 1993: 4). Mangels schriftlicher Aufzeichnungen aus seinen Lebzeiten lässt sich nicht sauber belegen, ob Wreesmann selbst von seiner Spuksichtigkeit überzeugt war oder ob sie ihm von anderen zugeschrieben wurde. Nicht einmal lässt sich anhand schriftlichen Quellenmaterials nachweisen, ob diese Erzählungen überhaupt schon vor seinem Tode kursiert sind. Die genannte Aussage seiner Großnichte zweiten Grades sowie noch folgende Aussagen weiterer Zeitzeuginnen und Zeitzeugen sprechen allerdings dafür, dass schon der Stadtschreiber selbst sich damit belastet sah und dass Gerüchte um ihn bereits zu seinen Lebzeiten im Umlauf waren.

Theodor Wreesmann blieb unverheiratet und kinderlos. Er wird zumeist beschrieben als „menschenscheue[r], wortkarge[r] Junggeselle [...], der als alter Mann zuletzt in einem mit Zeitungen, Büchern und unzähligen Aktenordnern vollgestopften Zimmer im Kellergeschoss des Friesoyther Krankenhauses St. Marien-Stift lebte" (Güthlein 1989a) (Abb. 3 und 4). An anderer Stelle ist gar von „Bergen von Büchern und Notizen" die Rede (Kreke 1990), was Unordnung suggeriert. Die Zeitzeugin Elisabeth Schaefer erinnerte sich: „Vierfuß war ein sehr belesener Mann. Er kaufte bei Schepers Zeitungen, steckte sie in seine Schliprocktaschen [sic] und schlurfte zum Krankenhaus, wo er wohnte" (Schaefer 2008: 8). Eine Schülerzeitung berichtet auf Grundlage von Zeitzeugenaussagen, Wreesmann habe im Keller des Krankenhauses „die Heizung des Gebäudes betreut [...]" (Bregen et al. 1997). Dies bestätigt auch Wreesmanns Großnichte zweiten Grades. Eine aus Wreesmanns Feder stammende undatierte Beschreibung des Krankenhauses bezeichnet es als „ein zwar zweistöckiges, aber sehr einfaches, viereckiges Gebäude. Dasselbe machte von weitem, von der Hauptstraße aus den Eindruck, als sei es die Villa eines gutbürgerlichen Edelmannes oder Finanzmannes“ (Wreesmann in Woltermann 1979: 65). Es ist nicht bekannt, ob Wreesmann dort von seiner Rente zur Miete lebte, oder ob er die Kammer für seinen Heizungsdienst zur Verfügung gestellt bekam. Auch wo er vorher gelebt hat und wann er im Krankenhaus eingezogen ist, ist nicht mehr nachzuvollziehen. Laut einer Chronik des St.-Marien-Stifts habe der ehemalige Stadtschreiber „während seines letzten Lebensabschnittes für viele Jahre“ im dortigen Kellergeschoss gelebt (Cloppenburg 1992a: 57). Einem Zeitungsartikel zufolge habe er sein „kleines Stübchen im Friesoyther Krankenhaus“ sogar schon seit „etwa um die Jahrhundertwende“ bewohnt und dort einige seiner historischen Schriften verfasst, bspw. über die „alten Statuten der einst blühenden Schmiedezunft und die der jahrhundertealten Schützengilde“ (hn 1955). Derselbe Artikel – 1955 anlässlich des 100. Geburtstags Wreesmanns erschienen – stellt ihn auch als durchaus nicht vollends ungesellig dar:

> „Einmal im Jahr, so erfuhren wir, sei der alte Vierfuß regelmäßig in ein Gasthaus gegangen und zwar am 9. November, am Tage seines Namenstages. Bei Gastwirt von der Horst sei er dann eingekehrt. Seine Worte seien gewesen: ‚Einen Cognac und für die übrigen Herren (damit waren die gerade anwesenden Gäste gemeint) auch einen Cognac.‘ Kinderlieb war Vierfuß, nur die Buben, die ihn mit dem Ruf ‚Vierfuß‘ ärgern wollten, fürchteten seinen Handstock.“ (hn 1955)

Selbstverständlich sind aber unterschiedliche Verhaltensweisen zu verschiedenen Anlässen kein Widerspruch und die Beschreibungen können sich außerdem auf unterschiedliche Lebensphasen beziehen. Im gleichen Artikel heißt es nämlich auch, Wreesmann habe in seinem Stübchen im Friesyother Krankenhaus „zwischen vielen seltsamen Büchern [...] einsam, grüblerisch und versonnen dann auch seine letzten Lebensjahre verbracht“ (ebd.). Peter Sieve betont darüber hinaus, dass es damals vor allem im ländlichen Raum überhaupt nicht möglich gewesen sei, sich gänzlich von den Mitmenschen zu isolieren (ps).

Im St. Marien-Stift taten Schwestern aus der *Genossenschaft der Krankenschwestern nach der III. Regel des hl. Franziskus* (kurz: Franziskanerinnen) ihren Dienst (vgl. Cloppenburg 1992a: 43). Es ist nicht bekannt, wie ausgeprägt der Kontakt zwischen ihnen und Wreesmann war. Aufgrund einer Neigung, des Nachts durch die Straßen von Friesoythe zu irren und gelegentlich sinnierend vor einem Haus stehen zu bleiben, was angeblich als „böses Omen“ gedeutet worden sei, hätten „[d]ie Schwestern des Krankenhauses, in dem der

Abb. 3: Das Krankenhaus St. Marien-Stift mit Franziskanerinnen im Eingang. Postkarte von 1917.

Abb. 4: Die Souterrain-Fenster, hinter denen Wreesmann gelebt hat, links der mittlerweile entfernten Krankenhaustreppe (2021).

wortkarge und menschenscheue Wreesmann auf Kosten der Gemeinde seine letzten Jahre verbrachte, [...] sich schließlich nicht anders zu helfen [gewusst], als den alten Mann nachts einzuschließen“ (Güthlein 1989b,c). Dieses Detail spricht für eine zunehmende Entmündigung Wreesmanns.

Zu den Kindern in der Verwandtschaft war er „gütig“, wenn sie ihn im Kellergeschoss des Krankenhauses besuchten, und hatte „stets eine offene Hand“ (Cloppenburg 1993: 3). „Augenblick, ich muss noch eben was schreiben“, habe er Frau Liebsch häufig gesagt, wenn sie zu Besuch kam (Plaggenborg 2012). Sie habe ihm häufig Würfelzucker oder Kandis besorgt und „[z]u ihr sei er immer höflich und freundlich gewesen“ (ebd.). Sein Großneffe zweiten Grades und Patenkind hat in einem früheren Artikel berichtet, zum Geburtstag von dem Großonkel stets fünf Mark geschenkt bekommen zu haben (Eismann im Kommentar zu Güthlein 2012: 83). Auch noch in vielerlei weiterer Hinsicht beschrieben die Geschwister den Stadtschreiber a. D. als genügsam, uneigennützig und großzügig:

> „Zu den wenigen Friesoythern, die Kontakt mit Theodor Wreesmann hatten, gehörten die Geschwister Joseph Wreesmann und Hedwig Liebsch. Er war ein Vetter ihrer Großmutter und Patenonkel von Joseph Wreesmann. Da ‚Onkel Thedor‘, wie er in der Familie hieß, gleich um die Ecke im Krankenhaus wohnte, besuchten die beiden Kinder ihn ab und zu. Fünf Reichsmark gab ihm der großzügige alte Mann jedes Jahr für einen schönen Palmstock, erzählt Joseph Wreesmann. Hedwig Liebsch mußte öfter ein Pfund Zucker für den Verwandten einkaufen. Das Wechselgeld durfte sie behalten: ‚Er gab mir 50 Pfennig mit, der Zucker kostete 36 Pfennig.‘“ (Güthlein 1989a)

Weiter heißt es in dem Artikel, allerdings ohne eindeutige Quellenangabe:

> „Der Mann, der kaum etwas für sich selbst ausgab, war offensichtlich anderen gegenüber sehr spendabel. Einen neuen Anzug, den ihm die Schwestern im Krankenhaus zum Geburtstag schenkten, gab er umgehend weiter an einen Bedürftigen.“ (Güthlein 1989a)

Auch wird Wreesmann als frommer Mann beschrieben. Bei der sonntäglichen Heiligen Messe in der St.-Marien-Kirche habe er stets fünf Mark für die Kollekte gespendet (ebd.) und auch vor dem Josefsaltar gekniet (Cloppenburg 1993: 3). „Er kam als letzter und ging als erster“, erzählte Frau Liebsch, seine Großnichte zweiten Grades, über Wreesmanns Kirchgänge. Möglich ist, dass er dadurch den vielen anderen Leuten auszuweichen versuchte. Zur Kirche sei er laut der Verwandten gegangen, obwohl es ihm körperlich sichtlich schwer gefallen sei. Auf dem Heimweg habe er sich gelegentlich mit ihren Eltern unterhalten, an deren Haus er vorbeikam.

> „Wenn er mit meinen Eltern redete, und das war nicht häufig, sprachen sie über den Krieg, nie über geheimnisvolle Ereignisse. Ich habe natürlich heimlich zugehört, ‚gepinkohrt', wie Kinder es eben tun, denn meine Neugierde war geweckt." (Frau Liebsch im Gespräch, November 2021. Text auf Grundlage von Gesprächsnotizen.)

Rückblickend schätzt die Zeitzeugin ihn als durchaus religiös, gutmütig und großzügig ein. Der Lehrer Norbert Bögershausen veröffentlichte eine amüsante Anekdote darüber, wie sein Vater in der Kirche dem ehemaligen Stadtschreiber begegnet war, unter dem Titel *Praktische Nächstenliebe*:

> „Als mein Vater (Franz Bögershausen 1900–1976, Ellerbrock) im Oktober 1940 zum Gottesdienst nach Friesoythe fahren wollte, konnte er sein Gebetbuch nicht finden. Da die Zeit drängte, fuhr er nach ergebnisloser Suche ohne sein Gesangbuch los.
>
> Der Zufall wollte es, dass, als er in der Kirchenbank saß, der Stadtschreiber Wreesmann sich neben ihn setzte. Dieser hatte glücklicherweise sein Gebetbuch mitgebracht. Während des Gottesdienstes wurden Lieder gesungen, von denen mein Vater die ersten Strophen auswendig kannte und so unbeschwert mitsingen konnte. Als aber von dem einen oder anderen Lied die fünfte und sechste Strophe gesungen wurde, kannte er den Text nicht und schaute in das Buch seines Banknachbarn Wreesmann. Der ließ sich zuerst nichts anmerken. Doch nach dem dritten Male, als mein Vater wieder die Hilfe des Buches seines Nachbarn in Anspruch nahm, blickte dieser ihn ein wenig grantig an, weil er sich offensichtlich in seiner Andacht gestört fühlte, riss etliche Blätter aus seinem schon stark lädierten Gebetbuch heraus und gab sie ihm mit den Worten: ‚Hier hässt du uk Blöer und brukst bi mi nich utkieken, läsen wess du ass Schaulmester ja woll noch köhnen!'" (Bögershausen 2006: 126)

Der Text ist insofern interessant, als dass er den Aussagen widerspricht, Wreesmann habe sich im Gotteshaus bewusst abseits der anderen Leute platziert. Der Stadtschreiber wird hier, gut ein halbes Jahr vor seinem Tod, vielleicht als ein wenig verschroben, aber durchaus nicht kontaktscheu dargestellt. Das wird auch daran liegen, dass diese Anekdote nicht das Ziel verfolgt, ihn als einsamen Spökenkieker darzustellen. Wieder einmal zeigt sich hier, wie subjektiv und unterschiedlich die Beschreibungen Wreesmanns ausfallen, je nachdem, wer sie von sich gibt.

Theodor Caspar Anton Joseph Wreesmann verstarb am 9. April 1941 in seinem 86. Lebensjahr im Friesoyther Krankenhaus. Als Zeitpunkt des Todeseintritts nennt die Sterbeurkunde 1 Uhr, als Ursache eine Lungenentzündung (Stadtarchiv Friesoythe, Bestand 12, Nr. 2). Sein Tod wurde durch die Schwiegertochter seiner Cousine, der Mutter von Frau Liebsch, beim Standesamt gemeldet, die „von dem Sterbefall aus eigener Wissenschaft unterrichtet" gewesen sei (ebd.). Obgleich die Menschen sich seiner bald etwas wohlwollender zu erinnern begannen, was mit seinem vermeintlichen Weissagen über eine sichere Zuflucht für die letzten Kriegstage zusammenhängen mag, wurde zunächst sein gesamter Nachlass und damit sehr viel aufschlussreiches Material über ihn vernichtet. Darunter waren die vielen Notizen, die er sich in zahlreichen Notizbüchern, aber auch auf allen möglichen anderen Papieren zu machen pflegte:

> „Nach seinem Tod wurden sämtliche Aufzeichnungen und auch die vollgekritzelten Zeitungen Theodor Wreesmanns verbrannt. Niemand weiß anscheinend, was der Mann, der sich niemandem anvertraute, Tag für Tag schrieb." (Güthlein 1989a)

Einem anderen Bericht zufolge wurde das Material durch die Zerstörung der Stadt in den letzten Kriegstagen vernichtet (hn 1955). Lediglich einige der Schriften, die Wreesmann in seiner Tätigkeit als Stadtschreiber angefertigt hat, sind erhalten und in Fragmenten publiziert. Auch einige seiner Notizen existieren noch im Friesoyther Stadtarchiv.

Wreesmann ist in einem Einzelgrab auf dem katholischen Friedhof beerdigt worden, welches (spätestens) nach Ablauf der normalerweise 50-jährigen Ruhefrist neu vergeben wurde (Cloppenburg 1993: 3). Dieser Umstand ist verwunderlich, da Wreesmann zu diesem Zeitpunkt schon lange eine Person von öffentlichem Interesse geworden war. Der ehemalige katholische Pfarrer Michael Borth ließ einmal prüfen, wo auf dem Friedhof Wreesmann beerdigt worden war, doch das Grab ließ sich auch in den Kirchenbüchern nicht auffinden (mb). 1999 stellte er im *St. Marien Rundblick* die Frage nach dem genauen Standort des Grabes sogar öffentlich (Borth 1999a: 102 f.). Die darauf eingegangenen Zuschriften führten zu keinem eindeutigen Ergebnis:

> „In der Mitte des jetzigen Friedhofes[16] befand sich früher das große Kreuz, welches heute ganz am Rand aufgestellt ist. Ganz in der Nähe des alten Stand-

16 Es ist zu beachten, dass der Friedhof seither vergrößert wurde.

> ortes wurde Anton Joseph Wreesmann [sic] im April 1941 beerdigt." (Borth 1999b: 79)

Wäre es damals gefunden worden, so hätte dort eine Gedenktafel platziert und das Grab bewahrt werden können (mb). Borth mutmaßt, dass bei Wreesmann, als „armem Mann ohne Nachkommen", der ggf. nicht für sein Grab aufkommen konnte, die Ruhezeit von 50 Jahren vielleicht nicht eingehalten und das Grab bereits früher erneut belegt worden sei (mb).

Kindeskinder von Wreesmanns jüngerem Bruder Wilhelm Hermann Anton Joseph leben laut einem Artikel der NWZ-Reporterin Maike Plaggenborg in Berlin, doch auch dort habe die Journalistin keine weiterführenden Informationen über den Stadtschreiber erlangen können (Plaggenborg 2012). In den zahlreichen Artikeln, die von Wreesmann und seinen vermeintlichen Vorgesichten berichten, sind bislang keine Fotos des Stadtschreibers veröffentlicht worden.[17] Zwar wird in einem Zeitungsbericht eine von „den klaren tiefliegenden Augen beherrscht[e]" Fotografie erwähnt, welche das „letzte Foto des Stadtschreibers" gewesen sein soll (Kreke 1990), doch konnte ich diese trotz intensiver Recherche nicht ausfindig machen.

An „Onkel Theo" hat die Zeitzeugin Hedwig Liebsch nur gute Erinnerungen. Vieles bleibt allerdings auch für sie rätselhaft, da sie erst neun Jahre alt war, als er starb. Sie wüsste heutzutage gerne mehr über ihn und verwies im Gespräch mit mir darauf, dass ihre Mutter und Großmutter noch viel mehr hätten erzählen können. Aber auch ihre eigenen Erzählungen und Gedanken sind hoch interessant und deuten nicht zuletzt darauf hin, dass es sich bei Wreesmann um einen herzensguten Mann gehandelt hat:

> „Ich bin wohl die einzige, die ihn noch gekannt hat. Er galt als sonderbar. Und das war er wohl auch. Als früherer Stadtschreiber wird er eine annehmbare Pension bezogen haben. Wie alle Friesoyther wissen, hat er im Krankenhaus gelebt. Ob er zur Miete oder umsonst wohnte, weiß ich nicht. Auch wo er vorher gewohnt hat, weiß ich nicht. Im Halbparterre des Krankenhauses hatte er

17 Von einer völlig unkenntlichen Ausnahme abgesehen. In einem Artikel von Ferdinand Cloppenburg (1993) für die Heimatbeilage *Volkstum und Landschaft* der *Münsterländischen Tageszeitung* findet sich die Fotografie einer schemenhaften Gestalt vor „Eilers Gasthof" in der Langen Straße. Laut Bildunterschrift handelt es sich dabei um den Stadtschreiber Wreesmann, doch ist das Gesicht nicht einmal ansatzweise erkennbar oder die Person steht sogar mit dem Rücken zur Kamera.

zwei kleine Zimmer. Ein karg möbliertes Schlafzimmer mit Bett, zwei Stühlen und mehreren Haken für seine dürftige Kleidung. Aber jede freie Wand war vom Fußboden bis zur Decke mit Büchern bestückt. Ebenso der Raum, in dem er ständig schrieb oder las. Die beiden Fenster der Räume gaben ihm tagsüber genügend Licht. Nachts gab die Funzel an der Decke nicht genügend Licht, weshalb auch die Petroleumlampe brannte. Gleich nebenan befand sich der Kohlenkeller. Er hatte die Aufgabe, den Ofen regelmäßig mit Kohle zu versorgen. Vielleicht hat er als Gegenleistung für die Arbeit dort umsonst leben können. Er sagte mir: ‚Ein Krankenhaus muss immer warm sein. Dort oben liegen kranke Leute, die es warm haben müssen.‘ Völlig verständlich, dass seine unwirtliche Unterkunft mit Kohlenstaub bedeckt war. Aus heutiger Sicht unvorstellbar, dass jemand so sein Leben fristete. Das hätte er gar nicht nötig gehabt.

Mit den Nonnen hatte er wenig Kontakt. Er lebte sehr zurückgezogen, ohne Freund und ohne einen Bekannten. Vielleicht scheuten ihn alle als Sonderling, weil sie wussten: Das ist der Vierfuß, der ist ein Außenseiter. Spukhaft kam er denen auch vor. Er hat nie jemanden getroffen. Aber vielleicht wollte er das auch gar nicht, wer weiß. Meine Mutter sagte ab und an zu mir: ‚Geh mal eben zu Onkel Theo, der freut sich‘. Sie brauchte mich dort nicht hinschubsen, ich ging immer guten Mutes zu ihm. Noch nach seinem Tod war ich häufig im Krankenhaus beschäftigt. Dort habe ich im Garten mit den Nonnen Erbsen und Bohnen gepflückt oder gelegentlich Kuchen gebacken mit den Schwestern. Die Küche befand sich auch dort unten im Keller. Als ich vielleicht neun war, bin ich zu den Kranken in die Zimmer gegangen und habe ihnen Gedichte aufgesagt. Für Onkel Theodor bin ich oft einkaufen gegangen. Sonst brauchte ich nichts für ihn erledigen. Er gab mir dann 50 Pfennig mit für Kandis, manchmal habe ich auch Post für ihn abgeschickt. Der Zucker kostete 36 Pfennig, den Rest durfte ich behalten. Vielleicht war ihm der Kaffee nicht süß genug, den er bekam! Versorgt wurde er vom Krankenhaus. In seiner winzigen Kammer hatte er keinen Herd, aber Kaffee stand dort immer. Zucker war nicht billig damals. Da es Kandis war, hat er vielleicht auch Tee damit gesüßt.

Er war nett, verständnisvoll und immer sehr großzügig. Er freute sich, wenn ich ihn besuchen kam. Einst kam ich zu ihm und erzählte: ‚Onkel Theodor, ich komme nächstes Jahr auf eine andere Schule, auf die Bürgerschule!‘ Da ist er beinahe aufgesprungen! ‚Ach, das ist aber schön!‘, hat er gesagt und sehr eindringlich hinzugefügt: ‚Lerne so viel du kannst, dann wirst du im Leben immer fertig.‘ Da habe ich das erste Mal gesehen, dass er richtig gelacht und sich gefreut hat. Das war ganz wichtig für ihn. 50 Pfennig hat er mir spontan gegeben! Das war fast ein Weihnachtsgeschenk. Die holte er aus seinem abgegriffenen schwarzen Portemonnaie, grau war es stellenweise,

> so abgegriffen war es schon. An diesen Ausspruch von ihm habe ich später noch häufig gedacht.“ (Frau Liebsch im Gespräch, November 2021. Text auf Grundlage von Gesprächsnotizen.)

Insbesondere die schöne Anekdote zum Schluss der Schilderung weist außerdem darauf hin, dass Bildung dem Stadtschreiber a. D. einiges galt. Dies ist auch damit zu erklären, dass er selbst belesen und vielseitig interessiert war.

3.2 Stadtschreiber mit heimatkundlichem Interesse

> „Wreesmann galt als Mann des Wortes. Er war belesen und blickte offenbar weit über den Friesoyther Tellerrand.“ (Strotdrees 2008b: 112)

> „Augenblick, ich muss noch eben was schreiben.“
> (Theodor Caspar Anton Joseph Wreesmann, laut Frau Liebsch, in Plaggenborg 2012)

Die angeführte Charakterisierung Wreesmanns als „Mann des Wortes“ ist auch insofern zutreffend, als dass er sowohl beruflich als auch privat immer „noch eben was [zu] schreiben“ hatte. Von Juli 1902 (Sieve 2007a: 45) bis mindestens zu seinem 71. Lebensjahr, welches er 1926 erreichte, übte Theodor Wreesmann das Amt des Stadtschreibers von Friesoythe aus (Plaggenborg 2012). Woltermann verglich dieses Amt mit dem eines späteren Stadtdirektors (Woltermann 1979: 24), welcher der Leiter der Gemeindeverwaltung und Schriftführer des Rates war. Sieve merkt dazu allerdings an, dass dies zu hoch gegriffen sei: Die Gemeindeverwaltung sei damals noch nicht so ausdifferenziert gewesen wie heute und Wreesmann habe darin nur untergeordnete Funktionen ohne eigenständige Verantwortung gehabt – anders als die späteren, von der Militärregierung eingeführten Gemeindedirektoren (ps). Hinter der ungewöhnlich langen Arbeitszeit Wreesmanns möge sich ggf. eine Art Rente verborgen haben, mutmaßt die Journalistin Maike Plaggenborg in einem Artikel (Plaggenborg 2012). Sicher könne dazu allerdings nichts gesagt werden, da laut Aussage des Gründers des Friesoyther Stadtarchivs, Walter Beckmann, die meisten Unterlagen während des Zweiten Weltkrieges oder schon nach Wreesmanns Tod 1941 vernichtet worden seien (ebd.). Auch die Frage danach, wie Wreesmann an das Amt gekommen war, könne Beckmann zufolge nicht beantwortet werden (ebd.). Als hauptamtlicher Stadtschreiber sei er der „erste Verwaltungsbeamte der Stadt“ (Woltermann 1977a: 12) gewe-

Abb. 5: Das damalige Friesoyther Rathaus mit Stadtwappen. Postkarte aus den 1930er Jahren.

sen und „kümmerte sich um Schriftverkehr und andere Verwaltungsaufgaben“ (Plaggenborg 2012). Cloppenburg umschreibt diesen Posten als „rechte Hand des Bürgermeisters“ und die Journalistin Karin Güthlein führt daraufhin aus, Wreesmann sei „[n]ach heutigem Verständnis ein zuverlässiger und fleißiger kleiner Beamter“ gewesen (beides Güthlein 1989a). Laut Aussagen von Zeitzeuginnen und Zeitzeugen habe er sowohl in der an der Moorstraße gelegenen Wohnung des Bürgermeisters Theodor Krose (im Amt von 1909 bis 1929), dem er zuletzt unterstand, als auch im Rathaus in der Stadtmitte (Abb. 5) seinen Dienst verrichtet (Cloppenburg 1993: 3). Wreesmann verfügte über eine sehr gut leserliche, geschwungene, beinahe künstlerisch, aber auch unruhig anmutende (Sütterlin-)Handschrift, in welcher er offizielle Schriftstücke der Stadt abfasste, und die Walter Beckmann als „gestochen scharf“ bezeichnet (laut Plaggenborg 2012; siehe Wreesmanns Signatur auf Abb. 6 sowie ein beispielhaft ausgewähltes Dokument auf Abb. 7). Er hat sich, auch im Vergleich zu anderen Stadtschreibern, besonders eingehend mit der Stadtgeschichte beschäftigt und sein Nachlass ist in das Friesoyther Stadtarchiv aufgenommen worden (Schieckel 1980: 9). Dieser Nachlass enthält neben diversen historischen Dokumenten, bspw. zu Grundstücksangelegenheiten, eine „Materialsammlung und Notizen zur Chronik von Friesoythe und Umgebung 1400–1911 (u. a. Löhne, Unglücksfälle, Wahlen, Vereine, Bausachen)“ (ebd.: 54).

Von den zahlreichen Aufzeichnungen, die Wreesmann über seine dienstliche Tätigkeit hinaus aus heimatgeschichtlichem Interesse angefertigt haben soll, sind nur wenige bei der Zerstörung der Stadt 1945 gerettet worden (Woltermann 1977a: 12). Veröffentlicht ist von Wreesmanns Arbeiten beinahe nichts. Eine Ausnahme bildet ein posthum zusammengestellter Artikel über das Leben und Schaffen des ehemaligen Friesoyther Amtshauptmanns Johann Ernst von Heimburg. Dieser Artikel beruht, zwischen einer kurzen Einleitung und abschließenden Worten von Clemens Woltermann, komplett auf Aufzeichnungen und Notizen Wreesmanns (Wreesmann und Woltermann 1978). Das Material ist um 1910 entstanden[18], als die portraitierte Person schon lange nicht mehr in Friesoythe wirkte, und gibt Aufschluss über die nüchterne Wortgewandtheit, Beobachtungsgabe, Genauigkeit sowie die analytische Begabung des Stadtschreibers: Er zeichnete das Leben des Amtshauptmanns prägnant nach, setzte dessen Wirken als Beamter in Zusammenhang mit Aspekten der Biografie und benannte schließlich drei große Verdienste von Heimburgs um das Amt Friesoythe. Theodor Wreesmanns Bewertung der Arbeit des ehemaligen Amtshauptmanns erlaubt Rückschluss auch auf seine eigenen vielfältigen Prioritäten in der damaligen Friesoyther Stadtentwicklung:

> „Die Stadt Friesoythe hat ihm [Amtshauptmann von Heimburg, Anm. d. Verf.] sehr viel zu danken in mehreren Fällen, nämlich 1) bei der in Regierungskreisen immer noch seit mehreren Jahren schwankenden und unerledigten Frage, ob in dem kleinen Friesoythe der Sitz des Großherzoglichen Amtes und des Gerichts noch weiter zu belassen und nicht wie die Ämter Damme, Berne, Rastede, Neuenburg, Dedesdorf, Zwischenahn, Steinfeld – in Löningen ist noch ein Gerichtssitz geblieben – aufzuheben sei, wurde von ihm zu Gunsten der Stadt Friesoythe entschieden, und er brachte die Zweifel zum Stillstand, so daß er mutig und mit starkem Zielbewußtsein den Neubau eines Amtshauses und den Neubau einer Amtsrichter-Dienstwohnung beantragte, und beides auch gewährt erhielt, aber alles beide erst nach seinem Abzuge nach Cloppenburg,

18 Darauf deutet laut Woltermann eine etwas kuriose Notiz Wreesmanns hin: „Zu der *noch heute (1910)* unentschiedenen und umstrittenen Frage, ob die Karrenschieber in Friesoythe das Trottoir benutzen dürfen? -“ (Wreesmann und Woltermann 1978: 80. Herv. i. O.).

2) seinem scharfblickenden Auge entging der Mangel einer Baumpflanzung am Kanaldamm nicht; er verwendete sich durch seinen Antrag bei der Kanalbau-Verwaltung hierfür, welches als eine großartige Leistung insofern anzusehen ist, als dadurch die Stadtgemeinde die Vorteile eines reichen Holzzuwachses, die Passanten und das treibende Vieh einen schattenspendenden Weg und die Stadt Friesoythe einen schönen oder schmucken Gemeindeweg erhielt,

3) durch sein mutiges und selbstloses Eintreten für den Eisenbahnbau, welches zuerst von ihm angefaßt worden war, er als der eigentliche Begründer oder Urheber der Eisenbahn für Friesoythe und Umgebung anzusehen ist.

[...]

Nach mehreren Jahren [als späterer Amtshauptmann in Cloppenburg, Anm. d. Verf.] wurde er in den Ruhestand versetzt, worauf er sich sodann nach Oldenburg zurückzog. Mit ihm schied ein reich begabter Verwaltungsjurist, ein National-Oekonom, ein Hauptförderer der Stadt-Friesoyther-Interessen, welchem nicht nur durch seine ideelle Verkehrstechnik, sondern auch durch sein entschiedenes (entschlossenes) Eintreten für den Fortbestand der Stadt als Amtssitz ein dauerndes Andenken gebührt."[19] (Wreesmann und Woltermann 1978: 80)

19 Die Geschichte des Friesoyther Schienenverkehrs ist besonders mit dem Wissen um heutige Diskussionen interessant, weshalb ich mir hier den folgenden kleinen Exkurs erlaube: Ein durch von Heimburgs Vorgänger herbeigeführter Amtsratsbeschluss hatte bereits vorgesehen, zur Verbesserung des Verkehrs nicht das Schienennetz, sondern das Straßennetz auszubauen (Wreesmann und Woltermann 1978: 78). Von Heimburg aber, den Wreesmann als „Eisenbahn-Agitator" bezeichnete (ebd.: 79), „verstand in einer späteren Amtsratssitzung die versammelten Mitglieder dahin zu bestimmen, die unter seinem Amtsvorgänger gefaßten Beschlüsse, welche das große Chausseeprojekt betrafen, zu annullieren, ... nachdem er mit beredeten Worten, welche schriftlich mit einem anliegenden reichen Zahlenmaterial ergänzt und erläutert die Überzeugung nachwies, daß nur durch den Bau der Eisenbahn der Amtsbezirk Friesoythe dem Weltverkehr erschlossen würde." (ebd.: 78f.) Die Bahnstrecke Cloppenburg-Friesoythe-Scharrel, 1906 eröffnet und 1908 bis Ocholt verlängert, war sechs Jahrzehnte lang Friesoythes Anbindung an das Schienennetz. Im Jahr 1968 stellte die Deutsche Bundesbahn den Personenverkehr darauf allerdings wieder ein, wenig später auch den Güterverkehr (vgl. Cloppenburg 2008: 374). Dies war wohl eine Folge des wenig weitsichtigen PKW-orientierten Zeitgeistes. Vor allem (aber nicht ausschließlich) im Angesicht der brandaktuellen Herausforderung, die Ausmaße der menschengemachten Klimakatastrophe einzudämmen, war dies eine gravierende Fehlentscheidung, welche bis heute nicht wieder behoben ist.

Der Stadtschreiber, als aufmerksamer Beobachter und Chronist des Zeitgeschehens, schien das größere Ganze des Gemeinwohls facettenreich im Blick zu haben. Auch lobte Wreesmann den persönlichen Charakter von Heimburgs, vor allem dessen Bodenständigkeit und eine gewisse Bescheidenheit hob er hervor:

> „Aber alle Eingeweihten staunten, als die offiziellen Preßbureaus die überraschende Nachricht brachten, der frühere Amtmann von Heimburg in Osnabrück sei zum Amtshauptmann in Friesoythe ernannt. Mit vielem Humor wurde diese Nachricht verbreitet und man flüsterte sich gegenseitig in die Ohren: ‚dieses ist ein Strafposten für ihn, als Amtshauptmann nach Friesoythe, dem oldenburgischen Sibirien (eintönige Landschaft) versetzt zu werden' [...]
> In der Stadt Friesoythe aber nahm man diese Nachricht wohlwollend und ohne eine Spur von Mißtrauen entgegen, denn er war noch aus früherer Zeit gut bekannt, wie auch später, wo er allezeit trotz seiner bevorzugten Stellung ein sparsames, einfaches und schlichtes Wesen zur Schau trug und wo er allezeit mehr als ein ächter Volksmann galt. Auch seine Spötter vermochten seine große Befähigung nicht anzutasten." (Wreesmann und Woltermann 1978: 78)

Dass der Amtshauptmann von Heimburg, der nach Friesoythe lediglich versetzt worden war, nach seiner dortigen Amtszeit ein langes, durchaus wohlwollendes Spottgedicht über Land und Leute verfasst hat (von Heimburg 1984, verfasst um 1884), welches seinerzeit die Gemüter entzweite, schien Wreesmann ihm nicht übel genommen zu haben. Er bemerkte lediglich: „von Heimburg strophierte gern in satirischer Weise" (Wreesmann und Woltermann 1978: 80).

Auch in einer Veröffentlichung über die katholische St. Marien-Gemeinde (Woltermann 1979) lässt Woltermann den Stadtschreiber Wreesmann in direktem Zitat zu Wort kommen: Als die Gemeinde 1881 einen neuen Pfarrer bekam, habe dieser, wie Wreesmann später rückblickend bemerkte[20], einige „wenig rosige Zustände in seiner Kirchengemeinde" vorfinden müssen (Wreesmann in Woltermann 1979: 24). Konkret benannte Wreesmann als solche, dass es „[k]einen Turm an der Kirche" gegeben habe, „sondern statt dessen nur

---

20 In welchem Jahr die hier zitierten Textstellen aus Wreesmanns „Aufzeichnungen zur Geschichte Friesoythes" entstanden sind, wird in Woltermanns Veröffentlichung nicht angegeben. Ggf. sind sie undatiert.

einen elenden Dachreiter auf einem eben solchen Glockenhause mit hölzernen Schindeln gedeckt, welcher sich an der Westseite der Kirche befand“ (ebd.). Außerdem bemängelte er, dass es sich um eine „altertümliche Kirche“ gehandelt habe, „welche zwar riesig dicke Mauern hatte mit zum Teil verwittertem Gestein, aber für die vermehrte Bevölkerung zu eng und zu klein war und eine nur niedrige Gewölbedecke besaß“ (ebd.). Das Krankenhaus sei klein und zu Gunsten des Pfarrfonds verschuldet gewesen und habe „ohne irgendwelchen Capitalfond ein nur kümmerliches Dasein“ gefristet (ebd.). Der Pfarrfonds selbst sei „bescheiden“ gewesen und habe dem neuen Pfarrer „ein wenig mehr wie dürftiges Einkommen“ gewährt (ebd.). Das Schulgebäude sei „zwar mit massivem Mauerwerk, jedoch veraltet mit verwittertem Gestein, einstöckig und aus dem Jahre 1827 als Baujahr herrührend“ gewesen (ebd.). Abschließend bemerkte Wreesmann, dass der neue Pfarrer J. B. Tapke sich dennoch mit einer „bewundernswerten Unverdrossenheit“ ans Werk gemacht und einiges von seinem eigenen Vermögen aufgebracht habe, um die Missstände anzugehen (ebd.). Wreesmann scheint in seiner Kommentierung des (in diesem Falle: zurückliegenden) Geschehens kein Blatt vor den Mund genommen und vermeintliche Missstände in keiner Weise beschönigt zu haben. Als 1885 der Neubau des Kirchturms in gotischem Stil begann, hat es Probleme mit dem Baumaterial gegeben. Der Stadtschreiber notierte dazu später rückblickend:

> „Die Ziegelsteine für den Neubau wurden sämtlich von der Ziegelei in Bösel bezogen .... Diese Steine waren von schlechter Qualität. Eine weit bessere Sorte Steine lieferte die Gemeinde-Ziegelei in Neuscharrel zum Neubau des Amts- und Gerichtsgebäudes auch zu damaliger Zeit, welche tadellos angesehen wurden.
>
> Ein sehr großer Haufen Ziegelsteine aus Bösel, von dem untersten und gemeinsten Schund, wurde 1 bis 2 m tief in die Erde als Fundament unter dem Turm versenkt.“ (Wreesmann in Woltermann 1979: 25)

Ebenso wie er sich harsch und kritisch äußern konnte, war Wreesmann allerdings auch der Wertschätzung fähig, wie seine Ausführungen über von Heimburgs Verdienste bereits verdeutlicht haben. Johannes von Miquel, den nationalliberalen preußischen Finanzminister von 1890 bis 1901 (vor allem bekannt für seine Steuerreform), bezeichnete er 1910 in denselben Ausführungen beiläufig als „geniale[n] Finanzminister des Reiches in Berlin“ (Wreesmann und Woltermann 1978: 78). Den engagierten Friesoyther Pfarrer Tapke, verstorben im Jahr 1900, charakterisierte der Stadtschreiber mit den folgenden Worten:

> „Derselbe war ein hervorragender Charakter, ein Original seltener Art und Größe, ein Mann von gewinnender Liebenswürdigkeit. Dieses bewies die Achtung, die er weit über die Grenzen seines Wirkungsbereiches hinaus fand. Es bestand zwischen ihm und seiner Gemeinde bzw. den Gemeindeangehörigen ein inniges Verhältnis. Er war ein Freund der Schulen und der Wissenschaft." (Wreesmann in Woltermann 1979: 28)

Als die mittelalterliche Kirche tatsächlich einem Neubau weichen musste (wobei ihr noch recht junger Turm erhalten blieb), was schon an sich nicht unumstritten war, gingen mit ihr auch historische Wandmalereien verloren (ebd.: 29f.). Auch dies kommentierte Wreesmann kritisch und nahm es zum Anlass, sich für einen zukünftigen Erhalt Friesoyther Denkmäler und Sammlungen auszusprechen:

> „Zum Schlusse verdient es noch einer Erwähnung, dass im Herbste 1908 beim Abbruch der alten Kirche ein wichtiges Kunstwerk aus alter Zeit verloren gegangen ist.
>
> Es war dieses ein großes Wand-Reliefbild, das Fegefeuer darstellend in runder Form, ca. 2m im Umfang, welches sich an der Innenmauer über den Sakristei-Eingang [sic] befand, und seinen effektvollen Eindruck nicht verfehlte.
>
> Alle Bemühungen von Seiten einiger Bürger, dieses alte Kunstwerk zu erhalten, scheiterten an dem Widerspruch der Maurer, welche die allerdings schwierige Arbeit, dieses Bild als einen Mauerblock in einem Stück zu erhalten, sich nicht unterziehen wollten, und somit ging leider ein 500jähriger Kunstgegenstand für Friesoythe damit verlustig. [...]
>
> Wir wollen die Erhaltung vaterstädtischer Denkmäler und Sammlungen nicht nur für eine Ehrenpflicht, sondern auch für ein Gebot der Klugheit halten im hohen Maße wegen ihres historischen Wertes." (Wreesmann in Woltermann 1979: 30)[21]

Diesen Notizen ist zu entnehmen, dass der Stadtschreiber sowohl kunstsinnig war als auch die Historizität des zerstörten Objektes zu schätzen wusste. Gleichzeitig erkannte er an, dass es den ausführenden Maurern eine schwierige Aufgabe gewesen wäre, das Reliefbild zu erhalten. Als eine Art Lehre aus diesem Verlust propagiert Wreesmann eine Haltung der Wertschätzung gegen-

21 Das Zitat wurde außerdem in einem Band, der u. a. das Inventar der heutigen St. Marien-Kirche dokumentiert, wieder aufgegriffen (Dalinghaus 2011: 88).

über „vaterstädtischen“ Objekten von historischem Wert[22], was für eine ausgeprägte lokalpatriotische Verbundenheit des Stadtschreibers zu seiner Stadt spricht. „Er war ein Kenner, aber ein einsamer Rufer“, kommentiert Clemens Woltermann (Woltermann 1979: 30). Bei der Grundsteinlegung der neuen Kirche wurde eine Urkunde mit eingemauert, die diverse Informationen über die zeitgenössischen Gegebenheiten enthält und auf der neben anderen Beamten und Offiziellen von Stadt und Kirche auch Theodor Wreesmann als Stadtschreiber genannt ist (ebd.: 31 f.).

Dem Historiker Michael Hirschfeld zufolge sei eine Professionalisierung der Stadtverwaltung in Friesoythe lange versäumt worden (Hirschfeld 2008: 289). 1926 beklagte der Friesoyther Amtshauptmann Joseph Haßkamp auf Beschwerden übergeordneter Behörden hin, dass in Friesoythe „eine ausreichende ordnungsmäßige Erledigung der Verwaltungsgeschäfte (...) nicht zu erzielen“ sei und die „ganzen Verhältnisse (...) allgemein als skandalös bezeichnet“ werden müssten (Haßkamp zit. n. Hirschfeld 2008: 288). Konkret gemeint gewesen sei damit laut Hirschfeld, „dass die Stadt mittlerweile an den Rand der Zahlungsunfähigkeit geraten war, ihren Mitarbeitern keine Gehälter mehr auszuzahlen im Stande war und damit auch nicht gerade deren Arbeitswilligkeit förderte“ (Hirschfeld 2008: 288). Der Amtshauptmann sah die Ursache in einer „unzulängliche[n] Verwaltungsorganisation“ (ebd.):

> „Die jetzige eigentliche Verwaltung besteht aus dem Bürgermeister, der nur im Nebenamt tätig ist, dem Angestellten Niemann und dem Stadtschreiber Wreesmann. Letzterer ist als Arbeitskraft nicht mitzuzählen, es wäre richtiger ihn nicht zu beschäftigen. Niemann ist schon seit längerer Zeit krank. Dass ein derartiger Apparat angesichts der heutigen Anforderungen an eine städt. Verwaltung versagen muss, liegt auf der Hand.“ (Amtshauptmann Joseph Haßkamp 1926, zit. n. Hirschfeld 2008: 288)

22 In den Kindheitserinnerungen von Elisabeth Schaefer findet sich ein Indiz darauf, dass der damalige Pfarrer diese Einschätzung Wreesmanns wohl nicht so geteilt habe. Schaefer schrieb: „Ein Neubau 1908 muß wohl dringend notwendig gewesen sein, denn meine Eltern erzählten: Beim Abbruch der alten Kirche seien Wandmalereien zum Vorschein gekommen. Der Pastor Lambert Meyer hätte gesagt, reißt sie schnell ab, sonst kommt uns noch der Denkmalschutz und wir bekommen keine neue Kirche“ (Schaefer 2008: 15). Der Wahrheitsgehalt dieser Anekdote lässt sich kaum prüfen. Wie verbreitet die Idee des Denkmalschutzes damals bereits war, entzieht sich meiner Kenntnis.

Auf welcher Grundlage Haßkamps Einschätzung beruhte, dass es „richtiger" wäre, Wreesmann nicht zu beschäftigen, da er „als Arbeitskraft nicht mitzuzählen" sei, geht aus der Quelle nicht hervor. Von einer meiner älteren Verwandten erfuhr ich jedoch, dass damals „viele Leute" sich gefragt hätten, warum „ein Behinderter" das Amt des Stadtschreibers innegehabt habe – man sei es früher eher gewohnt gewesen, diese „in die Ecke zu setzen". Ob die Aussage Haßkamps ebenfalls auf solche Ressentiments aufgrund körperlicher Eigenschaften oder Gebrechen Wreesmanns zurückzuführen ist, bleibt im Bereich der Mutmaßung.

Nachdem im selben Jahr die Amtssparkasse wirtschaftlich zusammengebrochen war, wuchs der Handlungsbedarf und es wurde ein Stadtkämmerer eingesetzt (Hirschfeld 2008: 289). Hirschfeld merkt an: „Außerdem sollte ein ‚Hülfsbeamter' zur Anlegung einer Registratur für drei Monate eingestellt werden, wobei man daran dachte, den Stadtschreiber Theodor Wreesmann mit dieser Aufgabe zu betrauen" (ebd.). Aus der Quelle geht nicht hervor, ob dieses Amt Wreesmann tatsächlich angeboten wurde. Hirschfeld bezweifelt, dass mit den getroffenen Maßnahmen „dem geforderten Wandel Genüge getan war" (vgl. ebd.), doch würden weitere Ausführungen darüber an dieser Stelle zu weit führen und sie hätten auch keinen Bezug mehr zum Stadtschreiber.

Sein heimatkundliches Interesse wird in vielen Texten über Wreesmann betont. In einem Artikel der *Nordwest Zeitung* (Finger 1982) ist ihm sogar fälschlicherweise die Autorschaft eines historischen Buches über Friesoythe zugeschrieben worden, welches eigentlich von einem anderen Heimatforscher Wreesmann verfasst worden war. Das handschriftliche Manuskript einer von Theodor Wreesmann verfassten Familienchronik über die Wreesmanns befindet sich noch heute in Privatbesitz (ps). Stadtarchivar Walter Beckmann zufolge hatte Wreesmann auch Pläne für eine Orts- oder Stadtchronik: Er habe sehr viel ortsgeschichtliches Material gesammelt (bspw. historische Sachakten), aufgezeichnet und in eine grobe Ordnung gebracht (wb). Ein Besuch des Stadtarchivs blieb mir aufgrund der Corona-Pandemie leider verwehrt, aber Herr Beckmann gab mir freundlicherweise Auskunft über den Bestand:

> „Heute befindet sich ein nur teilweise erschlossener Bestand mit seinem Nachlass im Stadtarchiv. Diese Unterlagen sind über Umwege erhalten und dort hingelangt. Der Bestand muss inhaltlich noch erschlossen und verzeichnet werden. Als fundiertes historisches Quellenmaterial sind diese Aufzeichnungen nach derzeitigen Erkenntnissen nur eingeschränkt nutzbar. Ob es sich bei den erhaltenen Unterlagen um seinen gesamten schriftlichen Nachlass

handelt, ist nicht nachzuvollziehen.“ (Stadtarchivar Walter Beckmann in einer E-Mail an den Verfasser, August 2021.)

Unterlagen und Notizen befinden sich teils auf Briefumschlägen oder anderen Papierstücken (wb). Anders als seine in offizieller Position abgefassten Dokumente sind Wreesmanns Notizen häufig mit zahlreichen Korrekturen, Einschüben und Randbeschriftungen versehen und nicht leicht zu erschließen. Ein beispielhaftes Papier mit Notizen zur Stadtgeschichte ist hier abgedruckt (Abb. 8). Erhalten ist laut Herrn Beckmann nur eine „unstrukturierte Sammlung“, ein „Karton mit Unterlagen“ (wb). Den Wert seiner Aufzeichnungen hätten Wreesmanns Mitmenschen damals nicht erkannt, weshalb die Ordensschwestern des Krankenhauses, in dem er zuletzt gelebt hatte, fast alles vernichtet hätten (wb). Abgesehen von der Verwaltung seines Nachlasses sammelt das Stadtarchiv auch Zeitungsartikel und andere Veröffentlichungen, die über den Stadtschreiber erschienen sind (Stadtarchiv Friesoythe, Bestand 12, Nr. 2).

Nach Theodor Wreesmanns Tod gewann ein nicht eindeutig belegtes Detail seiner heimatkundlichen Recherchen eine gewisse Popularität: Die Friesoyther Schützengilde, die viel auf ihre Traditionen auch in Abgrenzung zu den Schützenvereinen anderer Ortschaften hält,[23] nimmt für sich in Anspruch, seit 1337 zu bestehen. Der Stadtschreiber Wreesmann habe „nach dem Studium alter Quellen ermittelt“, dass das erste Friesoyther Schützenfest auf dieses Jahr zu

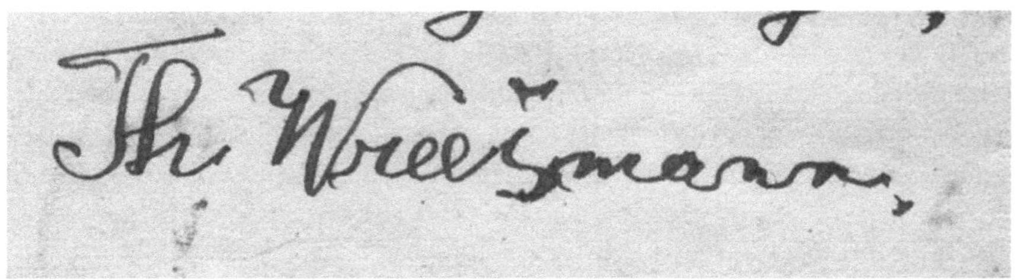

Abb. 6: Signatur Theodor Wreesmanns auf einem offiziellen Dokument (1921).

23 Jüngst äußerte sich das vermeintliche Traditionsbewusstsein darin, dass die stellvertretende Bürgermeisterin als Frau trotz Empfehlung des Bürgermeisters nicht in den sogenannten Magistrat der Schützengilde aufgenommen wurde, der, zum Großteil aus städtischen Amtsträgern bestehend, bei den jährlichen Schützenfesten repräsentativ in einer Kutsche auffährt (vgl. Stix 2022). In den Schützenvereinen bspw. der benachbarten und eingemeindeten Orte Gehlenberg und Neuscharrel, so erfuhr ich, nehmen Frauen dagegen auch als Schützinnen am Königsschießen teil.

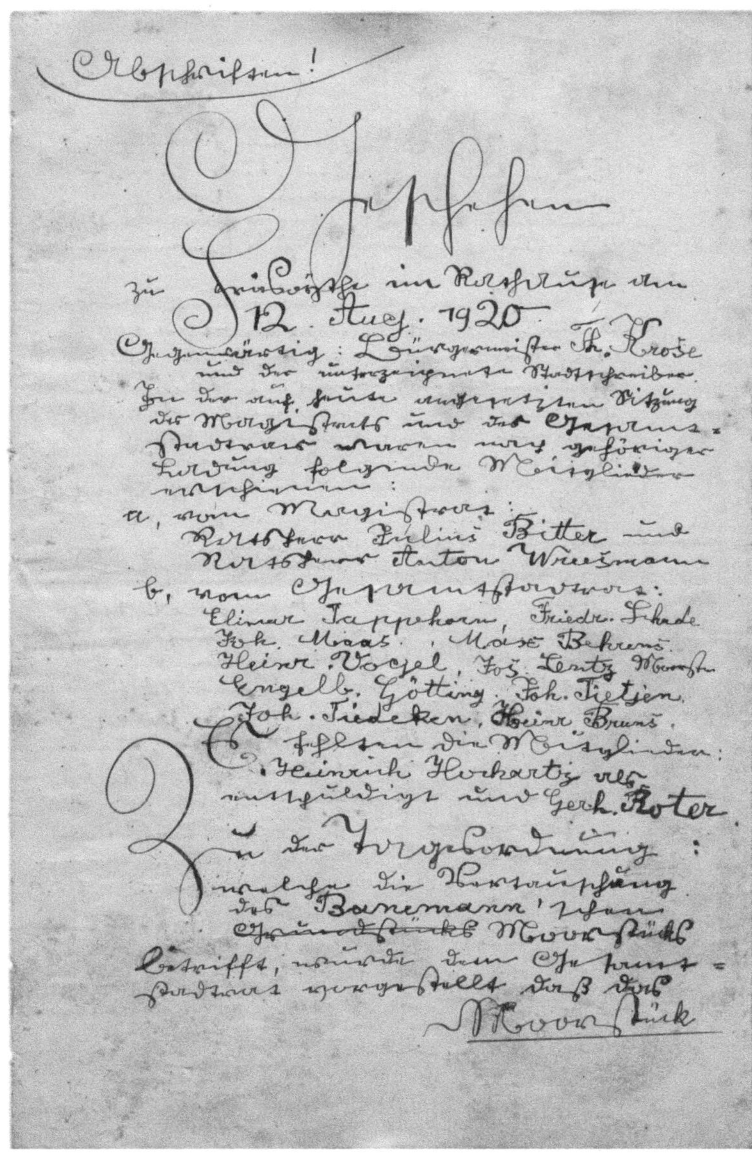

Abschriften!

Geschehen
zu Friesoythe im Rathause den
12. Aug. 1920
Gegenwärtig: Bürgermeister H. Krose
und der unterzeichnete Stadtschreiber.
Zu der auf heute anberaumten Sitzung
des Magistrats und des Gemeinde-
vorstands waren nach gehöriger
Ladung folgende Mitglieder
erschienen:
a, vom Magistrat:
Ratsherr Julius Bitter und
Ratsherr Anton Wreesmann
b, vom Gemeindevorstande:
Elimar Tappehorn, Friedr. Schade
Joh. Maas, Mäse Behrens
Heinr. Vogel, Jos. Lentz Markh.
Engelb. Götting, Joh. Tietjen
Joh. Tiedeken, Heinr. Bruns.
Es fehlten die Mitglieder:
Heinrich Hockartz als
entschuldigt und Gerh. Koter
Zu der Tagesordnung:
welche die Veräußerung
des Bannemann'schen
~~Grundstücks~~ Moorstücks
betrifft, wurde dem Gemeinde-
vorstand vorgestellt daß das
Moorstück

Abb. 7: Abschrift eines Dokuments von Wreesmann als Stadtschreiber (1921).

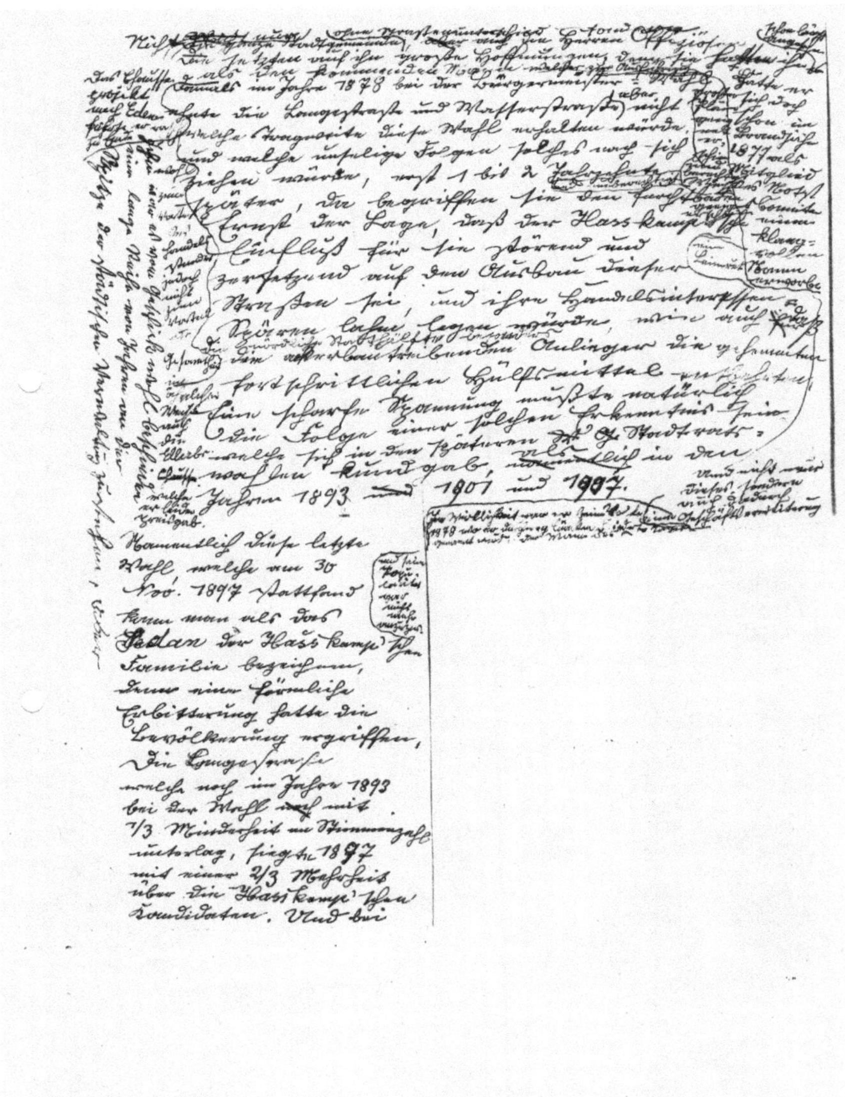

Abb. 8: Charakteristischer Notizzettel von Theodor Wreesmann, undatiert, wahrscheinlich 1930er oder 1940er Jahre.

datieren sei (BS 1969). Unter Verweis auf Wreesmann schrieb der Heimatforscher Heinrich Schulte das Datum in einer Chronik quasi fest:

> „Es ist deshalb nicht auffallend, daß das erste Schützenfest in der Stadt Friesoythe im Jahre 1337 stattgefunden hat, somit zur Zeit des Grafen Nikolaus I. Die Feststellung dieses Jahres ist ein guter Beitrag zur Geschichte der Stadt und wir verdanken ihn dem stets für die Stadt interessiert gewesenen Stadtschreiber Th. Casp. Wreesmann, welcher am 9.4.1941 im 86. Lebensjahre in seiner Geburtsstadt Friesoythe gestorben ist.“ (Schulte 1969: 213. Verfasst 1951 oder früher.)

Über viele Jahrzehnte findet sich bspw. in Artikeln der *Nordwest Zeitung* über das Friesoyther Schützenfest immer wieder der Vermerk, Wreesmann habe herausgefunden, dass 1337 das erste Schützenfest gefeiert worden sei.[24] Zugleich aber wird auch darauf hingewiesen, dass die ältesten erhaltenen Dokumente aus dem Jahr 1668 stammten. Die „alten Quellen“, die Wreesmann ausgewertet haben soll, werden nicht genauer genannt, und seiner fachmännischen Expertise zur Auswertung derselben wird offenbar relativ vorbehaltlos vertraut. Eine Chronik des Schützenfestes, erschienen zum vermeintlichen 650-jährigen Jubiläum, räumt zwar ein, dass bei Schulte eine „Quelle für diese Festlegung [...] allerdings nicht genannt“ wird (Cloppenburg 1987: 7), aber dennoch hat die Schützengilde den Vermerk „seit 1337“ mittlerweile sogar in ihr Logo integriert. Vielleicht auch, weil man gerne glauben möchte, dass die Tradition bis ins 14. Jahrhundert zurückreicht. In besagter Chronik findet sich der Name Theodor Wreesmanns übrigens allein im Zusammenhang mit diesem vermeintlichen Forschungsergebnis. Nichts deutet darauf hin, dass er selbst einmal an dem Fest teilgenommen habe, was wiederum ein Indiz auf seine Außenseiterrolle ist.

Frau Liebsch, Wreesmanns Großnichte zweiten Grades, war noch sehr jung, als sie ihn des Öfteren besuchen ging, und hat sich damals noch nicht dafür interessiert, was „Onkel Theodor“ alles aufgeschrieben hat. Dennoch erinnert sie sich lebhaft an einige interessante Details:

> „Ich kenne ihn nur mit Tinte und Feder. Er hatte eine Schreibfeder, ein Stift aus Holz mit einer Metallfeder. Die konnte auch gewechselt werden.

24 Eine Auswahl betreffender Artikel in chronologischer Reihenfolge aber ohne Anspruch auf Vollständigkeit: RG 1961, BS 1969, Heeren 1987, MC 2004, Elsen 2017b.

Er brauchte viel Tinte. Ab und zu schickte er mich zu Schepers, um seinen Tintentopf auffüllen zu lassen. Er ließ den Federhalter stets heftig in den Tintentopf fallen, sodass ich dachte, die Feder geht noch kaputt. Und dann schwang er sie über das Papier. Dabei kleckste er nicht. Die Feder kratzte so übers Papier, das Geräusch habe ich noch deutlich in Erinnerung. Sein Verstand war klar, er war keineswegs dement. Geschrieben hat er immerzu. Jedes Fitzelchen Papier hat er beschrieben. Lesen und Schreiben – das war seine Leidenschaft. Die Zeitung las er von vorne bis hinten, jeder Rand war vollgeschrieben, er hat alles kommentiert. Vielleicht hat er geschaut, ob die Berichterstattung richtig sei oder nicht und wollte sie verbessern. Spontan sagte er dazu seine Meinung, die ich aber nicht verstand. ‚Da steht was geschrieben, da muss ich eben etwas zu sagen.' Und dann schrieb er etwas dazu auf. ‚Was hat er gemacht?', fragte meine Mutter, als ich nach Hause kam. Die hat mich dann ja ausgefragt. ‚Nichts', sagte ich. ‚Der hat doch nicht Nichts gemacht!', hakte sie nach. ‚Geschrieben hat er.' Wirklich schade, dass es seine Papiere nicht mehr gibt! Heute würde nicht nur ich sie gerne mal durchsehen, um seine Gedankengänge nachvollziehen zu können.

Die Zeitungen wurden alle gestapelt und gehortet. Jede Borte war voller Bücher. An die obersten kam er schon lange nicht mehr dran! Das hab ich noch heute vor Augen. Zu gerne würde ich da heutzutage mal drin stöbern! Damals war ich ja noch sehr jung. Es waren sicherlich kluge Bücher, wissenschaftliche und politische auch, sicher keine Groschenromane. Als er gestorben war, fragte uns eine der Schwestern, was mit den Büchern passieren solle. Seine Unterlagen hatten sie verbrannt, aber sie wollten die Bücher nicht verbrennen. Die sind daraufhin alle zu uns in die Lange Straße gekommen, wir hatten einen langen Flur und dort wurden die aufbewahrt. 1945 sind sie leider alle verbrannt. Nicht ein Blatt, gar nichts, konnten wir noch aus dem Schrott retten." (Frau Liebsch im Gespräch, November 2021. Text auf Grundlage von Gesprächsnotizen.)

Lediglich ein grober Eindruck der Arbeit des ortsgeschichtlich interessierten Stadtschreibers konnte hier gewonnen werden. Sicherlich würde es sich lohnen, das unsortierte Material, welches sich noch im Besitz des Stadtarchivs befindet, einmal komplett auszuwerten. Da jedoch der Großteil seiner Aufzeichnungen vernichtet wurde, wird sich ein vollständiges Bild von Wreesmanns Arbeiten nicht rekonstruieren lassen. Festzuhalten ist, dass es sich bei ihm um einen scharfsinnigen und interessierten Beamten und Kenner der Stadt gehandelt hat, dem allerdings einige seiner Mitmenschen missgünstig gesonnen waren.

3.3 Gespaltenes Verhältnis der Bevölkerung zu Wreesmann

> „[E]s lag Schnee. Und der backte. Das besagt schon alles. Schneeballschlachten und die Mädchen mit Schnee zu waschen gehören zu den wenigen Brauchtümern, die allgemein sind und nie aussterben werden. Wir gaben uns ausgiebig diesen Winterfreuden hin. Es wurden dabei auch Originale und wunderliche Käuze der älteren Generation aufs Korn genommen, wie der Copiist Wreesmann, der Später [sic] den Spitznamen ‚Vierfuß' bekam [...]." (Landgraf 1958: 119)

Diese seine *Erinnerungen aus den Kindertagen* datiert der ehemalige Heimatvereinsvorsitzende Fritz Landgraf schätzungsweise auf 1890 (ebd.). Zwar listet er noch einige weitere „wunderliche Käuze" auf, die sich vor seinen Schneebällen hüten mussten, Wreesmann allerdings blieb wahrscheinlich über Jahrzehnte Zielscheibe sowohl der Kinderstreiche als auch des Spotts Erwachsener. So findet er sich auch noch in den Kindheitserinnerungen von Elisabeth Schaefer, welche in den späten 1920er und in den 1930er Jahren zu verorten sind:

> „Sonntags, während des Hochamtes, gehörte uns Kindern die Straße. Zuerst ärgerten wir Vierfuß, wie er mit seinem Schliprock [sic] und unmöglichen Schuhen zur Kirche ging. An jedem Laternenpfahl blieb er stehen und kontrollierte die Zeit. Die Jungen schrien dann: erster Gang, zweiter Gang, dritter Gang." (Schaefer 2008: 16. In leicht abgewandelter Form veröffentlicht in: Schaefer 2012: 46ff.)

Auch aus meiner eigenen Verwandtschaft habe ich noch ähnliche Berichte über Hänseleien erhalten, deren Inhalte gegen Ende der 1930er bis wahrscheinlich kurz vor Wreesmanns Tod 1941 zu verorten sind:

> „Ich war ja noch klein, vielleicht zwei oder drei Jahre alt, und weiß alles nur vom Hörensagen. Tante A. hätte dazu sicherlich noch mehr erzählen können, aber sie ist mittlerweile ja auch schon verstorben. Vierfuß hatte im Krankenhaus, was damals noch nicht so groß war, eine kleine Wohnung im Untergeschoss. Er soll eine gebückte Haltung gehabt haben, gestützt auf seinen Regenschirm. Aufgrund seiner sehr großen Füße sollen die Kinder gerufen haben: ‚Vierfuß, Einfuß, Zweifuß ...'. Darüber war er verärgert und ist hinter ihnen hergelaufen. Die kleinen Kinder machten es den größeren nach, sie verstanden es ja nicht besser." (Eine Großmutter des Verfassers (geb. 1937) im Gespräch, Dezember 2020. Text auf Grundlage von Gesprächsnotizen.)

> „Vor dem Vierfuß hatten wir ANGST. Wir Kinder hatten ANGST vor dem. Manchmal haben größere Jungs ihn geärgert und dann ist er mit seinem Stock hinter uns her. Wir konnten noch nicht so schnell laufen wie die Größeren.“ (Eine 2020 verstorbene Großtante des Verfassers (geb. 1930) im Gespräch, Sommer 2019. Text auf Grundlage von Gesprächsnotizen.)[25]

Frau Liebsch bestätigt ebenfalls, dass es Hänseleien gegen „Onkel Theodor“ gegeben habe, doch beschreibt sie seine Reaktion darauf wie folgt:

> „Er trug stets einen schwarzen Anzug. Die Knie hatte er immer etwas gebeugt, wenn er ging. Vielleicht hatte er Rheuma, das hatten ja viele alte Leute damals. Und über 80 war damals schon ein wirklich hohes Alter! Sein Gang war etwas gebeugt. Seine Füße schlurften über den Boden, als konnte er seine Beine nicht anheben. Scheu war er. Wenn er zur Seite sah oder sich umblickte, hatte er einen scheuen Gesichtsausdruck, als habe er Angst vor einem eventuellen Gespräch. Aber hellwache Augen – dement war er nicht! Er ging nur zur Kirche am Sonntag, sonst kam er nicht raus. Zum Hochamt kam er immer zu spät. Meine Mutter vermutete, dass er in kein Gespräch verwickelt werden wollte, wenn alle Leute zur Kirche strömten. Kinder haben ihm häufig irgendwas nachgerufen. Meistens ‚Vierfuß‘. Er guckte dann nur scheu zurück und reagierte wenig. Er hat lediglich manchmal mit dem Stock in ihre Richtung gewedelt. Klug genug war er, um zu merken, dass sie ihn wegen seiner seltsamen Veranlagung verschmähten und dass das ungehörig war. Das habe ich als Kind auch schon empfunden.“ (Frau Liebsch im Gespräch, November 2021. Text auf Grundlage von Gesprächsnotizen.)

Diesen Berichten zufolge ist der Stadtschreiber Wreesmann über Jahrzehnte verspottet und gehänselt worden. Auch wenn sich in den zitierten Erfahrungs-

---

25 Die hier zitierte Aussage meiner Großtante hatte ich mir einmal notiert, noch bevor ich ernsthafte Pläne gehegt habe, ein Buch über Theodor Wreesmann zu schreiben. Es ist ein Jammer, dass ich bei der Gelegenheit nicht weiter nachgehakt, geschweige denn noch mehr ihrer Erinnerungen festgehalten habe. Anderen Verwandten zufolge konnte meine Großtante nämlich sogar noch einzelne Streiche benennen, die dem Stadtschreiber a. D. von einigen Kindern gespielt worden seien. Von ihr persönlich ist nun leider kein Bericht mehr einzuholen und die Hinterbliebenen können diese Erzählungen nicht wiedergeben. Ich selbst erinnere mich lediglich bruchstückhaft einer weiteren ihrer Kindheitsgeschichten, laut der sie und andere Kinder in das historische Stadttor geklettert seien (tagsüber stand dessen Eingang offen), um von dort aus die Leute auf dem Gehsteig mit Steinchen zu bewerfen. Ob bei der Gelegenheit auch Wreesmann „aufs Korn genommen“ wurde, weiß ich allerdings nicht.

berichten Kinder und Jugendliche dabei besonders hervortun, so ist doch davon auszugehen, dass deren Verhalten gegenüber Wreesmann als Ausdruck und Symptom eines allgemeineren Problems zu werten ist. Trotz seiner guten Position als Stadtschreiber hatte Wreesmann in der kleinstädtischen Gemeinschaft die Rolle eines Außenseiters inne. Einige der hänselnden Kinder und Jugendlichen werden ihre ablehnenden Gefühle dem Mann gegenüber von ihrem erwachsenen Umfeld übernommen haben. An anderer Stelle zitierte ich bereits eine Aussage, laut der sich einige Menschen damals gefragt hätten, warum denn „ein Behinderter" das Amt des Stadtschreibers innehabe. Das ist natürlich nicht zu generalisieren und Spott fand auch entgegen den Ermahnungen besonnenerer Eltern statt. Roswitha Krause berichtet:

> „In meiner Anfangszeit als Gästeführerin habe ich bei den Rundgängen noch ältere Leute getroffen, die ihn gekannt haben und näher auf ihn eingegangen sind. Manche erzählten, ihre Eltern hätten ihnen eingeschärft, sie sollten den armen Mann in Ruhe lassen. ‚Natürlich sind wir ihm trotzdem hinterhergelaufen', haben einige gesagt, und dann ist er böse geworden. Solche Geschichten habe ich mehrfach gehört. Er soll ja auch auffällig gewesen sein, wenn er in zu großen Schuhen durch die Straße ging und immer zu spät in die Kirche gekommen ist, das zog den Spott auf sich. Da reichten die Ermahnungen der Eltern nicht. So war er auch eine tragische Person." (Roswitha Krause im Gespräch mit dem Verfasser, November 2021. Text auf Grundlage von Gesprächsnotizen.)

Die Aspekte, die Wreesmann laut den genannten Berichten zur Zielscheibe des Spotts und zum „wunderlichen Kauz" machten, sind altmodische bzw. unpassende Kleidung, exzentrische Angewohnheiten, gebückte Körperhaltung, große Füße, kleiner und schmaler Körperbau und ferner ggf. noch seine wütende Reaktion auf die Sprüche der Kinder, die wohl auch die Angst begründete, die die Kleineren vor ihm hatten. Laut Cloppenburg sah man Wreesmann seine Genügsamkeit an der Kleidung an (Cloppenburg 1993: 3), was einigen Mitmenschen „ungepflegt" erschienen und großspurigen Zeitgenossen Grund genug gewesen sein wird, ihn lächerlich zu machen. Außerdem berichtet Cloppenburg, dass Passanten, welche an Wreesmanns Kellerzimmer im Friesoyther Krankenhaus vorbeikamen, diesen durch das Fenster „zwischen vielen Zeitungen und Schriftstücken sitzen sehen" konnten (Cloppenburg 2003: 147): „Ich war damals Messdiener. Immer wenn ich in die Krankenhauskapelle gegangen bin, konnte ich ‚Vierfuß' in seiner Wohnung hocken sehen" (Cloppenburg laut Plaggenborg 2012). Im persönlichen Gespräch konkretisierte Herr Cloppenburg: „In seiner Kammer stand ein Tisch voller Schriftzeug. Wreesmann war ein eifriger Zeitungsleser – einer, der in den Büchern wühlte“. „Von außen habe man gut in seine Wohnung hineingucken können. Wreesmann dagegen hat wohl nur die Füße seiner Mitmenschen gesehen, die vorübergingen“ (Plaggenborg 2012). Diese Exponierung in einer ungewöhnlichen Souterrain-Wohnung im Krankenhaus sowie der Anblick seiner Person inmitten von Papier werden den ungewöhnlichen Eindruck, den der Mann bei vielen seiner Mitmenschen hinterließ, in seinen späten Jahren noch verstärkt haben. Frau Liebsch vermutet, dass auch sein Dasein als Junggeselle zu seinem Außenseitertum beigetragen hat.

Zahlreiche Berichte über ihn zeichnen das Bild eines Spannungsfeldes zwischen Wreesmann als gehänseltem Sonderling einerseits und beunruhigendem Spökenkieker andererseits:

> „Zu ihr [seiner Großnichte zweiten Grades, Anm. d. Verf.] sei er immer höflich und freundlich gewesen, dabei haben ihn die meisten Kinder getriezt, rannten ihm hinterher und lachten ihn aus, wenn er mit seinem Regenschirm als Krückstock durch die Straßen schlenderte.
>
> Wer ihm aber im Dunkeln begegnete, war beunruhigt, vor allem dann, wenn er stehen blieb. Man sagte ihm nach, dass er Tote sehen konnte, verbreitete Angst und Unbehagen, weil er vor ihrem Haus Halt machen könnte.“ (Plaggenborg 2012)

In den zitierten Kindheitsberichten ist von Spökenkiekerei als Grund für seine Außenseiterrolle keinerlei Rede. Es ist allerdings auch nicht zu rekonstruieren, wann Wreesmann in den Ruf gekommen ist, ein Spökenkieker zu sein. Die Artikel, die ihn als solchen beschreiben, sind alle erst nach seinem Tod erschienen. Auch findet der Stadtschreiber weder Erwähnung in Friedrich Zurbonsens *Neuere Vorgesichte und verwandte Erscheinungen* (1920) noch in Karl Schmëings *Das Zweite Gesicht in Niederdeutschland* (1937), die beide zu Wreesmanns Lebzeiten erschienen sind und zahlreiche damals aktuelle Fälle vermeintlicher Spökenkieker dokumentierten. Es erscheint in Anbetracht dieser Quellenlage also durchaus möglich, dass Wreesmann erst nach seinem Tode in diesen Ruf gelangte, aber dennoch würde sich Spuksichtigkeit gut in seine aufgrund anderer Merkmale bereits vorhandene Außenseiterrolle einfügen. Eindrücklich äußerte eine Zeitzeugin: „Die Leute hatten doch Angst und Manschetten vor ihm!“. Auch Frau Liebsch vermutet, dass „Onkel Theodor“ durchaus schon zu Lebzeiten öffentlich im Rufe stand, ein Spökenkieker zu sein:

> „Eines Tages fragte ihn meine Großmutter, warum er nachts so weit unterwegs sei. Er habe geantwortet: Eine unbändige Kraft, der er nicht widerstehen könne, treibe ihn zu gewissen Orten. Bis nach Edewechterdamm soll er schon gelaufen sein.[26] Bei Nacht und Nebel – für uns Kinder eine Weltreise! Was er dort eventuell vorhergesehen hat, das bleibt sein Geheimnis. Er litt darunter und das ist sicherlich ganz wesentlich für sein Leben und Tun.
>
> Jahre später verbreitete sich eine unvorstellbare, furchterregende Erzählung. Die Einwohner bekamen Angst. Nachts soll der ‚alte Vierfuß' durch Friesoythe gelaufen sein, sich in die Gassen zwischen den Häusern geschlichen und dort durch ein Fenster geschaut haben, hinter dem ein Kranker lag. Auf die Frage meiner Mutter, was er dort zu suchen habe, gab er keine Antwort und ging schlurfend ins Krankenhaus zurück. Tatsächlich ist bald darauf in einem dieser Zimmer ein kranker junger Mann gestorben. Man sprach von weiteren Todesfällen, doch diese wurden nicht bekannt." (Frau Liebsch im Gespräch, November 2021. Text auf Grundlage von Gesprächsnotizen.)

Der hier angesprochene konkrete Fall, auf den an späterer Stelle näher eingegangen wird, ereignete sich 1938. Denkbar ist demnach auch, dass die Schauergeschichten um Wreesmann ihren Anfang genommen haben, als er bereits in hohem Greisenalter stand und zunehmend exzentrisches und für seine Mitmenschen unverständliches Verhalten an den Tag legte. Über die soziale Ausgrenzung vermeintlicher Spökenkieker schreibt Peter Wittkampf:

> „Fast übereinstimmend wird berichtet, für die Spökenkieker seien ihre Visionen wie ein Zwang gewesen, sie hätten sich ihnen nicht entziehen können und in der Regel selbst sehr darunter gelitten. Ihren Mitmenschen waren sie aufgrund ihrer unheimlichen und beängstigenden ‚Fähigkeiten' oft suspekt, und vor Unglücksmeldungen scheute man sowieso generell zurück. Man ging den Spökenkiekern also in der Regel lieber aus dem Weg, häufig wurden sie beargwöhnt, ausgegrenzt und zu Außenseitern der Gesellschaft. Dies führte dann vielleicht sogar dazu, dass sie noch verschrobener wurden und ihre Rolle als Sonderlinge sich noch verstärkte, sodass man sie noch mehr mied – ein Teufelskreis." (Wittkampf 2019: 9)

Unabhängig von der, wie zuvor aufgezeigt, viel diskutierten Frage nach der Natur und Glaubwürdigkeit des Zweiten Gesichts muss es doch zumindest als eine *soziale* Realität angesehen werden. Menschen haben daran geglaubt,

---

26 Die Entfernung zwischen Friesoythe und Edewechterdamm beträgt ca. neun Kilometer.

haben sich Geschichten darüber erzählt und es hat ihr Leben zu einem mehr oder weniger großen Teil mitbestimmt. Vor allem aber auf die Lebensverhältnisse derjenigen Personen, denen das Zweite Gesicht nachgesagt wurde, wird es sich besonders ausgewirkt haben: Wer Tod sehen kann, erscheint unheimlich, ist vielleicht gar mit dem Teufel im Bunde, und wer weiß schon, was der Spökenkieker sonst noch alles sieht? Und beschränkt sich seine Fähigkeit tatsächlich auf das bloße Sehen, oder nimmt er mitunter auch aktiv Einfluss auf das zukünftige Geschehen? Spökenkiekerei, die der gängigen Auffassung nach lediglich passives Sehen ist, kann dementsprechend leicht mit anderen Ängsten vor dem Paranormalen vermengt werden. So heißt es in einem Zeitungsartikel über Wreesmann beispielsweise:

> „Theodor Wreesmann besaß die Fähigkeit der übersinnlichen Wahrnehmung, im Volksmund wahlweise bezeichnet als ‚böser Blick‘ und ‚zweites Gesicht‘, oder plattdeutsch freundlich ausgedrückt: Er war ein ‚Spökenkieker‘.“ (Güthlein 1989a)

Ob die Gleichsetzung von „bösem Blick“ und „zweitem Gesicht“ ein Fehler allein der Journalistin ist, oder ob sie wiedergab, was man ihr über Wreesmann erzählt hat, bleibt fraglich. In einem weiteren Artikel erwähnt Güthlein, dass „alte Friesoyther“ sich „ungern“ an den „Sonderling“ Wreesmann erinnerten (Güthlein 1989b). Auch die Grundlage dieser Aussage bleibt ungeklärt. 1867 verwies schon der Rationalist Strackerjan darauf, dass sich der Glaube an verschiedene Schadzauber zum Leidwesen Einzelner hartnäckig hielt:

> „Immerhin sucht auch noch der Volksaberglaube täglich seine Opfer; z. B. ein Überrest des alten Hexenwahns, der Glaube, daß gewisse Leute dem Vieh oder Kindern durch bösen Blick oder sonst Unheil zufügen können und auch wirklich zufügen, spukt noch stark im Volke und wird von heute auf morgen nicht verschwinden. Viel Leid hat dieser Glaube schon verursacht und verursacht es noch täglich. [...] Wer den Kampf mit dem schädlichen Aberglauben aufnimmt und glaubt, über kurz oder lang alles abergläubische Wesen bannen zu können, wird vor Überraschungen nicht bewahrt bleiben.“ (Strackerjan und Willoh 1909: Bd. I, 9)

Eine Angst von Teilen der Bevölkerung vor dem Stadtschreiber Wreesmann kann auch das Resultat solcher sich haltender Vorstellungen von Hexerei sein. Diese hielten sich nicht nur hartnäckig, sondern erlebten nach dem Zweiten Weltkrieg sogar eine neue Hochkonjunktur. Dies dokumentierte und interpretierte zuletzt die US-amerikanische Historikerin Monica Black in ihrem Buch

Deutsche Dämonen. Hexen, Wunderheiler und die Geister der Vergangenheit im Nachkriegsdeutschland (2021)[27], auf das an späteren Stellen genauer eingegangen wird. In einem Aufsatz von Segschneider fand sich noch 1973 eine Hexenerzählung, die eine damals noch lebende ältere Frau betraf. Die Erzählerin der Geschichte äußerte sich mit einer Mischung aus Abscheu, Angst und Mitleid über die vermeintliche Hexe:

> „Als ich sie neulich im Ceka traf, lief mir ein Schauer über den Rücken. Sie trägt sehr unter ihrer Last und geht sehr gebückt und ist sehr vergrämt. Sie wollte mir die Hand geben, aber ich dachte: ‚Nee, du olle Hex, dir geb ich nich die Hand.'" (Käthe P. laut Segschneider 1973: 172)

Eine interessante, leider aber anhand des verfügbaren Quellenmaterials nicht beantwortbare Frage ist nun, ob und wie sich die Machtübernahme des Nationalsozialismus auf den Lebensabend des ehemaligen Stadtschreibers ausgewirkt hat. Wie bereits dargelegt, hatte er wahrscheinlich bereits Jahrzehnte davor die Rolle eines Außenseiters inne, die auf körperlichen Merkmalen, charakteristischen Angewohnheiten und Habitus, ungewöhnlich weiten Interessensgebieten und ggf. auf einem Ruf als Spökenkieker gründete. Die unbarmherzige Ideologie des völkischen Nationalismus, die auf Normierung oder alternativ eben Aussonderung von Menschen aus dem imaginierten „Volkskörper" abzielte, hatte für Außenseiter und Sonderlinge keinerlei Achtung. Wreesmann entsprach zunächst in seiner körperlichen Verfasstheit nicht dem propagierten Bild eines „arischen" Mannes. Auf Grundlage der wenigen Informationen, die über seine Persönlichkeit überliefert sind, ist es außerdem sehr unwahrscheinlich, dass er charakterlich dem entsprach, was die Nazis von ihren sogenannten „Volksgenossen" einforderten: Er wird beschrieben als gläubiger Christ, bescheiden, nicht auf äußeren Schein bedacht, und außerdem als ein kritischer Denker, der am internationalen politischen Geschehen aufgeschlossen Interesse gezeigt habe. Wie bereits geschildert, habe er in der Dreyfus-Affäre energisch für den jüdischen Offizier Partei ergriffen, gegen den antisemitisch agitiert worden war. Frau Liebsch betont außerdem, dass ihre Mutter, zu der Wreesmann in gutem Kontakt gestanden und mit der er auch über den Krieg gesprochen habe, heimlich britisches Radio über den

27 Wobei der Originaltitel es ein wenig besser trifft: *A Demon-Haunted Land. Witches, Wonder Doctors, and the Ghosts Of The Past in Post-WWII Germany*

„Volksempfänger“ gehört habe. Vielleicht ist dies als kleines Indiz auch für ihn zu werten, doch das fällt in den Bereich der Mutmaßung.

Welchen Stand Menschen, denen Spökenkiekerei nachgesagt wurde, im Nationalsozialismus hatten, ist nicht eindeutig festzustellen, da – trotz aller Normierung – die NS-Ideologen bestimmten Dingen doch recht indifferent gegenüberstanden: Auf der einen Seite gab es die völkischen Okkultisten um Heinrich Himmler, Karl Maria Wiligut, Herman Wirth und die von der SS unterhaltene „Forschungsgemeinschaft Deutsches Ahnenerbe e. V.“, welche ein ideologisches Interesse an paranormalen Phänomenen und vorchristlichem Glauben hatten. Das „Ahnenerbe“ unterhielt u. a. eine „Pflegstätte für Märchen- und Sagenkunde“, und eine Abteilung zur „Überprüfung der sogenannten Geheimwissenschaften“ war geplant (vgl. Longerich 2008: 286 f.). Die „Suche nach den Quellen einer deutschen Mythologie“ (Petzoldt 1999: 64) zur letztendlichen „Rekonstruktion einer umfassenden indogermanischen Urreligion“ u. a. aus Sagenstoff (ebd.: 66) beschäftigte die ideologische Volkskunde bereits im 19. Jahrhundert. Himmler-Biograph Peter Longerich spricht von „Germanenmythos und Germanenschwärmerei“ (Longerich 2008: 280). Eine „antichristliche Zuspitzung der Germanenideologie war ebenso wie deren Weiterentwicklung zu einem Germanenglauben schon während des Kaiserreiches in völkischen Kreisen relativ weit verbreitet“ (ebd.). „Politisch wurde der germanische Heldenmythos vor allem in den unruhigen Jahren nach dem verlorenen Ersten Weltkrieg neu belebt, rassistisch unterfüttert und der ‚Gleichmacherei‘ der westlichen Demokratien als Ideal gegenübergestellt“ (ebd.). Im „Ahnenerbe“ fanden also unwissenschaftliche und rein ideologische Bestrebungen, die schon lange vorher existent gewesen waren, eine Institution. Wiligut schlug Himmler sogar „die Einführung einer germanischen Urreligion in Deutschland vor“ (ebd.: 294). Ob die okkultistische Strömung des Nationalsozialismus ein gesondertes Interesse am „Zweiten Gesicht“ als Teil „germanischer“ Mythologie oder gar als Fähigkeit deutscher Menschen hatte, ist nicht bekannt. Auch die genannten Forschungen Karl Schmëings weisen keine sichtbare Nähe zum „Ahnenerbe“ auf. Auf der anderen Seite gab es die vermeintlichen Rationalisten unter den NS-Ideologen, die Glauben in jeglicher Ausprägung – sei es an Gott oder an Spuk – ablehnten. Hitler selbst hatte „öffentlich gegen den Okkultismus Stellung bezogen“ (Longerich 2008: 295) und stand „einer allzu ausgeprägten Wiederbelebung des germanischen Erbes“, wie Himmler sie verfolgte, ablehnend gegenüber (ebd.: 303). In einer nationalsozialistischen, für die Verwendung im Schulunterricht verfassten Texterläuterung zu Gorch Focks bereits genanntem Roman *Seefahrt ist not!* wird eindeutig sowohl gegen die frommen Besucherinnen und Besucher der Kirche als auch und insbesondere gegen den Spökenkieker Stellung bezogen: „Der den Aberglauben auf Finkenwärder nährte, war der schwärmerische Thees" (Meerkatz 1938: 39). Der, wie er mitten im Gottesdienst den Geisterzug beobachtet, zeige, „wie die Frömmigkeit zu Geheimtuerei und Schwärmerei ausarten kann" (ebd.: 37)[28]. Es existierte im Nationalsozialismus keine einheitliche ideologische Linie hinsichtlich Spökenkiekerei oder anderer Phänomene, die dem Okkultismus zugeschrieben wurden, sondern es gab auseinandergehende Meinungen auch in der obersten Führungsriege. Demnach kann auch die Frage danach, wie sich die NS-Herrschaft auf als Spökenkieker bekannte Personen ausgewirkt hat, nicht pauschal beantwortet werden.

Dieses Kapitel hat sich Wreesmann biografisch angenähert, aber mangels eindeutig belegter Fakten ist vieles recht schwammig geblieben oder konnte nur durch – wenn auch begründete – Mutmaßung einigermaßen erschlossen werden. Es wurde ein gewisser Kontrast zwischen dem hier hauptsächlich dargestellten interessierten aber leicht verschrobenen „fleißigen kleinen Beamten" Wreesmann und dem vermeintlichen „Spökenkieker" Wreesmann aufgezeigt. Im folgenden Kapitel werden die Sagengeschichten thematisiert, die sich um Theodor Wreesmann als „Seher von Friesoythe" gebildet haben.

28 Der Textkommentar ist in Frakturschrift gedruckt. Auch vor dem Nationalsozialismus war es bereits üblich, Fremdwörter in deutschen Texten dadurch zu markieren, dass sie in Antiqua statt in Fraktur gesetzt wurden und dadurch hervorstachen. So wurde hier auch mehrfach mit dem Namen des Spökenkiekers, Thees to Baben, verfahren, was dahingehend interpretiert werden kann, dass er gemäß der NS-Ideologie als „volksfremd" markiert werden sollte.

4 Vermeintliche Voraussagen Wreesmanns

> „Alles, was man über ihn weiß, sind Erzählungen. Nur wegen der Geschichte um ihn herum ist er noch in Erinnerung.“ (Walter Beckmann, Leiter des Friesoyther Stadtarchivs, laut Plaggenborg 2012)

> „Uck vandaoge wedd in dei Friesayther Gägend noch masse van den ollen Vierfuß schnacket. Dorbi is dei Stadtschriewereie bloß Näbensaoke. Einen Naomen heff dei olle Vierfuß bi dei Lüe, weil hei anners wör un'n bäten mehr kunn as annere.
>
> Segget wedd, dat hei dat tweide Gesicht har. Hei kunn Saoken seihn, dei de läöterhen eis passeiern dön. Einigge näumt dat uck Speukenkikereie. Dei Dag is lang, un dei Lüe schnacket väl. Dorümm mott man nich alens glöwen, wat dor vertelld wedd. Un wenn man sücke Geschichten äöwer Speukenkiekers hört, dann kaomt einen disse Lüe uck'n bäten gruselig vör. Mangers heff man uck Angs vör ehr, weil man mennt, dei Worschauers käönt nich bloß in vörut kieken, nee, man trauet ehr uck tau, dat sei dat, wat vör us ligg, 'n bäten regeiern läönt [sic]. Wenn dann dat Utseihn van disse Lüe tau dei eigene Angs passen deit, dann geiht man sücke Speukenkiekers all gern ut'n Weg.“ (Oldenburgische Landschaft 1983)

Die hier gemeinten Erzählungen, die Wreesmann in Erinnerung halten und die der Grund dafür sind, dass von ihm „noch masse [...] schnacket [wedd]“, haben sich sowohl durch schriftliche Aufzeichnungen als auch durch mündliche Weitergabe fest als Teil der Ortsgeschichte etabliert. Der Volkskundler Ernst Helmut Segschneider bemerkte 1973, dass die mündliche Erzählüberlieferung, obgleich generell eine rückläufige Entwicklung durchmachend, in Südoldenburg zumindest zum Teil noch weiterexistierte (Segschneider 1973: 165). Unter den diversen Sagen und Spukgeschichten, die er sich im Zuge einer Studie von verschiedenen Informantinnen und Informanten erzählen ließ, ist als ein Beispiel auch der Stadtschreiber Wreesmann mit seinen Vorgesichten vertreten. Da es sich dabei um ein relativ junges Erzählgebilde handelt, hat es vor allem zum Zeitpunkt von Segschneiders Arbeit noch viele Zeitzeuginnen und Zeitzeugen gegeben, die sich an den „Seher von Friesoythe“ erinnerten und die Geschichten um ihn aus erster Hand kannten. Auch heute leben noch einige Menschen, die sich mit teils gemischten Gefühlen seiner erinnern und von der Spuksichtigkeit des Mannes nach wie vor überzeugt sind. Anders als bspw. die Sage vom Friesoyther Pestschinken, welche mehrere Jahrhunderte zurückreicht, werden einige der Gerüchte und Erzählungen um den Stadtschreiber von vielen Personen noch als „wahre Geschichten“ weitererzählt. Auch in jüngeren Zeitungsartikeln und einigen Aufsätzen lässt sich zuweilen noch erstaunlich wenig kritische Distanz zum Erzählstoff feststellen, was auch dem Umstand geschuldet ist, dass Wreesmann aufgrund seiner vermeintlichen Voraussage zum Ende des Zweiten Weltkriegs posthum zum Retter vieler Menschenleben stilisiert wird.

Da die sagenhaften Geschichten um den Stadtschreiber Wreesmann verhältnismäßig jung sind, finden sich die ersten Aufzeichnungen darüber in Zeitungen und Chroniken, die nach dem Zweiten Weltkrieg entstanden sind. Meinem Kenntnisstand nach ist die älteste Quelle hierzu ein Eintrag in der Pfarrchronik der St. Marien-Gemeinde Friesoythe von 1948/49. Die ersten Zeitungsartikel, die von einer „mysteriöse[n] Begebenheit aus den letzten Kriegstagen“ und von Wreesmanns „Zweitem Gesicht“ sprachen, erschienen 1950 in der *Nordwest Zeitung* und der *Oldenburgischen Volkszeitung* (Reinke 1950ab). Ebenfalls 1950 trifft man die erstmalige Bezeichnung seiner Person als „Seher“ von Friesoythe in einer Artikelüberschrift der *Oldenburgischen Volkszeitung* an (o.V. 1950). Glaubt man den zum Teil erst lange nach seinem Tod erschienenen Berichten von Zeitzeuginnen und Zeitzeugen, so ist das Zweite Gesicht Wreesmann nicht nur von anderen zugesprochen worden, sondern er selbst war überzeugt von diesen Wahrnehmungen und litt erheblich darunter. Einerseits wird betont, dass er über seine Visionen nie gesprochen haben soll, wobei die Zerstörung der Stadt im Zweiten Weltkrieg eine Ausnahme darstellte (bspw. in Cloppenburg 2003: 148). Andererseits sind verschiedene Vorgesichte überliefert, die er gehabt und verkündet haben soll – zum Teil in wörtlicher Rede. Es verschwimmen nicht allein die Grenzen zwischen Fakt und Fiktion, sondern auch die zwischen Wreesmann als Protagonist der Erzählungen und den Erzählerinnen und Erzählern, die jeweils einen neuen Wortlaut für ihn prägten.

Die aufgezeichneten Geschichten um Wreesmann und seine Vorgesichte werden in den Artikeln zumeist nicht zu einem zusammenhängenden Sagentext zusammengefasst, sondern stehen mehr oder weniger für sich. Was sie gemeinsam haben, ist die Tatsache, dass es sich bei ihnen um Voraussagen handelt, die sich erfüllt haben sollen. Die beiden Voraussagen, bei denen das – glücklicherweise – nicht der Fall ist, gelten als unauthentisch: Heimatforscher bezweifeln, dass Wreesmann sie wirklich getätigt habe, was wiederum die Authentizität der jeweils anderen Erzählungen indirekt hervorhebt. Was bei der Lektüre des gesamten folgenden Abschnitts stets mitbedacht werden sollte, ist folgendes: Im Zuge meiner Recherche ließ sich keine einzige Schriftquelle ausfindig machen, die noch zu seinen Lebzeiten von Wreesmann als „Spökenkieker" berichtet hat.[29] In Anbetracht dieser Quellenlage liegt die Deutung nahe, dass dem Mann, der auch aufgrund anderer Merkmale die Position eines Außenseiters innehatte, das Zweite Gesicht erst nach seinem Tode und quasi als passende Ergänzung zu anderen „Sonderbarkeiten" zugeschrieben wurde. Wreesmanns Großnichte zweiten Grades hält es, wie bereits geschildert, allerdings für prägend für seine Person, dass er das Zweite Gesicht tatsächlich als Bürde empfunden habe.

Wie schon in der Einleitung gesagt, ist es nicht an mir, den Wahrheitsgehalt der Erzählungen zu prüfen. Stattdessen werden im Folgenden die Wreesmann zugeschriebenen Vorgesichte einzeln beleuchtet, analysiert und historisch sowie kulturgeschichtlich eingeordnet. Dabei geht es nur noch in sehr begrenztem Ausmaß um Wreesmann als tatsächliche Person, und wenn, dann nur mit der angemessenen Vorsicht. Primär geht es hier um die Vorschau-Geschichten als gemeinschaftlichen und dem historischen Kontext entsprungenen Erzählstoff. „Jeder mag seinen Teil zu diesen Geschichten beigetragen haben, man kann es nicht nachvollziehen", äußerte sich Stadtarchivar Walter Beckmann, der einen recht nüchternen Blick auf die Erzählungen hat, und er ergänzte: „Zu seinen Lebzeiten wäre niemand auf die Idee gekommen, etwas festzuhalten, was Wreesmann gesagt hat" (wb).

29 Eine Möglichkeit wäre bspw. eine Erwähnung in der Pfarrchronik der kath. Kirchengemeinde gewesen, die im Archiv des *Bischöflich-Münsterschen Offizialats* in Vechta verwahrt wird. Darin wird, wie der Archivar Peter Sieve mir berichtete und wie bereits zuvor gesagt, erst 1948/49 von einer „Ankündigung" der Stadtzerstörung durch Wreesmann gesprochen. Hierauf soll an späterer Stelle näher eingegangen werden. Auch Stadtarchivar Walter Beckmann konnte keine Quelle nennen, die zu Wreesmanns Lebzeiten von ihm als „Spökenkieker" o.Ä. berichtet hat. Ein persönlicher Besuch des Stadtarchivs war mir aufgrund der Corona-Pandemie leider nicht möglich. Im *Postgeschichtlichen Museum Friesoythe* fand Museumsleiter Wolfgang Letzel ebenfalls keine weiteren Anhaltspunkte. Hier wäre bspw. eine Erwähnung auf Postkarten oder in Briefen aus der Zeit der Weimarer Republik und des Nationalsozialismus denkbar gewesen.

4.1 Todesvisionen, Brände und Hochzeiten

„Wenn der menschenscheue alte Mann in den dreißiger Jahren nachts durch die Straßen von Friesoythe irrte und vor einem Haus stehenblieb, wurde das hinter vorgehaltener Hand als ‚böses Omen' gedeutet." (Güthlein 1989b)

„Uck wedd dor van schnacket, dat, wenn einer inne Stadt äöwer Starwen leeg, dei olle Vierfuß kaomen wör, dör't Fenster käken un schüddekoppt har. Dann wüßden dei Lüe, dat sei den Pastor taun Verseihn haolen mössen. Dei Kranke stürw dann uck, off nu van siene Krankheit off dör den Schreck, dat weit man nich so genau.

Annere vertellt wer, dat dei olle Vierfuß uck bi Lüe ankaomen wör, wor eine Hochtied in't Hus staohn har. Dor bruken dei Inwaohners vörher nicks nich van wüßt hebben. Dorbi har sick dei olle Vierfuß dann an't Fenster stellt un har nappkopped." (Oldenburgische Landschaft 1983)

„Viele Bürger der Stadt wissen davon zu erzählen, daß er Häuser im voraus brennen sah. Tagelang vorher ist er auf seinen abendlichen Spaziergängen zu den Häusern gegangen, blieb dann kurz davor stehen und kehrte zurück zu seinen Büchern und Schriften. Nicht viel anders war es dort, wo Sterbefälle eintraten. Auch zu solchen Häusern trieb es den Alten in den Abendstunden immer wieder. Es ist nicht von der Hand zu weisen, Vierfuß hatte ein zweites, ein doppeltes Gesicht." (hn 1955)

Gruselt es Sie schon? Furcht oder Misstrauen erregte Wreesmann angeblich als eine Art Unheilsbote bei seinen Mitmenschen, wie die einleitenden Zitate veranschaulichen. In einem Artikel der *Nordwest Zeitung* hieß es sogar, einige „alte Friesoyther" würden sich nur ungern an ihn erinnern (Güthlein 1989b). Sein Erscheinen könne, wie die oben angeführten Zitate darlegen, zwar durchaus auch eine Hochzeit angekündigt haben, doch zumeist sei es weniger rosig interpretiert worden. So heißt es bspw.: „Der ‚Vierfuß' konnte jeden Brand im Ort voraussagen" (Segschneider 1973: 177, nach einem Bericht von Joseph H. aus Friesoythe). In den Kindheitserinnerungen von Elisabeth Schaefer wird ein Beispiel für einen Brand in der Langen Straße erwähnt:

„Familie Gehlenborgs Haus war optimal ausgenutzt. Einmal brannte es auch ab. Damals soll Vierfuß auch dieses geahnt haben." (Schaefer 2008: 12)

Weitere konkrete Vorfälle sind nicht überliefert. Ebenfalls ein gängiges Motiv in Geschichten um Häuserbrand-Vorgesichte ist die vorangehende Erkundigung nach dem Versicherungsschutz, die auch Wreesmann eingeholt haben soll: „In vielen Fällen hatte er den Brand eines Hauses vorhergesehen und fragte den Besitzer, ob sein Anwesen auch gut versichert sei“ (o.V. 1955a: 6).

Schauriger noch wird Wreesmanns angebliche Fähigkeit gewirkt haben, wenn sie das Sehen von Tod und Sterben betraf. Ein untrügliches Gespür soll ihn zu den Orten des zukünftigen Geschehens geführt haben, wo er vor den jeweiligen Häusern stehengeblieben sei oder gar durchs Fenster geschaut habe. „Ältere Friesoyther wußten zu berichten, es sei vorgekommen, daß dort, wo man ihn nachts hatte stehen sehen, in nächster Zeit ein Toter zu beklagen war“ (Faß 2002: 10). Auch hinsichtlich der Todesvorgesichte bleiben die Zeitungsartikel über Wreesmann allerdings recht allgemein und nennen kaum Einzelfälle. An eine konkrete Erzählung um das Vorgesicht eines Unglücks erinnert sich allerdings eine meiner Großmütter:

> „Man erzählte sich, Vierfuß liefe abends da herum, wo bald darauf etwas passierte. Es soll bei der Schleuse in der Soeste einmal einer ertrunken sein und man will ihn abends vorher da gesehen haben. Das weiß ich alles von Erzählungen, ich war ja noch klein damals. 1937 bin ich geboren, das wird wohl 1939 oder später gewesen sein. Er soll Brände und Todesfälle vorausgesehen haben. Man sagte, er hätte das zweite Gesicht. Die Leute erzählten sich, dass wenn er länger vor einem Haus stehen blieb, er eine Vorahnung hatte. Das machte ihnen Angst. Ob er *wirklich* das zweite Gesicht hatte, sei dahingestellt. Die Leute haben sich das so gedacht. Irgendwo passierte etwas und man meinte, ihn vorher da gesehen zu haben. Vielleicht war alles nur ein Zufall.“ (Eine Großmutter des Verfassers im Gespräch, Dezember 2020. Text auf Grundlage von Gesprächsnotizen.)[30]

Die Erzählerin ist eine sehr junge Zeitzeugin gewesen und betonte, die Geschichte „vom Erzählen“, also über wahrscheinlich mehrere Ecken, zu kennen. Durchs Hörensagen weiterverbreitete Erzählungen entwickeln häufig eine gewisse Eigendynamik; besonders dann, wenn sie sich um tatsächlich existierende Mitglieder einer dörflichen Gemeinschaft drehen, können sich daraus abenteuerliche Geschichten entwickeln. Die Gästeführerin Roswitha Krause wies außerdem darauf hin, dass gerade bei den Todesvorgesichten auch die mangelnde Anonymität im damaligen Friesoythe mit in Betracht gezogen werden muss:

---

30 Neben der Vorstellung, dass zukünftige Ereignisse durch detailgetreue bildliche Eindrücke vorspuken, gab es auch jene, dass spukhafte Lichterscheinungen bestimmte Ereignisse ankündigten. Sieht man bspw. ein Licht auf dem Wasser, so werde dort jemand ertrinken (Strackerjan und Willoh 1909: Bd. I, 189f.).

> „Friesoythe war kleiner damals und hatte viel weniger Einwohner. Man kannte sich und wusste, wo es jemandem schlecht geht. Daher muss es nicht als besondere Gabe angesehen werden, Todesfälle vorauszuahnen. Insgesamt war Wreesmann für manche eine unheimliche Gestalt, ein Einzelgänger. Um so jemanden entwickeln sich schnell Geschichten." (Roswitha Krause im Gespräch mit dem Verfasser, November 2021. Text auf Grundlage von Gesprächsnotizen.)

Ein weiterer Fall eines vermeintlichen Todesvorgesichts, der einzige schriftlich veröffentlichte, betraf Wreesmanns eigenen Familienkreis:

> „‚Onkel Thedor' kam nie in das Elternhaus der Geschwister Wreesmann in der Lange Straße. 1938 wurde er einmal nachts vor dem Schlafzimmerfenster gesehen. Drei Tage später starb in diesem Schlafzimmer der damals 14jährige Bruder von Joseph und Hedwig Wreesmann an einer Gehirnhautentzündung. Der alte Mann war nachts oft unterwegs. ‚Er lief bis nach Edewechterdamm', sagt Joseph Wreesmann. Obwohl er nicht darüber sprach, jedenfalls nicht in seinem letzten Lebensjahrzehnt (aus früheren Jahren liegen keine Zeugenberichte vor), wußten die Menschen in und um Friesoythe offenbar, daß Theodor Wreesmann Todesvisionen hatte. Wenn er in dem Zustand, den die Parapsychologen als ‚scheinbar wach' bezeichnen, vor einem Haus stehenblieb oder durch ein Fenster ‚starrte', galt es als böses Omen. Die Schwestern im Krankenhaus sperrten ihn vorübergehend nachts in seinem Zimmer ein. ‚Er hat furchtbar gelitten', zitieren die Geschwister Wreesmann ihre Großmutter." (Güthlein 1989a)

Der Bericht erweckt indirekt ein wenig den Eindruck, als sei ein den Großneffen betreffendes Todesvorgesicht der Grund gewesen, weshalb der Stadtschreiber dessen Familie nicht besuchen kam. Dieses Vorgesicht habe allerdings erst drei Jahre vor Wreesmanns eigenem Tode stattgefunden und würde somit nicht die vielen Jahre davor erklären. Auch äußerte Frau Liebsch im Gespräch mit mir nicht, dass es einen solchen Zusammenhang gegeben habe. Wahrscheinlich als erzählerisches Mittel stellt der Artikel hier dennoch eine gedankliche Verbindung zwischen Einsamkeit und Spuksichtigkeit her.

Wie bereits dargelegt wurde, sind Tod und Brand allgemein die beiden häufigsten Motive in Vorschau-Erzählungen, und auch die Hochzeit ist ein nicht selten vorhergesehenes Ereignis. Was sich hier um Wreesmann rankt, sind also zunächst die klassischen Spökenkieker-Vorstellungen, wie sie zu Hunderten in Sagenbüchern festgehalten sind. Warum aber gehören zuvorderst Tod und Brand zur Grundausstattung der Spökenkieker-Sichtungen? Zurbonsen beantwortete die Frage wie folgt:

> „[...] beides hat schreckhaft zu allen Zeiten der Menschen Einbildungskraft geängstigt, denn beides ist das äußerste Schicksal. Der Tod, das furchtbare Unbekannte, ist die Zerstörung des Lebens, und alle Kreatur hat ein Grauen vor der Vernichtung; der Brand ist die Zerstörung des Eigentums, und alles Menschliche klammert sich an den Besitz: Leben und Eigentum sind die köstlichsten Gaben dieser Welt, und der Erdgeborenen Trachten und Sinnen ist seit Anbeginn auf ihre Wahrung und Mehrung gerichtet.“ (Zurbonsen 1921: 29)

Anders als Zurbonsen würde ich die Begründung nicht in einer Kontinuität „zu allen Zeiten“ suchen. Was seine Argumentation aber für sich hat, ist, dass die beiden Ereignissorten „äußerste Schicksale“ darstellen, die insbesondere in kleineren ländlichen Orten zu einschneidenden Erlebnissen für die gesamte Gemeinschaft wurden. Strotdrees betont zudem, dass das Feuer gleichzeitig gefürchtet wie auch lebensnotwendig war:

> „In den angeblichen Visionen spiegelt sich eine abgrundtiefe Angst. Nichts fürchteten die Menschen früherer Jahrhunderte mehr als die Kraft des Feuers, die ja gleichzeitig überlebenswichtig war. Ein offenes Herdfeuer fand sich in jedem Haushalt auf dem Land oder in der Stadt. Es spendete Licht und Wärme, an ihm wurden die Speisen zubereitet und die Kleidung getrocknet. Im Rauchfang wurden Schinken und Würste geräuchert. Aber wehe, wenn das Feuer durch ein Versehen vom Herdplatz entwich, wenn es aus der Laterne, aus der Esse des Schmiedes oder aus dem Töpferofen übersprang auf Holzlager, Strohbalken [sic] oder Reetdächer: Dann sahen sich die Menschen nahezu hilflos ausgeliefert.“ (Strotdrees 2007a: 96)

Ebenso wie Tod und Brand konnten auch Hochzeiten zuweilen einschneidende gemeinschaftliche Ereignisse sein, wenngleich letztere gemeinhin als Grund zu Freude und großem Fest betrachtet wurden. Dabei ist nicht zu vergessen, dass Hochzeiten zuweilen großen Einfluss auf Macht-, Besitz- und Familienverhältnisse nahmen und damit ebenfalls für ganze Dorfgemeinschaften relevant sein konnten. Es sind also solche Ereignisse, die in kleineren, wenig anonymisierten Gemeinschaften für viel Diskussionsstoff sorgen, welche hauptsächlich die Gesichte der Spökenkieker ausmachten.[31] Dabei muss auch bedacht werden, dass es wohl früher oder später in jedem Haushalt einmal entweder Tod oder

---

31 Es stellt sich allerdings die Frage, warum dann weitere relevante Motive, wie bspw. Geburten oder Missernten, kaum in den Erzählungen vertreten sind. Geburten könnten ggf. als natürliche Folge der immerhin etwas häufiger vertretenen Hochzeiten

Hochzeit gegeben hat, und es keine festgesetzten Regeln dafür gibt, wie lange die Erfüllung eines Vorgesichts auf sich warten lassen darf. Somit trägt auch die Alltäglichkeit der Motive dazu bei, dass Vorgesichte sich auf die eine oder andere Weise erfüllen. Ein weiteres gängiges Spökenkieker-Charakteristikum, das sich in den Erzählungen um Wreesmann findet, ist eine gewisse Verschwiegenheit bzgl. des Gesehenen, die einem Leidensdruck zuzuschreiben sein könnte:

> „Ein Bürger der Stadt Friesoythe namens Wreesmann hatte das Zweite Gesicht. Wenn er durch die Straßen ging und vor einem Haus einen Augenblick verweilte, so waren die Leute in Angst und Bangen. Entweder wurde aus diesem Haus bald ein Toter getragen, oder es war eine Hochzeitskutsche. Eines von beiden konnte der Mann immer im voraus sehen. Er war sehr wortkarg und ließ sich auch ungern ansprechen. Das einzige, was er einmal gesagt hat, ist: ‚Wenn ik ne likenfolge seie, dat kan man noch ankiken, aover dat janhaogel (sonst gebraucht für ‚Gesindel'), wat dao achtern hertreckt un draover sweft, kan ik nich sein, dao mot ik wegkiken.'" (Käthe P. in Segschneider 1973: 177)[32]

Wenn von Wreesmanns vermeintlich übernatürlicher Begabung berichtet wird, bilden die grundlegenden Vorschaumotive Tod, Brand und Hochzeit in ihrer Alltäglichkeit zumeist die Einleitung, um die Fähigkeit des Spökenkiekers anhand alltäglicher Begebenheiten vorzustellen. Darauf aufbauend wird hingeleitet zu derjenigen Erzählung, welcher bis heute stadtgeschichtliche Bedeutung beigemessen wird: Wreesmanns Vorhersage der Zerstörung Friesoythes im Zweiten Weltkrieg.

---

gesehen worden sein. Positive Ereignisse stellen generell Ausnahmen dar. Eine quantitative Auswertung der von Strackerjan und Willoh (1909) im ehemaligen Herzogtum Oldenburg gesammelten Vorspuk-Erzählungen ergibt, dass darin Tod (inkl. Leichenzug und Versehgang) 69 Mal vertreten war; Feuer und Brand 17 Mal; Militärpräsenz und Kriegshandlungen 15 Mal; neue Technologien neun Mal (davon acht Eisenbahn-Sichtungen); Hochzeiten vier Mal; zwei neue Häuser; lediglich eine Geburt; ferner noch elf weitere sehr spezifische persönliche oder öffentliche Ereignisse. Die Missernten, bspw. durch Hagel hervorgerufen und damals in ländlichen Gebieten sehr gefürchtet, fehlen trotz ihrer Relevanz allerdings weiterhin. Dementsprechend sollte die These, es spukten solche Ereignisse vor, die für ganze Dorfgemeinschaften relevant waren, lediglich als Tendenz und nicht als abschließende Antwort verstanden werden.

32 Das plattdeutsche Zitat bleibt rätselhaft. Ein Erklärungsversuch findet sich bei der Übersetzung im Anhang 9.1.

4.2 Die Zerstörung der Stadt Friesoythe im Zweiten Weltkrieg

„In den ersten Tagen des Monats April 1945 näherte sich die Front unserer Stadt. Niemand hätte es für möglich gehalten, daß unsere Moorgegend einmal Kriegsschauplatz werden würde. Dadurch, daß die starken Eisenbrücken über den Kanal vorzeitig gesprengt worden waren, mußten die Kampftruppen Friesoythe passieren. Deutsche Fallschirmtruppen besetzten unseren Ort und bezogen Stellungen. Die Bevölkerung, durch einen furchtbaren Bombenwurf auf Cloppenburg gewarnt, raffte eiligst die kostbare Habe auf Wagen und Handkarren zusammen und floh in alle Winde, meist ins Moor. Sollten die Prophezeiungen des alten Stadtschreibers Wreesmann, genannt Vierfuß, in Erfüllung gehen, der immer behauptete, vom Krankenhaus aus als nächste Behausung das Amtsgebäude gesehen zu haben, dann mußten die Langen- und Mühlenstraße in Trümmern liegen. Außerdem gab er den Rat, beim Nahen der Front nach Pehmertange zu flüchten, dort würde kein Schuß fallen. Viele stellten sich auf die Gesichte des Sonderlings ein und hatten Glück! Als dann die ersten Bomben fielen, war Friesoythe wie ausgestorben.“ (Kühling 1953: 85)

„Die große Zerstörung der Stadt Friesoythe hat ihre Ankündigung gehabt durch den Stadtschreiber Theod. Kasp. Wreesmann, welcher am 9. April 1941 im 86. Lebensjahre in seiner Geburtsstadt Friesoythe gestorben ist. Wreesmann hat viele Jahre bereits vor der Zerstörung seinen Zeitgenossen angekündigt, daß in Friesoythe noch eine große Zerstörung bevorstände, besonders in der Richtung vom Krankenhause aus zum Amtshause hin, somit die ganze Langenstr. und Mühlenstr. mit angrenzenden Häusergruppen würden vollständige Ruinenstätten werden. Die Flucht der Einwohner wurde von Wreesmann für die südliche Himmelsrichtung von Friesoythe aus angeraten und empfohlen.

Die Ankündigung war in den Kreisen der alteingesessenen Bürger allgemein bekannt, aber was der Mensch nicht gern wahr haben will, das wird gern als unbedeutend außer acht gelassen. Diejenigen jedoch, welche südwärts der Stadt flüchteten, sind am besten aufgehoben gewesen und haben auch noch manche Gegenstände daselbst in Sicherheit bringen und besser retten können vor dem Verlust, wie es sonst der Fall war. Die Vorhersage von Wreesmann war ohne Zeit- und Gegebenheitsangaben und wohl alle Einwohner wollten die Vollziehung derselben nicht wahr haben und erleben, aber die Ankündigung ist doch vielfach mehr oder weniger zum Vorteil beachtet worden. Genannter Wreesmann wurde durch seine wiederholt bekannt gewordenen Voraussagen seit langer Zeit als ‚Spökenkieker‘ bezeichnet.“ (Schulte 1948/49 in der Pfarrchronik der St. Marien-Gemeinde Friesoythe, Bd. 2, 125 f. In leicht abgeänderter Form veröffentlicht in: Schulte 1970: 36)

> „As dei Friesayther an'n En' van den leßden Weltkrieg den truriggen Schutthopen bekeken, dei van ehre Stadt äöwerbläwen wör, do füllt einige van ehr in: ‚Dat hebbt wi jo all jümmer wüßt, dat dat so kaomen mößde.'
>
> Dorbi dachden sei an dat Worschauen van den ollen Vierfuß. Dei olle Vierfuß, hei hedde eigendlick mit sien richtigen Naom Wreesmann un har einen Posten bi dei Friesayther Stadt as Stadtschriewer. Ale Lüe kennden üm, denn hei löp faoken dör dei Straoten un röp ut, wat es Amtlickes tau vermelden geew. [...]
>
> Disse olle Vierfuß har nu vör'n tweiten Weltkrieg maol seggt, hei kunn van't Friesayther Amtsgericht – dwaschk dör dei Stadt – bit nao't Krankenhus henkieken. Dei Lüe glöwden dat nich, denn sei kunnen van't Amtsgericht bloß bit vör dei nächste Huswand kieken. Nao'n Krieg noch man hebbt dei Friesayther inseihn, wat dei Schnack van den ollen Vierfuß tau bedüen har. As Friesaythe nämlick in Schutt un Aschken leeg, do kunn man wücklick van't Amtsgericht bit nao't Krankenhus henkieken, jederein kunn dat, dei Hüser leegen anne Grund." (Oldenburgische Landschaft 1983)

Wie aus den hier zitierten Berichten bereits hervorgeht, wurde Friesoythe im April 1945 kurz vor Ende des Krieges nahezu vollständig zerstört, als „die Hauptkampflinie des zweiten Weltkrieges über uns hinwegzog. Drei Wochen hindurch erlebte die Stadt und ihre Bevölkerung den Krieg mit allen seinen Schrecknissen" (Kühling 1980: 51). Das lag nicht zuletzt daran, dass die Stadt durch die Wehrmacht sowie durch Paramilitärs wie die NS-Bautruppe „Organisation Todt" verteidigt wurde, in dem Versuch, das Vorrücken der Alliierten zu stoppen: „In einer Besprechung der Organisation Todt mit Vertretern der Stadt Friesoythe (Bürgermeister Meiners, Hauptmann Menes vom Volkssturm u. a.), die Mitte März 1945 stattfand, konnten die Vertreter der Stadt eine Verteidigung der Stadt nicht verhindern" (Cloppenburg 2003: 153). Den Oberbefehl über die Reste der deutschen Truppen in Friesoythe hatte „[e]in junger, von fanatischem Glauben an den deutschen Endsieg durchdrungener Fähnrich", der meinte, „die Stadt als Brückenkopf vor dem Küstenkanal und der dortigen Verteidigungslinie unbedingt halten zu müssen" (Hirschfeld 2008: 326). Am 14. April wurde Friesoythe von kanadischen Truppen erobert, wobei allerdings deren befehlshabender Lieutenant-Colonel Fred E. Wigle getötet wurde. In einem 1960 im Auftrag des kanadischen Verteidigungsministeriums von Colonel Charles Perry Stacey herausgegebenen Kriegstagebuch mit dem Titel *The Victory Campaign* heißt es dazu:

> „Diese Stadt fiel am 14. April an unsere Truppen. Bei bitterkaltem Wetter umfaßten die Argylls und Sutherlands [kanadische Infanterieregimenter,

Anm. d. Verf.] die Stadt geschickt von Osten her, während das motorisierte Bataillon zur Ablenkung einen Frontalangriff startete. Die Operation war ein voller Erfolg, aber die Argylls verloren dabei ihren äußerst fähigen und beliebten Befehlshaber Oberstleutnant F.E. Wigle, der ums Leben kam, als sein taktischer Befehlsstand von deutschen Soldaten angegriffen wurde, die von unseren vorrückenden Kompanien nicht bemerkt worden waren. [...]

Es scheint, daß die Falschmeldung verbreitet wurde, Oberst Wigle sei von zivilen Heckenschützen getötet worden, als Folge davon wurde Friesoythe oder doch ein großer Teil dieser Stadt als versehentliche Vergeltungsmaßnahme in Brand gesetzt. Es liegt kein Bericht darüber vor, wie dieser Fehler unterlaufen konnte.“ (Stacey 1960, deutsche Übersetzung hier zitiert nach o.V. 1990)

Angeordnet wurde die Vergeltungsmaßnahme durch den erzürnten kanadischen General Christopher Vokes. Der Armeehistoriker Stacey äußerte später in seinen Memoiren:

„This unfortunate episode only came to my notice and thus got into the pages of history because I was in Friesoythe at the time and saw people being turned out of their houses and the houses burned. How painfully easy it is for the business of ‘reprisals’ to get out of hand! I am glad to say that I never heard of another such case.“ (Stacey 1982: 163 f.)

Der kanadische Militärhistoriker Mark Zuehlke stellte außerdem fest:

„The tragedy at Friesoythe went unmentioned at divisional, corps, and army headquarters. No investigation followed.“ (Zuehlke 2010: 309)

Die Geschichte der Stadt Friesoythe zitiert einen damaligen Städtebaureferenten, „die Stadt sei ein einziger Trümmerhaufen, von 355 Wohnhäusern seien über 300 total zerstört“ (Cloppenburg 2008: 342). Cloppenburg ergänzt: „Bei den heftigen Kämpfen und schweren Sachschäden muss man bei aller Trauer noch dankbar registrieren, dass nur wenige zivile Tote zu beklagen waren“ (ebd.). Hirschfeld resümiert in derselben Chronik:

„Die Bilanz der ‚Schreckenstage‘ von Friesoythe lässt sich in Zahlen nur unzureichend beschreiben: 14 tote Zivilisten, 397 zerstörte und 79 beschädigte Wohnungen waren im Stadtgebiet (ohne Markhausen) zu beklagen. Vergegenwärtigt man sich, dass in der Stadt 1933 314 Wohnhäuser gezählt wurden, so wird das Ausmaß dieser Katastrophe, bei der das engere Stadtgebiet zu 90% einer Trümmerwüste glich, erst so recht deutlich. Für die Identität des traditionsreichen Gemeinwesens erwies es sich als ebenso gravierend, dass

> Friesoythe gleichsam über Nacht sein historisches Stadtbild mit der Langenpforte [dem historischen Stadttor, Anm. d. Verf.] als Symbol verloren hatte.“ (Hirschfeld 2008: 326. Ein Fußnotenverweis entfernt.)

Nach dem Krieg entstandene Fotografien vermitteln noch einen gewissen Eindruck von der Zerstörung. So bspw. 1946 entstandene Bilder, welche die auch in den Sagentexten genannten Lange Straße und Mühlenstraße gesäumt von Schutt und freien Bauplätzen zeigen (Abb. 9 und 10). Wie an verschiedenen Artikeln und Aufsätzen über die Zerstörung der Stadt abzulesen ist, ist die Frage nach den genauen Umständen seit jeher ein sensibles Thema für Heimathistoriker gewesen. So wird darauf bestanden, dass es von Seiten der Zivilbevölkerung keinerlei feindliche Handlungen gegen die Kanadier gegeben habe und die tödlichen Schüsse auf den Oberstleutnant durch Soldaten der Wehrmacht abgegeben worden seien. Damit sei die Tötung als offizielle Kriegshandlung zu werten, auf die ein Kriegsverbrechen folgte. Auch wird die vorsätzliche Zerstörung damit begründet, dass der Schutt der Häuser für die Stabilisierung der Straßen zwecks Wegbarmachung für die Panzer eingesetzt wurde (so bspw. auch in Kühling 1980: 51 f.). Vor allem die in den ersten Jahrzehnten nach dem Krieg veröffentlichten Interpretationen und Erfahrungsberichte sind stellenweise emotional sehr aufgeladen. Es ist nicht Sinn und Zweck der vorliegenden Arbeit, diese auf ihre historische Plausibilität zu prüfen.[33]

Bei Beginn des Beschusses durch die Kanadier sei Friesoythe laut Richard Kühling bereits menschenleer und „wie ausgestorben“ (ebd.) gewesen, was der ehemalige Schulrektor u. a. mit einem schon Jahre zuvor abgegebenen Ratschlag Wreesmanns in Verbindung bringt, „beim Nahen der Front nach Pehmertange zu flüchten, dort würde kein Schuß fallen“ (ebd.). Tatsächlich hätten viele Familien die Mahnung „Goht na Pehmertange!“ berücksichtigt (Güthlein 1989a) und für die Kampfzeit den „Schutz benachbarter Bauernhöfe, Scheunen, Erdbunker und Gräben“ „in Pehmertange, Vordersten und Mittelsten Thüle“ gesucht (Hirschfeld 2008: 326). Dieser Ratschlag ist Teil einer größeren und variantenreich überlieferten Weissagung Wreesmanns zur Zerstörung der Stadt Friesoythe. Es ist auch diejenige Vorhersage, von der einige

33 Eine informative Gegenüberstellung kanadischer Kriegsberichte und Friesoyther Zeitzeugenaussagen hat die Schülerin Tina Osterkamp im Zuge einer später veröffentlichten Facharbeit angestellt (Osterkamp 2015). Auch in diesem Text wird die „Vision“ Wreesmanns als fester Bestandteil der historischen Ereignisse behandelt.

Abb. 9: Die Lange Straße im Jahr 1946.

Abb. 10: Die Mühlenstraße im Jahr 1946.

Quellen behaupten, es sei die einzige, über die Wreesmann entgegen seiner Gewohnheit je gesprochen habe. Schon vor Beginn des Zweiten Weltkrieges habe er davor immer wieder gewarnt und sei für seine Aussage ausgelacht worden, die „ganze Stadt zwischen Krankenhaus und Amtsgericht werde ‚platt liegen'" (Plaggenborg 2012).[34] Gesehen habe er die Zerstörung, als er „in seinen alten Tagen auf der hohen Treppe des Krankenhauses gestanden und staunend und wie geistesabwesend um sich geblickt" habe (Hoffmann 1955). Einige Quellen (bspw. o.V. 1955b: 13) zitieren Wreesmanns Aussage mit direktem Bezug auf einen neuen Krieg („Friesoythe wird in einem kommenden Kriege so zerstört werden, daß, wer vor dem Krankenhause auf der Treppe steht, über die Trümmer der Stadt hinweg das Amtsgericht liegen sieht. Ihr müßt alle nach Pehmer Tange gehen, dort seid ihr in Sicherheit!") und machen diesen damit zum Bestandteil des Gesichts. Andere Quellen (bspw. Cloppenburg 2003: 148) zitieren Wreesmanns Aussage ohne unmittelbaren Kriegskontext („in Friesoythe werde es eine große Zerstörung geben; zwischen Krankenhaus und Amtsgericht werde alles platt darniederliegen") und besagen außerdem, dass nicht mehr aufzuklären sei, wem gegenüber und wann genau Wreesmann von dieser Vision gesprochen habe. Dementsprechend sehen sie es mehr als einmalig getätigte Aussage, von der in Friesoythe allerdings „schon lange vor seinem Tode gesprochen" (ebd.: 403) worden sei. Ein Zeitungsartikel spricht davon, dass Wreesmann seinen Rat zur Flucht nach Pehmertange an Verwandte gegeben habe (Plaggenborg 2012). Cloppenburg berichtet von einer Zeitzeugin, die laut Aussage ihrer Tochter die Äußerungen zur Stadtzerstörung schon vor 1920 gehört habe (Cloppenburg 2003: 148). Als Friesoythe in den letzten Kriegstagen geräumt wurde, sollen einige Menschen sich seiner Mahnung erinnert und, wie von Wreesmann geraten, in der Bauernschaft Pehmertange Schutz gesucht haben, wo sie tatsächlich weniger gefährdet gewesen seien als diejenigen, die in andere Nachbarorte geflüchtet seien (ebd.). „Lat us na Pehmer Tange gahn! Vierfuß hätt sägt, wi möt na Pehmer Tange gahn!", habe die

34 Auch wenn es eine etablierte Erzählweise gibt, sind Details der Geschichte im Wandel. An anderer Stelle heißt es bspw., man könne „nach Kriegsende vom Marktplatz auf die Kirche schauen" (Laing 2008). Oder: „Von den Stufen des Krankenhauses bis zur Wohnung des Amtsrichters steht kein Haus mehr" (Woltermann 1979: 69). Einige Zeitzeuginnen und Zeitzeugen haben die Geschichte auch so erzählt, dass Wreesmann die Zerstörung sogar „schon kurz nach dem 1. Weltkrieg vorhergesehen habe" (Bickschlag 2005).

gegenseitige Aufforderung gelautet (o.V. 1955b: 13). Auch in einem chronistischen Text *Zur Geschichte der Friesoyther Bauerschaft Pehmertange bis 1945* finden Wreesmanns Prophezeiung und Rat sowie die diesen beherzigenden Flüchtlinge aus Friesoythe Eingang in die Geschichtsschreibung (Hoffmann 2007: 154). Bei ihrer Rückkehr hätten die Friesoyther dann mit Bestürzung die Erfüllung der Vorhersage erblickt (Cloppenburg 2003: 148). Auch der bereits erwähnte Großneffe zweiten Grades des „Sehers", Joseph Wreesmann, hat im Gespräch mit Otger Eismann erklärt, „als er nach dem Krieg im Jahre 1946 aus der Kriegsgefangenschaft heimgekehrt sei, habe er sich an die Voraussagen des Großonkels erinnert. Daraufhin sei er auf die Treppe des Krankenhauses gestiegen, und tatsächlich habe man von dort aus bis zum Amtsgericht schauen können: alles platt!" (Eismann im Kommentar zu Güthlein 2012: 83). Ebenso erzählte mir Frau Liebsch, dass „alles eingetroffen" sei, was er vorhergesagt habe. Mit ihr persönlich habe Wreesmann nicht über seine Gesichte gesprochen. Ihrer Mutter Engeline aber, die aus Bösel stammte und in die Familie eingeheiratet war, habe er einiges anvertraut:

> „Meine Mutter hat sich ausgiebig mit Onkel Theodor unterhalten, ebenso meine Großmutter Amalia. Besuchen gingen sie ihn nicht. Der Kontakt war gut, aber nicht besonders eng. Ich kann es mir nur so erklären, dass er sonntags auf dem Rückweg vom Hochamt ab und an bei ihnen einkehrte. Meine Mutter ging auf ihn ein und hat ihn auch erzählen lassen. ‚Was Onkel Theodor gesagt hat, ist alles eingetroffen. Ich bin niemand, die leicht auf Unglaubwürdiges reinfällt, aber das ist alles eingetroffen', hat meine Mutter später einmal gesagt. Gesponnen hat er nicht! Bei anderen hat er wohl eher geschwiegen. ‚Hellseher' hielt man für seltsame Leute und die waren von der Gesellschaft ausgeschlossen." (Frau Liebsch im Gespräch, November 2021. Text auf Grundlage von Gesprächsnotizen.)

Von dem Vorgesicht die Stadtzerstörung betreffend, so trug Frau Liebsch nach, habe ihre Familie allerdings ebenfalls nur vom Hörensagen erfahren. Wo die Verbreitung der Geschichte ursprünglich begonnen habe, wisse sie nicht. Auch sei dem Gerücht in ihrer Familie kein Glauben geschenkt worden, ihr Vater habe es sogar „als Spinnerei abgetan" und 1945 sei die Familie trotz Kenntnis desselben nicht nach Pehmertange, sondern in eine andere Richtung zu Verwandten geflohen (ebd.).

Nach dem Zweiten Weltkrieg wurde die Erzählung um Wreesmanns Vorgesicht zur Stadtzerstörung in zahlreichen Varianten aufgeschrieben und veröffentlicht. In Chroniktexten, wie bspw. dem oben zitierten von Heinrich Schulte, bleibt der Ton dabei nüchtern und sachlich, um die Glaubwürdigkeit seines Inhalts als faktenorientierte Geschichtsschreibung zu unterstreichen. Spätere historische Texte hätten auf vorherige Veröffentlichungen zurückgegriffen und Details daraus übernommen (wb), weshalb die Prophezeiung in immer mehr Chroniktexten unhinterfragt als Fakt behandelt wurde. Die eher belletristischen Autorinnen und Autoren, wie bspw. Elisabeth Reinke, die nicht in Friesoythe gelebt und das dortige Kriegsende nicht miterlebt hat, verliehen dem Stoff ein literarisches, spannungsreiches und emotional aufgeladenes Gewand:

> „Wreesmann steht eines Tages auf der hohen Treppe vor dem Krankenhause. Er schaut lange staunend und geistesabwesend umher. Man redet ihn an, fragt, was es gebe. Da hat er umhergezeigt und folgendes gesagt:
>
> ‚*Was ich sehe? Ich sehe ganz Friesoythe in Flammen stehn.* Mein Gott, ich kann ja über die ganze Stadt hinkucken bis zum Amtsgericht. Dazwischen ist nichts stehn geblieben. Und wenn doch die Leute nicht alle nach Mehrenkamp und Schlingshöhe und ins Moor laufen wollten! Das ist ja ganz verkehrt. Sie sollen nach Pehmertange flüchten. Dahin können sie mit Pferd und Wagen über eine weiße Brücke ziehen. Sie sollen aber nicht zu weit nach Thüle gehen.‘ Dieses Vorgesicht hat er oft, auch noch auf dem Sterbebette, wiederholt.
>
> Pehmertange ist eine verhältnismäßig neue Siedlung, und die Siedler schafften sich eine bequeme Zuwegung zur Friesoyther Chaussee. Über die Soeste bauten sie eine feste, weiße Brücke.
>
> Als die alliierten Truppen herannahten, zogen manche Einwohner der Stadt nach Pehmertange. Sie fuhren mit Pferd und Wagen, auf Rädern oder gingen zu Fuß über die weiße Brücke. Sie alle kannten das Vorgesicht des ‚Vierfuß‘. Gut – sie wollten versuchen, ihre Habe und sich selbst zu retten. Man konnte es ja nicht wissen, der Mann mochte recht haben. Tatsächlich ist in Pehmertange nichts passiert. Es sind nur einige Soldaten durchgezogen.
>
> Die nichts um die Vorhersage gaben oder in den aufregenden Tagen nicht daran dachten, liefen nach Mehrenkamp, Schlingshöhe und ins Moor. Überall dort, aber auch in Thüle, ist verheerender Granatenhagel niedergegangen, wobei es viele Tote und Verwundete gab.
>
> Als die Alliierten die alte Hansestadt Friesoythe besetzt hatten, wurden sie vom Kirchturm aus beschossen. Ein Offizier fiel. Und da kam das Verhängnis. Die Stadt wurde von den Truppen der Alliierten vernichtet. Was nicht durch Granaten zertrümmert war, wurde durch die Feuersbrunst zerstört, die durch die Straßen raste. Danach kamen gewaltige Motorräumer und nahmen die Trümmer der Stadt auf ihre Riesenschippe. Sie brachten ihre Schuttlasten zur Befestigung des moorigen Untergrundes auf die Chausseen von

> Friesoythe nach Ellerbrock und von Friesoythe nach Edewecht. So konnten hernach die schweren Panzer die Richtung auf Nordoldenburg verfolgen.
>
> *In der Tat war nun der Blick vom kaum beschädigten Krankenhause frei bis zum Amtsgericht,* das an der anderen Seite der Stadt an der Soeste steht und das merkwürdigerweise unzerstört geblieben ist.“ (Reinke 1950b: 1. Herv. i. O.)

Ein Artikel von 1955 bereichert die Ausführungen um die Information, dass Wreesmann den Menschen „für den Fall der Gefahr“ außerdem geraten habe, „Brot für einige Tage“ nach Pehmertange mitzunehmen (o.V. 1955a: 6). Außerdem wird betont, dass dort nur ein einziges Haus niedergebrannt sei (ebd.). In einer späteren Niederschrift der Geschichte ergänzt die Heimatschriftstellerin Reinke außerdem die Erinnerungen einer „Jugendbekannten“. Diese, zufällig auch Wreesmann heißend, stammte aus einer Friesoyther Ackerbürgerfamilie, die nach Pehmertange in eine der Siedlungen gezogen war und dort Ländereien bebaute. Frau Wreesmann erinnerte sich Elisabeth Reinke gegenüber wie folgt an die „Untergangstage“ (Reinke 1954: 251) und den Andrang der Flüchtenden:

> „Du weißt das gewiß von der weißen Brücke? Ja, die bauten wir Pehmertanger vor drei Jahren, weil wir unsern Weg zur Chaussee und zur Stadt tüchtig damit abkürzen konnten. Als ich sie weiß angestrichen sah, fiel mir der Veerfaut und sein ‚Wicken‘ wieder ein (wir sprachen plattdeutsch). Und als wir Anfang April 1945 den Kanonendonner hörten, da kamen die Mägde des Krankenhauses zu uns und fragten an, ob sie mit einigen alten Schwestern zu uns kommen dürften. Sie dächten an den verstorbenen Veerfaut und an das, was er gesagt habe. Ich fragte sie, warum denn die jüngeren Schwestern nicht mitkommen wollten. Ja, die jungen, die hätten den Mann nicht mehr gekannt, die hätten sie ausgelacht wegen dieser Spökenkiekerei. – Natürlich durften sie gern alle kommen. Und wer kam dann nicht alle! – Die Friesoyther, die an das Vorgesicht glaubten, haben ihre Häuser eilig geräumt. Ganze Wagenladungen kamen Tag und Nacht über die weiße Brücke heran. Ich habe unsern Hausrat in eine Stube gepackt, und nachher sah unser Haus aus wie ein Möbellager. Und so wie bei mir hat es bei allen Siedlern ausgesehen. – Als dann die Kunde gekommen ist, die englischen Panzer seien schon in Friesoythe, da haben sie aufgeatmet. Veerfaut hatte sich also geirrt. Aber einige Tage danach – manche Leute hatten sich schon Friesoythe auf Schleichwegen genähert, durften sich aber nicht auf der Straße sehen lassen – kamen einige gerannt und schrien, ganz Friesoythe würde dem Erdboden gleichgemacht. Wir sahen die schwarzen Wolken, und als es Abend wurde, die Brandröte am Himmel.“ (Frau Wreesmann laut Reinke 1954: 251)

Nach der Zerstörung hätten dann auch die Zweifler eingesehen, dass sie besser auf „Veerfaut" gehört hätten:

> „Alle Leute, die das Vorgesicht zwar gekannt aber sich nicht darum gekümmert hatten, verloren ihr Hab und Gut. Auch der Bürgermeister. Er griff sich an den Kopf, weil er im gegebenen Augenblick nicht an Veerfaut und sein Gesicht gedacht hatte." (Reinke 1954: 252)

Eine derart detaillierte Aussage einer Zeitzeugin erweckt selbstverständlich den Eindruck der Glaubwürdigkeit, denn welchen Grund gäbe es, die Worte Frau Wreesmanns in Zweifel zu ziehen? Der problematische Aspekt an derartigen Texten besteht allerdings vor allem darin, dass – selbst wenn die Erinnerungen der Zeitzeuginnen und Zeitzeugen als objektiv anzusehen wären, was sie nicht sind – es sich hierbei immer noch um Textbearbeitungen handelt. Wie an späterer Stelle noch zu sehen sein wird, hat die Schriftstellerin Elisabeth Reinke, die den Wreesmann-Stoff in der frühen Nachkriegszeit vielfach bearbeitet hat[35], sich für andere Textfassungen durchaus nicht gescheut, auch im Hinblick auf die als wörtliche Zitate markierten Aussagen der Frau Wreesmann künstlerische Freiheit in Anspruch zu nehmen.

Manchmal, wie auch in der nachfolgenden Aufzeichnung, wird innerhalb des direkten Zitats das Erzählte wiederum als Zitat einer dritten Person markiert, womit ein bereits längerer Prozess mündlicher Weitergabe und Tradierung des Stoffs signalisiert wird:

> „Schon Jahre vor dem Zweiten Weltkrieg hat er einmal gesagt: ‚Es werden fremde Krieger in Friesoythe einfallen, und die ganze Stadt wird im Feuer untergehen. Die Leute müssen, um ihr Hab und Gut zu retten, nach Meerenkamp rausfliehen, da passiert ihnen nichts. Die nach der anderen Seite laufen, behalten nichts und kommen teilweise noch um. Was sie noch haben, wird ihnen von den fremden Kriegern noch abgenommen.'
>
> So ist dann auch der Zweite Weltkrieg zuende gegangen, und in Friesoythe hatten sich die deutschen Soldaten noch einmal zur Wehr gesetzt. So kam es

35 Am Literaturverzeichnis des vorliegenden Buches wird deutlich, in wie vielen Texten Elisabeth Reinke sich mit Wreesmann auseinandersetzte. Die Artikel berichteten trotz variabler Details stets voller Überzeugung von den vermeintlichen Begebenheiten um den Stadtschreiber, den sie nicht persönlich gekannt hat. Diese Überzeugung sprach zum Teil schon aus den Titeln ihrer Artikel, bspw.: *Der „Vierfuß" mit dem doppelten Gesicht. Zerstörung Friesoythes wurde vorausgesagt – Eine mysteriöse Begebenheit aus den letzten Kriegstagen* (Reinke 1950a).

> dann, daß Friesoythe ein Feuerbrand wurde. Kein Stein blieb auf dem anderen. Die ganze Stadt ist kaputtgegangen. Nach Meerenkamp sind die Horden nicht gekommen, die Leute blieben dort verschont.
>
> Das ist auch eine wahre Geschichte. Die hat mir noch die Tage Thien Oma erzählt. Die ist ja aus Friesoythe.“ (Käthe P. laut Segschneider 1973: 177)

Auffällig an dieser von dem Volkskundler Ernst Helmut Segschneider anhand einer mündlichen Wiedergabe aufgezeichneten Variante ist zunächst das relativ lange direkte Zitat Wreesmanns. Darin ist von den alliierten Soldaten als einfallenden und plündernden Kriegern die Rede, im Anschluss an das Zitat noch von „Horden“. Die Ausdrucksweise, in der die Sage erzählt wird, gibt Aufschluss über eine bis lange nach dem Krieg anhaltende Bitterkeit der Erzählerin, die keineswegs repräsentativ ist, aber in diesem Falle den Ton der subjektiv erzählten Geschichte maßgeblich prägt. Nicht festzustellen ist, inwiefern die Nacherzählerin Käthe P. sich den von „Thien Oma“ erzählten Stoff selbst angeeignet und auf ihre Weise geprägt hat.

Darüber hinaus ist hier sehr anschaulich von „Feuer“ und „Feuerbrand“ die Rede, während in anderen Texten lediglich Zerstörung betont wird. Wie an vorheriger Stelle bereits dargelegt, ist die Vorhersage von Bränden ein besonders gängiges Motiv in Geschichten um sogenannte Spökenkieker, und auch Wreesmann wurde das Sehen zukünftiger Feuerkatastrophen zugeschrieben. So wird sich auch hier des Brandmotivs bedient, indem die Kriegszerstörung als ein einziges großes Feuerinferno visualisiert wird. In seinem Artikel, so scheint es mir, liegt Segschneider außerdem einem Missverständnis auf, welches in ähnliche Richtung deutet: Die Prophezeiung Wreesmanns, man werde „von der Treppe des Krankenhauses bis zum Amtsgebäude ungehindert hinübersehen können“ (ebd.: 177), welche der Volkskundler von einem Rektor aus Friesoythe gehört hat, kontextualisiert Segschneider mit dem „großen Brand von Friesoythe, bei dem neunzig v. H. aller Häuser vernichtet wurden“ (ebd.). Als „großer Brand“ ist in der Friesoyther Geschichte allerdings eine verheerende Feuerkatastrophe von 1877 mit 52 zerstörten Gebäuden überliefert. Unklar ist also, ob Segschneider sich ebenfalls der Brand-Metaphorik für den Krieg bedient oder ob er diese Prophezeiung in den Kontext des tief im Stadtgedächtnis verankerten Feuers von 1877 stellt. Aussagen darüber, ob Wreesmann in seinen jungen Jahren auch dieses Inferno vorausgesehen haben soll, sind nicht überliefert. Falls „neunzig v. H.“ eine Prozentangabe sein soll, deutet sie ohnehin eher auf den Krieg hin. Ob es sich dabei nun um ein Missverständnis seitens Segschneider handelt oder nicht: Sein Text zeigt deutlich eine Verwandtschaft zwischen dem traditionellen Brandmotiv und dem der Kriegszerstörung auf.

Gleich ob nüchtern dargestellt oder blumig ausgeschmückt: Was über Wreesmann geschrieben wurde, liest sich wie aus einem Sagenbuch. Umso mehr überrascht es, dass der Geschichte bis heute noch von vielen Menschen Glauben geschenkt wird. Kaum eine historische Darstellung über das Kriegsende in Friesoythe verzichtet darauf, auf Wreesmann und seine lebensrettende Prophezeiung zu verweisen. In der großen, zum 700-jährigen Stadtjubiläum erschienenen Chronik *Die Geschichte der Stadt Friesoythe* (Eckhardt et al. 2008) fehlt zwar mittlerweile die an Bedeutung verlierende Sage vom Pestschinken, Wreesmanns Voraussage der Stadtzerstörung dagegen, formuliert als historisches Faktum, leitet den Abschnitt *Aus Ruinen auf dem Weg zum Mittelzentrum* (Cloppenburg 2008: 341 ff.) ein. Natürlich muss dabei bedacht werden, dass vor allem diejenigen Personen sich überhaupt zu Wreesmann äußern, die ein gewisses Interesse an ihm haben, bspw. als geheimnisvollem Teil der Stadtgeschichte, welcher Friesoythe ein weiteres Alleinstellungsmerkmal verleiht. Diejenigen Menschen, die nicht mehr an die Tatsächlichkeit der Wreesmann-Prophezeiung zum Kriegsende glauben, sind (so mutmaße ich) in der Mehrheit, äußern sich aber nicht dementsprechend zu dem Thema – allein schon weil die damalige Zerstörung mittlerweile im alltäglichen Leben keine Rolle mehr spielt und weit entfernt erscheint. Hauptsächlich sind es die heimatgeschichtlich Interessierten, die ab und an bspw. durch die Publikation des einen oder anderen Artikels „den Seher" noch in kollektiver Erinnerung zu halten versuchen.

Wie aber konnte sich überhaupt ein Erzählgebilde um einen „Spökenkieker" in der zweiten Hälfte des 20. Jahrhunderts so fest etablieren, dass es bis heute relativ lebendig geblieben ist und es vereinzelt noch immer „Gläubige" gibt? Die Zeit des Zweiten Gesichts als relevantes soziales Phänomen kann im Allgemeinen schließlich mit Fug und Recht als vergangen angesehen werden. Die Antwort auf diese Frage ist in der traumatischen Erfahrung des Zweiten Weltkriegs zu suchen, nicht allein in der spezifischen Stadtzerstörung, sondern auch in der allumfassenden deutschen Niederlage sowie im Kollaps des nationalsozialistischen Wertesystems.

In nahezu allen Texten, die das an dieser Stelle besprochene Vorgesicht Wreesmanns nacherzählen, gestaltet sich der Kern der Geschichte so: Sein Vorwissen stieß zunächst auf Unverständnis, aber in den letzten Tagen des Krieges erinnerten sich die Menschen daran und suchten ihr Heil in der Befolgung seines Ratschlags, was für die meisten zumindest ein Überleben gewährleistete. Die Geschichte lieferte also eine Erklärung für die im Vergleich zum Ausmaß der materiellen Zerstörung äußerst geringe Anzahl ziviler Todesopfer. Die US-amerikanische Historikerin Monica Black spricht zudem von einer Apokalyptik innerhalb der deutschen Bevölkerung zum Ende des Zweiten Weltkriegs hin: Die Verheißungen des NS-Regimes und das Beharren auf dem „Endsieg" – durch die Propaganda teils begründet mit „Wunderwaffen" und alten Legenden – konnten nicht mehr verhindern, dass die Bevölkerung aus dem Näherrücken der Front und dem Fallen der alliierten Bomben die naheliegenden Schlüsse zog (vgl. Black 2021: 40). Mit der Ideologie brach für viele NS-Bürger ihre gesamte Weltsicht zusammen, inklusive der Vorstellungen von Gut und Böse sowie Recht und Unrecht. Zunehmend verschafften sich gegen Ende des Krieges solche Fragen Raum, wie diejenige danach, ob die alliierten Bomben gottgewollte Strafen oder göttliche Rache für deutsche Verbrechen an Juden waren (vgl. ebd.: 38). Black bemerkt, dass die Alliierten solch spirituelle Ängste zu nutzen wussten: Die Luftangriffe auf Hamburg im Sommer 1943 liefen unter dem Codenamen „Operation Gomorrah". Gomorra ist eine sündhafte Stadt im Alten Testament, die dem Mythos nach dem Zorn Gottes zum Opfer fiel (1. Mose 18 und 19). In diesem Sinne sieht Black in der Benennung der Operation einen von den Alliierten strategisch angeführten Anspruch auf Gottes Unterstützung im Kriege (Black 2021: 38f.). Die besagte Stimmung innerhalb der deutschen Bevölkerung, in der alle Glaubensgrundsätze zutiefst erschüttert wurden und durch die Propaganda nicht mehr aufrechterhalten werden konnten[36], führt Black als Nährboden für sagenhafte Begebenheiten und gesichtete Omen an (vgl. ebd.: 40f.):

---

36 Der ehemalige Friesoyther Diakon Otger Eismann (geb. 1933) beschreibt diese Stimmung eindrucksvoll in seinem Buch *Kinderjahre im Schatten des Hakenkreuzes* (2020), in welchem er autobiografisch von seiner Kindheit im nordrhein-westfälischen Gescher erzählt:
„In den Tagen nach dem 24. März 1945 trat an der Luftfront eine erstaunliche Ruhe ein. Wir blieben nun wieder zu Hause und erwarteten den Einmarsch der britischen Truppen. Unruhige Gedanken verfolgten mich in den letzten Tagen: ‚Wie wird es sein? Wird alles so kommen, wie man es uns in der Schule und beim Jungvolk eingetrichtert hatte? Sollte das alles in Erfüllung gehen, was man uns an Scheußlichem vorhergesagt hatte? Deportationen Jugendlicher nach Amerika zu Sklavenarbeit? Oder sollte man eher den Eltern glauben, die von Befreiung sprachen? War Deutschland nicht unser Vaterland? Eine Welt brach in mir zusammen, der Krieg, der ja nach den Worten unseres genialen Führers nie verloren gehen konnte, sollte er wirklich verloren sein? Fragen über Fragen.[']" (Eismann 2020: 145)

> „Aber die Bomben fielen immer noch, und die Front rückte immer näher. Als das Ende bevorstand, gab es kein Halten mehr für die Flut von Gerüchten, die sich über das ganze Land ausbreitete.
>
> Also taten die Menschen das, was menschliche Wesen schon seit Langem getan hatten, wenn es ihnen an Verständnis mangelte: Sie hielten in der Natur nach Vorzeichen Ausschau. Sie suchten nach Anhaltspunkten für ein Urteil, für Gunst oder Bestrafung, und versuchten sich zu erklären, warum rings um sie herum die ganze Welt zusammenbrach. Im Sudetenland berichteten Menschen im Herbst 1944 über eine gewaltige Rauchwolke, die am Himmel im Osten zu sehen gewesen sei, und über eine drohende blutige Faust, die man dort wahrgenommen habe. In Niedersachsen sahen Menschen die Sonne ‚tanzen', und nach ihren Berichten sah es ganz danach aus, als würde sie jeden Augenblick mit der Erde kollidieren. Diejenigen, die das so erlebten, meinten, die Welt würde schon bald ‚in Brand und Totschlag versinken'. Über dem Böhmerwald tauchte ein Flammenschwert auf. Eine Person berichtete über eine gewaltige Kreuzeserscheinung am Himmel, in deren Mitte der Vollmond zu sehen gewesen sei. Ein Bewohner der niedersächsischen Stadt Friesoythe, der über die Gabe des ‚zweiten Gesichts' verfügte, hatte eine Vision: Er sah seine ganze Heimatstadt in Flammen aufgehen.
>
> Apokalyptische Vorstellungen dieser Art waren nicht unbegründet. Adolf Hitler wollte eine Wiederholung des Geschehens von 1918 nicht zulassen, als der Erste Weltkrieg auf eine Art endete, die viele Deutsche als ehrlose Kapitulation betrachteten. Die nationalsozialistische Führung legte sich auf ein Weiterkämpfen bis zum Ende fest, komme, was da wolle." (Black 2021: 40 f. Diverse Fußnotenverweise entfernt.)[37]

Auch die Vorgesichte Wreesmanns ordnet Black also in diesen Kontext apokalyptischer Stimmung ein. Dabei muss allerdings beachtet werden, dass sie dazu lediglich einen einzigen Text (Reinke 1950b) als Quellengrundlage anführt. Sollte Wreesmann tatsächlich bereits Jahre vor dem Krieg Aussagen zur Zerstörung Friesoythes getätigt haben, greift an dieser Stelle ihre Argumentation im Hinblick auf seine Person nicht. Dass aber Wreesmanns vermeintliche Prophezeiung in jenen Tagen, welche in vielerlei Hinsicht als endzeitlich emp-

37 Angemerkt sei, dass die Geschichte mit der Kreuzeserscheinung aus der ebenfalls sehr katholisch geprägten und im Oldenburger Münsterland gelegenen Kleinstadt Vechta stammt. Dort sei eines Nachts (allerdings bereits im Winter 1940/41) von mehreren Gewährsleuten stundenlang ein Kreuz im Mond beobachtet worden (nachzulesen in Reinke 1954: 250).

funden wurden, einen derart hohen Bekanntheitsgrad erlangte, dass ein großer Teil der restlichen Friesoyther Bevölkerung sein Schicksal der zuvor verlachten Weisung eines Spökenkiekers anvertraute, würde sich dagegen nahtlos in Blacks Theorie einfügen. In diesem Fall wäre anzunehmen, dass die mündliche Verbreitung des Ratschlags, bei der Zerstörung nach Pehmertange zu flüchten, untrennbar mit den hinter vorgehaltener Hand diskutierten Gerüchten und Nachrichten über den auf die deutsche Niederlage zusteuernden Kriegsverlauf einherging. Allerdings muss auch die Möglichkeit in Betracht gezogen werden, dass der berichtete Exodus der Friesoyther nach Pehmertange als Teil des Mythos im Nachhinein durch vielfache mündliche Weitergabe stark „nachinterpretiert" wurde. Der Historiker Gisbert Strotdrees geht sogar noch weiter und stellt die These auf, dass die gesamte Vorhersage erst nach dem Zweiten Weltkrieg entstanden und Wreesmann posthum angedichtet worden sei:

> „Dabei spricht alles dafür, dass die Erzählung erst nachträglich, in den frühen Nachkriegsjahren, entstanden ist. Bis heute jedenfalls gibt es weder ältere, aus der Zeit vor 1945 stammende Dokumente noch andere nachprüfbare Hinweise darauf, dass der ‚Spökenkieker' die Verheerung Friesoythes tatsächlich vorausgesehen hat." (Strotdrees 2008b: 112)

Angesichts der zahlreichen Berichte von Zeitzeuginnen und Zeitzeugen fällt es schwer zu glauben, dass tatsächlich gar keine Gerüchte über ein Vorgesicht Wreesmanns während des Kriegsendes in der Bevölkerung umgingen.[38] Mir hat bspw. auch die Zeitzeugin Elisabeth Olberding erklärt, ihre Mutter sei damals mit ihr und ihrem Bruder nach Pehmertange geflüchtet, *weil* Wreesmann dies Jahre zuvor angeraten habe. Auch andere Familien seien diesem Rat gefolgt. Natürlich muss dabei auch die Möglichkeit in Betracht gezogen werden, dass eine von Wreesmann geäußerte Mutmaßung oder Überlegung später zum Vorgesicht verklärt worden sein kann. Obgleich Aussagen von Zeitzeuginnen und Zeitzeugen in der Geschichtswissenschaft berechtigterweise nicht als

---

38 Dies bedeutet freilich nicht, dass Wreesmann in *jedem* Zeitzeugenbericht über das Kriegsende in Friesoythe genannt würde. In der fünfbändigen Reihe *Aus der Schatztruhe. Friesoyther Senioren erinnern sich* (herausgegeben 2012 bis 2018 von Otger Eismann und der Katholischen Seniorengemeinschaft St. Marien) finden sich bspw. sowohl Zeitzeugenberichte, die einleitend auf die Prophezeiung hinweisen, als auch solche, die diese gar nicht erwähnen.

stichhaltige Beweise anerkannt werden[39], erscheint mir die These, die gesamte Erzählung sei erst nach dem Krieg entstanden, in diesem Falle doch zu gewagt. Es ist Strotdrees aber insofern Recht zu geben, als dass jegliches schriftliche Quellenmaterial, welches von Wreesmann als Spökenkieker berichtet, erst ab 1948/49 entstanden ist. Zu diesen zahlreichen nach dem Kriege publizierten Berichten über die vorhergesagte Stadtzerstörung zieht der Historiker das folgende Fazit:

> „Zweifellos spiegeln sich in [...] den [...] Zeugnissen der tiefe Schock der Niederlage und der unerwarteten, totalen Zerstörung. Es wird aber auch der Versuch erkennbar, das auf den ersten Blick Unerklärliche zu erklären und ihm eine schicksalsergebene Deutung zu geben. Wer von Wreesmann erzählte und von dessen ‚Wahrheit' überzeugt war, der suchte die Ursache für den Untergang der Stadt nicht in der konkreten Vorgeschichte. Er suchte also nicht im Nationalsozialismus oder bei Wehrmacht, SS oder alliierten Truppen, sondern: Er verlegte die Wahrheit ins Nebelhaft-‚Überirdische'. Auch das dürfte zur Attraktivität der Erzählung in den 50er- und 60er-Jahren beigetragen haben." (Strotdrees 2008b: 112)

Es sind noch weitere Berichte von Vorhersagen zu Zerstörungen im Zweiten Weltkrieg überliefert, die allerdings ebenfalls nicht einwandfrei belegt sind

---

39 Das *Online-Lexikon zur Kultur und Geschichte der Deutschen im östlichen Europa* fasst die Diskussionen und Kontroversen von Zeitzeugenaussagen wie folgt zusammen:
„Ausgehend von der Tatsache, dass Zeitzeugenaussagen stets Produkte komplexer kognitiver, kommunikativer und sozialer Vorgänge sind, wird ihr Aussagewert unterschiedlich bewertet. Während in populärwissenschaftlichen und publizistischen Zusammenhängen teilweise recht unkritische Gleichsetzungen von Zeitzeugenberichten und Ereignissen im Sinne eines ‚So-ist-es-gewesen' vorkommen, verlangt die wissenschaftliche Quellenkritik einen problemorientierten und kritischen Umgang mit Zeitzeugenaussagen. Dieser schließt die Berücksichtigung der konkreten Entstehungsbedingungen ebenso ein wie die Wirkung öffentlicher, medialer, gruppenbezogener Diskurse und gesellschaftlicher Debatten, die Zeitzeugenaussagen als von der Gegenwart aus vorgenommene Darstellung und Bewertung immer in unterschiedlichem Maße beeinflussen. Dabei bereitet die vielfache Überformung von Erinnerungen durch familiäre, gesellschaftliche und gruppenbezogene Erzählungen und Deutungen mit zunehmendem Abstand zum Ereignis ebenso gravierende heuristische Probleme wie die Erwartungen an die Zeitzeugen, sowohl die unausgesprochenen (etwa durch die Auswahl der Personen) als auch die ausgesprochenen, die an sie herangetragen werden und denen sie meist zu entsprechen versuchen." (Kalinke 2013)

oder sich gar in Widersprüche verstricken. Einige Beispiele: Um die Zerstörung der Möhnetalsperre durch britische Bomber im Mai 1943 – aufgrund der hohen Opferzahlen als „Möhnekatastrophe“ bekannt – rankt sich die Erzählung, dass ein pensionierter Pfarrer das Ereignis vorgeschaut und einen Amtsbruder gewarnt habe (vgl. Strotdrees 2008a: 96). Tenhaeff referiert über eine Frau, die „einige Jahre vor der Zerstörung“ davon geträumt habe, dass Dresden in Trümmern liege (Tenhaeff 1976: 49 f.). Auch habe ein Mann in Freiburg eines Nachts bei Vollmond plötzlich gesehen, dass „das ganze Stadtbild ringsum sich in einen Trümmerhaufen verwandelte“ (ebd.: 50). Nur die Kathedrale habe sich nicht verändert und blieb 1944 tatsächlich verschont. Der Seher selbst sei noch 1939 aufgrund seiner Vision aus Freiburg weggezogen. Der Parapsychologe Tenhaeff unterzog diese Berichte, die er aus weiterer Literatur zusammengetragen hat, allerdings keiner kritischen Analyse, sondern attestierte kurzerhand „einen bemerkenswerten Fall von Präkognition“ (ebd.). Gesetzt den Fall, diese Berichte seien im Kern wahr und Theodor Wreesmann und andere haben vor Kriegsbeginn Träume und Visionen zerstörter Städte gehabt, so muss allerdings auch die Erklärungsmöglichkeit in Betracht gezogen werden, dass es sich dabei um starke persönliche Ausdrücke von Unsicherheitsgefühlen hinsichtlich der politischen Lage gehandelt haben mag. Menschen wie Wreesmann, die ein ausgeprägtes Interesse für das Weltgeschehen hatten, werden auch vor dem unmittelbaren Kriegsausbruch mit wacher Erinnerung an den Ersten Weltkrieg schon geahnt haben, dass der euphorisch-nationalistische Zeitgeist trügerisch war und die Menschheit in eine neue Katastrophe stürzen würde. Schon Strackerjan berichtete: „Vorgeschichten von Kriegen gehen stark um, wenn die Zeiten unruhig sind“ (Strackerjan und Willoh 1909: Bd. I, 145). In diesem Sinne kann die Geschichte um Wreesmanns Kriegsvorgesicht auch als Sozialkritik verstanden werden sowie als Aufruf, warnende Stimmen ernst zu nehmen.

Die Vorhersage der Stadtzerstörung ist die populärste Geschichte, die sich um Theodor Wreesmann rankt. In Bezugnahme auf sie wurde „dem Seher“ 1992 sogar ein lebensgroßes Bronzedenkmal im Ortskern errichtet, auf das ich an anderer Stelle zu sprechen kommen werde. Durch die Ankündigung gilt Wreesmann einigen als Retter, da die Menschen erst aufgrund seines Vorgesichts in die für sie sichere Richtung geflüchtet seien. Gerade die Versionen, laut denen er die Menschen zunächst in die falsche Richtung fliehen gesehen habe, um ihnen daraufhin die richtige anzuraten, bilden allerdings einen Widerspruch zur sonst in Spökenkieker-Geschichten verbreiteten Vorstellung von der Unveränderbarkeit des gesichteten Schicksals. Dies aber nur als Notiz am Rande. Auffällig ist vor allem, dass auch die nun noch folgenden „Vorgesichte" beinahe allesamt im Kriegskontext stehen: Hoffnung auf bessere Zeiten nach dem Krieg, Wiederaufbau der zerstörten Stadt, Furcht vor einem neuen Krieg. Das gesamte Erzählgebilde vom Zweiten Gesicht des ehemaligen Stadtschreibers ist untrennbar geknüpft an den spezifischen historischen Kontext des Zweiten Weltkriegs.

4.3 Der rothaarige Geistliche und das weiße Kreuz

„Überlieferung ist immer im Wandel" (Gerndt 2020: 26), bringt der Erzählforscher Helge Gerndt ein Charakteristikum von Sagenstoff auf den Punkt. Bereits in den beiden vorangegangenen Abschnitten dürfte das Ausmaß deutlich geworden sein, in dem Sagenstoff vom jeweiligen Erzähler oder der jeweiligen Erzählerin abhängig ist. Ein hervorragendes Beispiel für die Wandelbarkeit auch bei gleichbleibender Erzählerin ist die in diesem Abschnitt zu besprechende Geschichte, denn drei der vier hier versammelten Niederschriften stammen aus der Feder der Cloppenburger bzw. Vechtaer Heimatautorin Elisabeth Reinke (1882–1981). Diese zeichnete auf und ordnete stets neu an, was andere Personen ihr zugetragen haben. Dabei sind nicht bloß nebensächliche Details im Wandel: *Zunächst* schreibt Reinke die Prophezeiung vom „rothaarigen Geistlichen und dem weißen Kreuz" gar nicht dem Stadtschreiber Wreesmann zu, wie noch hier in der ältesten Aufzeichnung des Stoffs, die in einer regionalen Zeitungsbeilage erschienen ist:

> „Vor mehreren Generationen hat *eine Wreesmanns Tochter* ein *merkwürdiges Vorgesicht* gehabt, das in diesem Jahre in seinem letzten Teile in Erfüllung gegangen ist. Nach Aussage ihrer Nachkommen hat sie eines Tages gesagt:
>
> ‚Wenn das Wreesmanns Haus, sie hat das alte Stammhaus[40] gegenüber der Kirche gemeint, eines Tages zugeschlossen wird, dann wird eine sehr schlimme Zeit für Friesoythe kommen. Mit der Kirche und in der Kirche wird etwas Schreckliches passieren. Wenn alles Unglück vorbei ist, dann wird eines Tages ein rothaariger Geistlicher ein großes, weißes Kreuz in der Kirche einweihen.'

40 Das hier genannte „Stammhaus" ist nicht mit dem sogenannten „Schraowen Hus" zu verwechseln, das eigentlich als „Wreesmannsches Stammhaus" bekannt war und in dem über viele Jahrzehnte der Pestschinken hing. Der Hintergrund des hier genannten Hauses wird an späterer Stelle genauer erläutert.

> Die Wreesmanns sind eine alte Friesoyther Sippe. Das Stammhaus wurde von der Familie des Heinrich Wreesmann vor 25 Jahren aufgegeben. Wreesmann wurde Bauer auf seiner Besitzung in Pehmertange. Da wurde also der Hausschlüssel umgedreht und aus dem Schlüsselloch gezogen. Später war einige Jahre die Schule der Schwestern ULF [Unserer Lieben Frau, Anm. d. Verf.] in dem Hause untergebracht. Die Schwestern wurden in der Nazizeit aus dem Hause gewiesen, und das Haus wurde eines Tages amtlich geschlossen.
>
> Es kam der 15. April 1945. Bei der Vernichtung der Stadt ist auch das alte Wreesmannsche Haus niedergebrannt. Die Kirche wurde in Brand gesteckt. Der Turmhelm leuchtete, flammend wie ein Fanal des Untergangs, weit ins Land. Glocken schmolzen und taumelten mit dem brennenden Glockenstuhl zu Boden. Das Dach klirrte und krachte hinweg, das Gewölbe glich dem kahlen, unbedeckten Schädel eines Riesen. Und in der Kirche geschah etwas besonders Schreckliches. Der Altar wurde erbrochen und der Kelch mit geweihten Hostien gestohlen. Der junge Herr Kaplan war von den fremden Soldaten mitgenommen worden. Als er nach einiger Zeit zurückkam, ging er mit anderen zusammen auf die Suche. Sie fanden den nicht eben kostbaren Kelch und die Hostien in einer dunklen Ecke des Spritzenhauses.
>
> Die Kirche wurde inzwischen wieder aufgebaut. In diesem Jahre war vom 7.–22. Mai Mission in Friesoythe. Sie wurde von Kapuzinern gehalten. Der eine Pater trug starkes rotes Haar und einen langen roten Bart. Am Freitag der letzten Missionswoche war eine Kreuzfeier in der Friesoyther Kirche. Zu diesem Tage war das große alte, weiße Missionskreuz, das man in dem Gewölbe unterm Altar vor der Zerstörung bewahrt hatte, wieder aufgerichtet. Es hängt in einer Nische rechts vom linken Kircheneingang. Dieses große weiße Kreuz hat der rothaarige Pater bei der Feier von neuem eingeweiht. Niemand hat dem Pater erzählt, daß er eine alte Prophezeiung ‚ausgetan' hat. Er ist davongereist, ohne zu ahnen daß er den Friesoythern Hoffnung auf bessere Zeiten hinterlassen hat.“ (Reinke 1950b: 1. Herv. i. O.)

Obgleich Reinke hier „eine Wreesmanns Tochter“ zur Vorschauerin macht, stammt die Aufzeichnung aus einem Artikel, der hauptsächlich vom Stadtschreiber erzählt. Die einzige Information, die Reinke hinsichtlich der Identität der Protagonistin gibt, ist der Familienname, der sicherlich auch deshalb betont wird, weil es auch der Name des Stadtschreibers war. Es wird bewusst der Eindruck einer Familienkontinuität zwischen zwei mit dem Zweiten Gesicht behafteten Personen erweckt. Der Vermerk, dass die besagte „Wreesmanns Tochter“ bereits vor „mehreren Generationen“ das Vorgesicht gehabt habe, ist wohl zum Teil auch Rechtfertigung dafür, die Person nicht genauer benennen zu können. Inhaltlich fällt zunächst auf, dass die Geschichte eine sehr ausgeprägte religiöse Motivik aufweist. Auch ist die Äußerung der „Wreesmanns Tochter“ eher eine kryptische Prophezeiung denn ein Vorgesicht: Sie nennt die Bedingung der Ereignisse (ein Haus muss zugeschlossen werden; ein Geistlicher weiht ein Kreuz ein) und macht allgemeine Aussagen über eine „schlimme Zeit“, die später wieder ende, was äußerst interpretativ ist. Vorgesichte dagegen werden in den meisten Fällen als gesehene Momentaufnahmen des Zukünftigen beschrieben, also als konkrete Bilder, die vom Sehenden häufig nicht direkt verstanden und deren Ursachen und Folgen nicht in einem so hohen Maße interpretiert und eingeordnet werden können. Die hier aufgezeichnete Vorhersage steht demnach eher in der Erzähltradition religiöser Prophezeiungen als der der Spökenkiekerei, obgleich natürlich eine Verwandtschaft zwischen beidem besteht. Ungewöhnlich sind solche „Mischformen“ nicht, denn schon Strackerjan berichtete vor allem im Hinblick auf Kriegsvorgesichte:

> „Zuweilen haben sich die Erzählungen von solchen Spukgeschichten der Form nach in reine Prophezeiungen umgestaltet; aber auch dann liegt ihnen doch wohl ein Gesicht zum Grunde, was namentlich dann erkennbar wird, wenn ein künftiges Ereignis mit einem anderen in Verbindung gebracht wird: wenn das und das geschieht, so wird das und das geschehen.“ (Strackerjan und Willoh 1909: Bd. I, 145)

Bereits vier Jahre nach ihrer ersten Aufzeichnung der Geschichte erscheint Reinkes zweite Bearbeitung des Stoffs vom „roten Geistlichen“ mit ein paar kleinen Änderungen in der *Rheinisch-westfälischen Zeitschrift für Volkskunde*:

> „Eine alte Mutter des Wreesmannschen Stammhauses hat lange vor dem ersten Weltkriege das Unglück der Vaterstadt vorgeschaut. Sie hat öfters gesagt: ‚Es wird einmal eine schwere Zeit über Friesoythe kommen. Das wird sein, wenn in der Tür des Wreesmann-Hauses der Schlüssel umgedreht wird. – Jemand wird der Gemeinde ein weißes Kreuz schenken, und wenn das von einem roten Geistlichen eingeweiht wird, dann werden für Friesoythe wieder bessere Tage kommen.‘
>
> Die Ackerbürgerfamilie Wreesmann zog vor dem 2. Weltkrieg aus Friesoythe fort nach Pemertange [sic]. Der Schlüssel des Hauses wurde also umgedreht. Nachher wohnten Schulschwestern darin, die aber später das Haus räumen mußten für, so meine ich, eine Geschäftsstelle der Nazi. Und dann kam der Krieg und das schlimme Ende der Stadt.

Es war Anfang des 2. Weltkrieges. Ein gebürtiger Friesoyther, der in Amerika zu Wohlstand gekommen lar [sic], schenkte der Gemeinde ein marmornes Kreuz. Der Dechant lud zur Einweihungsfeier den Herrn Offizial aus Vechta ein. Ein Lehrer, der die Vorhersage der Wreesmanns Mutter kannte, stutzte. Da war ja der rote Geistliche, der Herr Offizial in rötlicher Pelerine. Er dachte, nun wird es also bald Sieg und Frieden geben. Stattdessen kam der Untergang der Stadt. Zuvor hatte man das Kreuz in die Krypta der Kirche gebracht, und da das Gotteshaus erheblich beschädigt worden war und man Jahre gebrauchte, um das Dach und die Wände wiederherzustellen – der Turm blieb einstweilen ohne Helm, – beließ man das Kreuz in seinem Versteck.

Als sich Friesoythe nach dem Kriege zum guten Teil mit Hilfe von Land und Kreisen wieder aus dem Erdboden erhoben hatte, waren in der Friesoyther Kirche und in der Kapelle zu Thüle eine Woche lang Missionspredigten. Es war Pfingsten 1952. Einer der beiden Patres war rothaarig. Er war ein Kapuziner, somit hatte er zum flammend-roten Haarschopf einen dichten roten Bart. Er war, echt franziskanisch, von Altötting zu Fuß gekommen und nur auf einen Wagen gestiegen, wenn man ihn drum gebeten hatte. Dieser Mann, kräftig, breitschultrig, ein echter Volksprediger, war so auffallend mit seinem Haar und Bart, daß die Leute bald auf das alte Vorgesicht kamen. Endlich, dieser war der rote Geistliche! Und als nun gar von der Kanzel verkündet wurde, am Freitag solle das schöne Kreuz wieder hervorgeholt und neu geweiht werden, da war die Spannung groß. Am Freitag war der rote Geistliche daran, in Thüle zu predigen. Also war es wieder nichts mit dem Vorgesicht. Aber einige unentwegt Gläubige gingen doch mit Zuversicht zur Weihe und siehe da, der Rote trat aus der Sakristei und nahm die Handlung vor. – Mir erzählte dieses meine Jugendbekannte in Pemertange [sic]. Niemand wußte, weshalb der rote Geistliche dennoch die Weihe vorgenommen, niemand hat ihm gesagt, daß er das Gesicht ausgetan hatte (de Vörloop is utdaan = das Vorgesicht ist erfüllt). Alle diese Dinge gehen nur im Geheimen im Volke um, werden nie öffentlich oder in größerem Kreise besprochen. Man will sich von den Menschen, die alles für Unsinn halten, nicht auslachen lassen. – "
(Reinke 1954: 252)

Aus der „Wreesmanns Tochter" ist nun also eine „alte Mutter des Wreesmannschen Stammhauses" geworden und der Zeitpunkt der Prophezeiung wird konkretisiert auf „lange vor dem ersten Weltkriege". Die Schenkung des Kreuzes durch einen Auswanderer schafft auf der einen Seite Glaubwürdigkeit, da sich tatsächlich diverse Friesoyther Auswanderer aus der Ferne als Wohltäter ihrer Kirche erwiesen haben, wie der Historiker und Archivar Peter Sieve in einem Aufsatz dokumentiert (Sieve 2007b: 74). Gleichzeitig wird der Gönner nicht näher benannt und Sieves Arbeit, die sich explizit und detailliert mit erfolgreichen Friesoyther Auswanderern auseinandersetzt, liefert keinerlei Hinweise auf einen, „der in Amerika zu Wohlstand gekommen" ist.[41] Die Spannung steigert sich dadurch, dass mit dem „Offizial in rötlicher Pelerine" noch ein weiterer möglicher Kandidat für den mysteriösen „roten Geistlichen" eingeführt wird, der sich allerdings nicht als derjenige aus der Prophezeiung herausstellen sollte. Die ausführliche Beschreibung des tatsächlichen Roten als kräftigem „Volksprediger" mag einem Bedürfnis nach Geradlinigkeit und einer neuen Bodenständigkeit nach dem Kriege entspringen. Schließlich gibt Reinke noch Auskunft über ihre Gewährsperson. Es handelt sich dabei um die gleiche Frau Wreesmann, die ihr auch schon eine Auskunft über den Stadtschreiber gegeben hatte, welche hier in Abschnitt 4.2 bereits besprochen wurde. Auf Reinkes Weise, mit den Aussagen der Frau Wreesmann umzugehen, soll noch eingegangen werden. Der Hinweis auf das Erzählen im Geheimen, bedingt durch die Angst vor Spott, liefert einige Informationen über die Erzählgemeinschaften: Annähernd konspirativ wurde die Erzählung als Geheimnis vor den Rationalisten gehütet, aus Selbstschutz, weil der Glaube daran oder die Faszination dafür etwas über die eigene verletzliche Persönlichkeit offenbart hätten.

Bereits ein Jahr nach Erscheinen von Reinkes zweitem Artikel – und damit mitten in der Zeit, in der die Popularität des Stadtschreibers wohl auf ihrem Zenit stand – erschien 1955 in den *Heimatblättern* eine weitere Aufzeichnung der Geschichte vom roten Geistlichen, ohne Angabe des Verfassers. Diesem Text zufolge ist nicht mehr eine unbestimmte weibliche Person mit Namen Wreesmann die Seherin des rothaarigen Geistlichen mit dem weißen Kreuz. Stattdessen wird die Geschichte eingereiht in die anderen Vorgesichte des Stadtschreibers Theodor Wreesmann und avanciert zu deren mysteriösem Höhepunkt:

> „Das merkwürdigste ist aber das dritte Gesicht. Wr. sagte: Es kommt ein rothaariger Geistlicher und richtet das ‚Weiße Kreuz' auf. Und hier die Erfüllung: Anläßlich der Volksmission 1950 sollte die Kreuzweihe vorgenommen werden. Als Missionskreuz nahm man das alte romanische Kreuz, das bislang an einer Außenmauer der Kirche gehangen hatte. Der Malermeister Stuke

41 Allerdings war es laut Sieve auch „nicht die Intention des Beitrags, eine vollständige Auflistung zu präsentieren" (Peter Sieve in einer E-Mail an den Verfasser, April 2021.).

> renovierte es und gab dem Corpus eine weiße Farbe. Es fand seinen Platz über dem Nebeneingang an der Frauenseite. Drei Franziskanerpatres hielten die damalige Mission ab. Ein Pater mit schwarzem Bart hatte als Leiter der Mission zu der Feier Predigt und Weihe übernommen. Ein leichter Grippeanfall desselben aber veranlaßte eine Planänderung. Der Pater bat beim Mittagtisch seinen Mitarbeiter, der einen *roten Bart* trug, um Übernahme der Kreuzweihe. Die Bitte wurde natürlich gern gewährt. Somit sollte der ‚Spökenkieker' auch diesmal recht bekommen. Noch am Abend des Tages erfolgten zahlreiche Telefonanrufe bei dem Pastorat, das damals noch in der Vikarie untergebracht war. Man fragte, ob die vorstehend beschriebene Regelung mit Absicht getroffen sei. Mit Fug und Recht wurde das natürlich verneint." (o.V. 1955a: 6. Herv. i. O.)

In dieser Version der Geschichte weist das Gesehene wieder Charakteristika eines Vorgesichts statt der einer Prophezeiung auf: Wreesmann beschreibt schlicht, was er sieht, ohne die Bedeutung der Ereignisse, ihre Bedingungen, Ursachen und Folgen benennen zu können. Dementsprechend fehlt hier auch jegliche Kontextualisierung mit dem Ende des Krieges, die der Geschichte in Reinkes Versionen einen klareren Sinn verliehen hatte. Außerdem gibt es zahlreiche Abweichungen in nebensächlichen Einzelheiten: Bspw. werden die Geschichte sowie die Beschaffenheit des weißen Kreuzes gänzlich anders dargestellt und ein Grippeanfall des Missionsleiters sorgt überraschend für die Erfüllung des Gesichts. Die Erwähnung von „zahlreichen Telefonanrufen" infolge der mysteriösen Ereignisse schafft innerhalb der Geschichte viele Zeuginnen und Zeugen und dient damit der Betonung von Glaubwürdigkeit. Selbiges gilt für die namentliche Nennung des Malermeisters, welcher das Kreuz restauriert haben soll.

Als in den 1960er Jahren die *Volkskundliche Kommission für Westfalen* nach Erzählungen und Erlebnisberichten zum „Zweiten Gesicht" suchte, nahm sich auch Elisabeth Reinke noch einmal des Stoffs an, den sie vom „Hörensagen" kannte, und wurde als Informantin für die Umfrage herangezogen. Reinke, sowohl gläubige Katholikin als auch vom Zweiten Gesicht fest überzeugt, füllte zahlreiche handgeschriebene Seiten für die Kommission, die diverse regionale Vorschaugeschichten enthalten. Sie stellen ein anschauliches Beispiel für die Wandlungsfähigkeit des Erzählstoffs dar: Hatte Reinke 1950 und 1954 die Prophezeiung um das „weiße Kreuz" und den „roten Geistlichen" noch einer unbestimmten weiblichen Person namens Wreesmann zugesprochen, so machte sie 1968 ebenfalls den Stadtschreiber zu deren Urheber. In ihrem Bericht vereint sie diverse Erzählungen und historisch mehr oder weniger korrekte Details zu einem gleichsam mythisch angehauchten wie religiös aufgeladenen Kriegsende:

> „Ausser der Seherin [aus dem Emsland. Anm. d. Verf.], von der ich erzählte, gab es in Friesoythe einen alten Stadtschreiber. Er war Junggeselle und wohnte, wohl von den Schwestern betreut, als alter Mann im Krankenhaus. Dieser Stadtschreiber war ein Seher, ein ‚Schichtkieker', wie alle Leute wussten. Wenn er plattfüssig am Stock durch das Städtchen schlurfte und dann mal bei einem Haus in stiller Betrachtung stehen blieb, dann war der Schrecken gross. Eine Leiche? Einen Brand? Was sah er? Und passierte etwas, dann hatte er es voraus gesehen. – Eines Tages, während des letzten Krieges, ist er vor Schreck erstarrt, auf der Treppe des Krankenhauses stehen geblieben. Ganz Friesoythe sah er brennen. Er konnte bis zum Amtsgericht an der anderen Stadtseite hinübersehen. Und was er gesehn, hat er nachher zur Warnung der Leute genau erzählt: ‚Die Engländer werden die Stadt in Brand stecken. Ihr müsst nach Pehmertange flüchten, hört ihr, nicht ganz nach Thüle, auch nicht ins Moor, auch nicht' – und dann zählte er Dörfer weiter zum Hunte-Ems-Kanal hin auf. Die Engländer kommen, wenn Wreesmanns Haus[42] zugeschlossen wird. Und am Ende, wenn es friedlich wird, dann wird ein roter Geistlicher ein Kreuz in der Kirche einweihen. – Und dann kam's. Die Engländer zogen durch Friesoythe. Ein Offizier wurde von einem Soldaten, von denen noch überall in der Gegend Trupps herumstrichen, vom Kirchturm aus erschossen. Darauf wurde die Stadt angezündet. Nachher brachten feindliche Schlepper die Trümmer auf die saftige Moorchaussee nach Edewecht, gen Oldenburg. In Thüle habe ich zwei Schwestern auf Höfen wohnen. Sie sind in die Wälder geflohen. Eine Bombe fiel ins Haus meiner ältesten Schwester. Ganz Thüle, wo die Feinde aus den Hinterhalten der Wälder beim Durchzug beschossen wurden, sollte verbrannt werden. Ein Händler konnte die Feinde überreden, es nicht zu tun. Die Angreifer seien keine Thüler. – Die ins Moor geflüchtet waren, wurden schwer beschossen, in den Dörfern nach dem Kanal zu wurden Leute sogar getötet, darunter ein bekannter Arzt. Der Bürgermeister, der sein Hab und Gut wie viele Andere verloren hatte, hat nachher gesagt: ‚Wir alle kannten die Vorhersage des alten Wreesmann (so hiess er) warum

42 Die vielfache Nennung des Namens Wreesmann in dem Text kann leicht zu Missverständnissen und Verwechslungen führen. Das hier genannte „Wreesmanns Haus" hat weder zum Stadtschreiber noch zu der Zeitzeugin Wreesmann direkten Bezug. Wie bereits erörtert, gab es zahlreiche Zweige der Wreesmann-Familie(n) in Friesoythe.

haben wir nicht auf ihn gehört?‘ Nach einer gewissen Zeit fuhr ich zu meinen Schwestern nach Thüle. Ich wollte genaue Erkundigungen einziehen. Sie schickten mich zu Gretchen Wreesmann[43], einer Bauerntochter aus Thüle, die bis vor einigen Jahren in Friesoythe gewohnt hatte. Dann war d. Familie auf ihren Hof nach Pehmertange gezogen. Ich kannte sie von Jugend auf. Ich ging also zu ihr, und Gretchen erzählte alles genau, was sich zugetragen: ‚Was der Wreesmann vorhersagte, ist haargenau eingetroffen. Die Zeit wusste er nicht genau, aber das sagte er: Wenn Wreesmanns Haus zugemacht worden ist und in Pehmertange eine weisse Brücke über die Söste gebaut wird, dann kommt's. Unser Haus stand tatsächlich leer in der Stadt, und die weisse Brücke haben wir Pehmertanger gebaut, um uns den Kirchweg nach Friesoythe abzukürzen. Zu uns kamen eines Tages junge Krankenhaus-Schwestern und fragten, ob sie wohl zu uns kommen dürften, wenn ... Die alten würden sie auslachen, sie aber glaubten an die Gesichte des inzwischen Verstorbenen. Sie waren denn auch nach Pehmertange gekommen. Mit ihnen eine ganze Anzahl Einwohner von Friesoythe. Wreesmanns Haus[44] und die Nachbarhäuser waren angefüllt gewesen mit Möbeln, Betten etc. Inzwischen hatten sie sich in stehengebliebenen Waschküchen, Viehställen etc. schon wieder vorerst häuslich in Friesoythe eingerichtet. – Als das Kriegsende gekommen war, sollte das vom Seher angekündigte Kreuz tatsächlich eingeweiht werden. Dieses schöne Kreuz hatte ein amerikanischer Friesoyther seiner Vaterstadt zum Andenken an seine Familie gestiftet. Während der Kriegsgefahr hielt man es verborgen. Dann aber, während einer Mission, sollte es geweiht und aufgehängt werden. Die Leute rieten, was für 'n roter Geistlicher es wohl weihen solle. Sie kannten keinen ... Aber: Einer der Kapuziner hatte einen roten Vollbart. Aber – der konnte es nicht sein. Er war an dem Sonntag nach Thüle beordert, um dort in der Kapelle die hl. Messe zu lesen und zu predigen. Meine Söhne sagten: ‚Wir gehen heute aber nach Friesoythe. Das wollen wir doch sehen, ob das mit dem roten Geistlichen auskommt.‘ – Sie gingen hin u. kamen hoch befriedigt wieder. Der rote Kapuziner hatte die Weihe vorgenommen. Der eigentlich dazu Beauftragte war krank geworden, u. so musste der Rote für ihn eintreten.‘ –

Es ist möglich, dass Sie dieses alles schon wissen. Ich habe es als Selbsterarbeitetes aufgeschrieben.“ (Reinke 1968: 7 ff.)

43 Hierbei handelt es sich um die bereits als Frau Wreesmann erwähnte Informantin Reinkes, bei der trotz des gleichen Nachnamens kein direkter Zusammenhang zum „Seher“ Wreesmann besteht.

44 Hier ist, meinem Verständnis nach, nun das Haus gemeint, in dem die genannte Gretchen Wreesmann in Pehmertange gelebt hat.

Was tut die Autorin hier also? Zunächst wird die Erzählung vom roten Geistlichen und dem Kreuz in Wreesmanns berühmtes Gesicht von der Zerstörung Friesoythes eingeflochten. Durch Berichte über ihre Schwestern lässt Reinke zudem Aspekte ihrer Familiengeschichte mit einfließen, um eine persönliche Verbindung zum Erzählten herzustellen. Der Hinweis, dass sie ihre Informantin aus Pehmertange schon „von Jugend auf" gekannt habe, soll die Glaubwürdigkeit derselben betonen. Außerdem wird von dieser Informantin die Prophezeiung Wreesmanns um einen Pehmertange-spezifischen Aspekt angereichert, nämlich eine dortige „weisse Brücke", die eine der Bedingungen für das Eintreten des Vorgesichts gewesen sei. Das weiße Kreuz wird dafür zu einem beliebigen Kreuz ohne Nennung äußerer Beschaffenheit.

Mehrfach weist die Katholikin Reinke auf den übrigen Seiten ihres Berichts auf die Unterdrückung der Religion durch den Nationalsozialismus hin. In ihrer Version vom Kriegsende vereint sie nun den Schrecken der Zerstörung mit einem im christlichen Zeichen stehenden Neubeginn, beinahe einem Heilsversprechen – ein klarer Hinweis darauf, wie sehr der Charakter der jeweils erzählenden Person auf Inhalt und Schwerpunkt einer Sage einwirkt. Die in Pehmertange ansässige Informantin, auf die Reinke sich bezieht, ist dieselbe wie diejenige in der Textfassung von 1954. Insofern ist es besonders verwunderlich, dass – wie hier vergleichend aufgezeigt wurde – derart immense Abweichungen zwischen den beiden Versionen bestehen. Entweder hat Reinkes Jugendbekannte ihr also zu verschiedenen Zeiten unterschiedlich Bericht erstattet und die Autorin nahm die Unterschiede einfach hin, oder aber – und das ist wahrscheinlicher – Reinke selbst ging recht frei mit dem Bericht der Gretchen Wreesmann um. Abschließend äußert sie sogar, sie „habe es als Selbsterarbeitetes aufgeschrieben", was einen Hinweis auf die Bearbeitung des Stoffs durch die Autorin darstellt. Bei Helge Gerndt findet sich für solche durch einen Autor oder eine Autorin aus mehreren Mitteilungen umgeschriebene und zusammengebastelte Sagentexte der treffende Begriff „Schreibtischkompilate" (Gerndt 2020: 64). Solche Texte verdeutlichen die Macht der Autorin, die hier zur Arrangeurin oder gar künstlerischen Gestalterin wird, über den zu bearbeitenden Stoff und zeigen auf, wie wenig tatsächliche mündliche Überlieferung häufig in Sagenaufzeichnungen steckt. So haben zahlreiche sagenhafte Erzählungen, denen mündliche Tradierung zugesprochen wurde oder wird, ihre Form auf dem Papier angenommen – und sind nicht, wie frühere Sagensammler gerne behaupteten, „dem Munde des Volkes entnommen".

Die Erzählung vom roten Geistlichen und dem weißen Kreuz wurde nach dem Erscheinen der hier zitierten Aufzeichnungen aus den 1950er Jahren seltsamerweise nicht wieder öffentlich rezipiert. Reinkes Fassung von 1968 ist eine archivierte Handschrift, die mit diesem Buch zum ersten Mal abgedruckt vorliegt. Damit ist die Geschichte heutzutage die am wenigsten bekannte „Vierfuß-Legende", was darin begründet sein mag, dass sie eher abstrakt und kryptisch als konkret und auf den Punkt gebracht ist. Ich selbst habe tatsächlich noch niemals jemanden diese Geschichte erzählen gehört und habe folglich erst durch die hier besprochenen Aufzeichnungen von ihr erfahren. Während meiner Recherchen zu diesem Buch kam lediglich eine von mir kontaktierte Person darauf zu sprechen, nämlich die Gästeführerin Roswitha Krause:

> „Die Geschichte von dem ‚roten Geistlichen' ist wohl nur noch wenigen bekannt. Ich erwähne sie bei meinen Führungen aus mehreren Gründen nie. Ich weiss nicht, ob diese Form der Glaubenserneuerung heute überhaupt noch praktiziert wird. Erklärungen dazu würden den Rahmen einer Führung sprengen. Ich selbst habe eine Volksmission nie erlebt." (Roswitha Krause in einer E-Mail an den Verfasser, November 2021.)

Vielleicht hat sich zu dieser Prophezeiung auch deshalb keine nachhaltig ausgeprägte Erzählkultur etabliert, weil sie erst in ihrer späteren Entwicklung dem Stadtschreiber zugeschrieben worden ist, als andere Erzählungen um ihn bereits gemeinhin bekannt waren: Wie eine zu konstruiert wirkende Fortsetzung, die bald vergessen war, da sie an das griffige Original nicht heranreichte. Es ist nicht nachzuvollziehen, ob diese Geschichte in den 1950er Jahren einmal eine etwas weitere Verbreitung genoss und tatsächlich „im Geheimen im Volke" umging. Als „Schreibtischkompilat", das seine Entwicklung auf dem Papier durchlaufen hat und nicht mehr erzählt wird, sollte die Geschichte vom „roten Geistlichen" eher als Legende (von lat.: *legere*, dt.: *lesen*) bezeichnet werden, der ggf. eine Sage zugrunde liegt.

Sucht man schließlich nach den realen Hintergründen der Legende vom „weißen Kreuz und dem roten Geistlichen", so ist anhand eines Artikels in der *Münsterländischen Tageszeitung* zunächst festzustellen, dass es vom 7. bis 21. Mai 1950 tatsächlich eine Volksmission in der katholischen Pfarrgemeinde Friesoythe gegeben hat, die von Predigern des Kapuzinerordens abgehalten wurde (wu 1950). Eine Kindermission ging dieser vom 3. bis 7. Mai voraus. Das Ziel solcher Missionstätigkeiten, die innerhalb bereits bestehender christlicher Gemeinden stattfinden, besteht in der Intensivierung des durch die

Gemeindemitglieder gelebten Glaubens. Ebenso wie die daraus resultierende Sage stand die Mission 1950 noch im Zeichen des vergangenen Krieges und des mühsamen Wiederaufbaus. In einer Postwurfsendung, in der die Pfarrgeistlichen die Gemeindemitglieder zur Teilnahme an den zahlreichen Messen und Predigten aufriefen, hieß es:

> „Wir rufen Euch alle zur hl. Mission. Schwere Jahre liegen hinter uns. Das zerstörte Gotteshaus wurde wieder aufgebaut. Nun laßt uns auch den Gottestempel unserer Seele wieder erneuern. Die hl. Mission soll uns geben: Religiöse Belehrung, Stärkung unserer Glaubenshaltung, Verinnerlichung und Vertiefung unserer Liebe zu Christus und seiner heiligen Kirche, Kraft und Stärke, mit dem Kreuz und Leide der Gegenwart fertig zu werden." (Aufruf der Pfarrei zur Teilnahme an der Volksmission, zit. n. *Münsterländische Tageszeitung* vom 6. Mai 1950.)

Obgleich es sicherlich keine Intention der Kapuzinerbrüder gewesen ist, die Grundlage für eine Sagenerzählung zu schaffen, so ist vor allem nach dem Abgleich von Reinkes Texten mit den Missionszielen doch festzustellen, dass die mythische Überhöhung des Ereignisses genau diesen Zielen dienlich war: Die Volksmission wurde zu einem schicksalhaften Ereignis verklärt, was sich positiv auf die Glaubenshaltung derer, die für derlei Erzählungen empfänglich waren, ausgewirkt haben muss. Das gleiche Gefühl von Schicksalhaftigkeit, bewiesen durch eine erfüllte Prophezeiung, wird den Gläubigen auch „Kraft und Stärke gegeben haben, mit dem Kreuz und Leide der Gegenwart fertig zu werden". Kurz: Dass die Volksmission von 1950 es geschafft hat, eine Erzählung hervorzubringen, welche ihr Schicksalhaftigkeit zuschreibt und sogar Züge eines Heilsversprechens trägt, spricht dafür, dass ein starkes Bedürfnis nach dieser Form der Seelsorge bestanden hat und dass es den drei Kapuzinerpatern durchaus gelungen ist, dieses zu befriedigen. Auch die Berichterstattung im Nachgang der Mission spricht für deren Gelingen, wobei natürlich bedacht werden muss, dass der Journalismus über lokale religiöse Ereignisse damals selten kritisch ausfiel. Die katholisch geprägte *Oldenburgische Volkszeitung* resümierte:

> „*Volksmission in Friesoythe beendet*
>
> kn *Friesoythe* – Die Tage der hl. Mission sind beendet. 14 Tage lang hielten die Pater Caesar, Pater Renatus und Pater Gauslens [eigentlich Gaudens oder Gaudentius, Anm. d. Verf.] aus dem Kapuzinerorden an jedem Morgen und Abend je zwei Ansprachen. Lebensnahe und erbauende Themen nahmen sie zum Inhalt ihrer Predigten, die den Gläubigen den Sinn dieser Tage

der Einkehr und Besinnung, den Sinn unseres Erdenlebens und den Geist der heutigen Zeit verständlich werden ließen. Eine überfüllte Kirche dankte den Patres für ihre unermüdliche Missionstätigkeit, für ihre hervorragenden Vorträge und Predigten. Herrlich gestaltete Sakramentsandachten und Marienandachten werden für alle Gläubigen unvergeßlich bleiben, die diese Tage umrahmten und der ganzen Zeit ein wirklich tief religiöses Gepräge gaben. Nicht allein die Pfarrgemeinde hat sich hervorragend beteiligt, auch aus den benachbarten Gemeinden strömte man zu den Predigten und Andachten herbei.“ (kn 1950)

Natürlich wäre es interessant gewesen, in Erfahrung zu bringen, welcher der drei Patres der „rote Geistliche“ war, der durch eine Kreuzweihe eine Prophezeiung ausgetan haben soll. Meine Recherche führte mich in das Archiv des *Bischöflich-Münsterschen Offizialats für die Katholische Kirche im Oldenburger Land*, Vechta, wo sich auch das Pfarrarchiv der Friesoyther St. Marien-Gemeinde befindet. Auf meine Anfrage hin führte Archivleiter Wilhelm Baumann eine Recherche zur Volksmission 1950 durch, die trotz ihrer Gründlichkeit nur wenig aufschlussreiches Material zutage förderte. Aus einem Schreiben bzgl. der Volksmission im benachbarten Bösel, die anschließend an die Mission in Friesoythe von den gleichen Patres abgehalten wurde, geht immerhin hervor, dass die Kapuziner vom Provinzialat in Koblenz-Ehrenbreitstein entsandt worden waren. Ich wandte mich also direkt an die *Deutsche Provinz der Minderen Brüder Kapuziner*, deren Archivarin Carolin Weichselgartner auf meine Anfrage hin ebenfalls eine Recherche zur Volksmission 1950 in Friesoythe durchführte. Sie schickte mir schließlich u. a. die Personalblätter der Patres sowie Portraitfotos aus den Personalakten zu (Abb. 11–13) sowie ergänzend noch Gruppenfotos mit weiteren Ordensbrüdern. Da die Schwarzweiß-Aufnahmen nur sehr begrenzt Rückschlüsse auf die Haar- und Bartfarben der Patres zuließen und zudem undatiert waren, ließ sich der „rote Geistliche“ nicht zweifelsfrei ermitteln. Natürlich gab es Vermutungen und Verdachtsmomente, aber mangels weiterer Informationen zur spektralen Empfindlichkeit des seinerzeit verwendeten Filmmaterials war keine exakte Farbbestimmung auf Grundlage der Tonwerte in den Bildern möglich. So muss das Rätsel, welcher der drei Kapuzinerpatres Caesar, Renatus und Gaudentius in Friesoythe eine Prophezeiung erfüllt haben soll, bis auf Weiteres ungelöst bleiben.

Beachtlich ist, dass die erste Niederschrift der Erzählung um die angeblich durch einen der Prediger erfüllte Prophezeiung schon im Juli desselben Jahres veröffentlicht wurde (Reinke 1950b), also etwa zwei Monate nach der Volks-

Abb. 11–13: Wer ist der „rote Geistliche"? V.l.n.r.: Die Kapuzinerpatres Caesar, Renatus und Gaudentius.

mission. Die Geschichte muss sich entweder tatsächlich in kurzer Zeit weit herumgesprochen haben, oder aber Reinke, die gezielt zahlreiche Vorschau-Geschichten gesammelt hat, verfügte über Informantinnen und Informanten, die in einschlägige Erzählkreise besonders eingebunden waren und ihr den Stoff daher zeitnah zutrugen. Dies ist wahrscheinlich, denn in ihrer zweiten Aufzeichnung betont Reinke, dass solcherlei Geschichten „nur im Geheimen" umgegangen seien.

Das „Wreesmann-Haus", in dem „der Schlüssel umgedreht wird" (eine Redewendung, die einen Mieterwechsel umschreibt), identifizierte Peter Sieve auf meine Anfrage hin als ein Bürgerhaus schräg gegenüber der Kirche, welches einmal den Beinamen „Mettken Hus" getragen hat (Abb. 14)[45]. In einem

45 Laut Sieve geht der Beiname zurück auf ein Ehepaar, welches in der zweiten Hälfte des 17. Jahrhunderts dort bis zum frühen Tod des Mannes gemeinsam gelebt hat: Aus den Vornamen von Abel Wreesmann (etwa 1650–1675) und Metke Kloppenburg entstand der Name „Abelmettken" für das Haus und dessen Bewohner, welcher später verkürzt wurde zu „Amettken" und schließlich zu „Mettken" (Sieve 1987: 14). Der Name Metke, so berichtete Herr Sieve mir, ist eine niederdeutsche Koseform des im Mittelalter sehr beliebten Namens Mechthild (Mathilde).

Abb. 14: „Mettken Hus“ (2. Haus v. l.) in der Langen Straße um 1900.

Abb. 15: Missionskreuz in der St. Marien-Kirche Friesoythe.

Artikel hat der Historiker und Archivar die Geschichte jenes Haus(platz)es bereits zurück bis ins Jahr 1606 aufgearbeitet (Sieve 1987). Der Text liefert zwar keine Hinweise darauf, dass sich dort später einmal eine „Geschäftsstelle der Nazi“ befunden habe, doch ist das Haus tatsächlich von seinem Besitzer Heinrich Wreesmann an die *Schwestern Unserer Lieben Frau* vermietet worden, die dort bis 1939 gelebt und auch eine Grundschulklasse unterrichtet haben (ebd.: 15). Die Schwestern haben den Mietvertrag lösen müssen, nachdem die Nationalsozialisten „die Höhere Töchterschule aufgehoben hatten“ (ebd.). „In den Jahren des Zweiten Weltkrieges wechselten die Mieter“ (ebd.). Auch die Kindheitserinnerungen Elisabeth Schaefers, die noch von den Schwestern in besagtem Haus unterrichtet worden war, bestätigen, dass das Haus einer Familie Wreesmann (genannt: „Mettgen“) gehört habe und dass die Schwestern „von den Nazis 1939 vertrieben wurden“ (Schaefer 2008: 5). Dass im „Mettken Hus“ durch den Auszug der Schwestern „der Schlüssel umgedreht“ wurde, fällt also in das gleiche Jahr wie der Beginn des Zweiten Weltkriegs. Die Erzählung vom „roten Geistlichen“ konstruiert zwischen den beiden Ereignissen einen Zusammenhang. Dieser gründet wahrscheinlich darauf, dass die Niederlage der Schwestern als Symbol für eine vorübergehende Niederlage des Christentums gegenüber dem Nationalsozialismus gedeutet wurde, auf die zunächst „eine sehr schlimme Zeit“ folgte, bis letztendlich durch den Geistlichen und das Kreuz das Blatt gewendet werden konnte. „Mettken Hus“ wurde 1945 zerstört, heute befindet sich an der Stelle ein Bekleidungsgeschäft.

Auch das „weiße Kreuz“ selbst, das in den Texten ein Teil der Prophezeiung ist, verfügt über ein reales Vorbild. Peter Sieve stellte auf meine Nachfrage hin eine Recherche im Archiv des *Bischöflich-Münsterschen Offizialats* in Vechta an, deren Ergebnis ich hier mit seiner freundlichen Genehmigung zitiere:

> „Zu dem Missionskreuz heißt es in dem kleinen Führer ‚Die Sankt Marienkirche zu Friesoythe/Oldb.‘ (Erolzheim 1960): ‚Das geschichtlich und künstlerisch wertvollste Werk in unserer Kirche ist das aus dem Jahre 1226 stammende, romanische Missions-Kreuz.‘ Es muss sich hierbei um das Triumphkreuz handeln, das heute im Chor der Kirche hängt. Das ist allerdings nicht romanisch, sondern gotisch (vgl. ‚St.-Marien gestern – heute – morgen‘, Friesoythe 2011, S. 32 f.). Woher die falsche Jahreszahl 1226 stammt, weiß ich nicht. Schon in den ‚Bau- und Kunstdenkmälern‘ der Ämter Cloppenburg und Friesoythe von 1903 wird das Kreuz korrekt als ‚Kruzifix aus gotischer Zeit‘ bezeichnet. Der von Ihnen zitierte Bericht, wonach Malermeister Stuke das Triumphkreuz renoviert hat und es 1950 als Missionskreuz verwendet wurde, scheint mir glaubwürdig zu sein. Für die Richtigkeit spricht, dass das Friesoyther Triumphkreuz 1960 als ‚Missionskreuz‘ tituliert wird (siehe oben) und dass Heinrich Ottenjann 1968 schreibt, es sei ‚jüngst neu gefaßt, leider aber nicht wissenschaftlich restauriert‘ worden (Oldenburger Jahrbuch, Band 67, 1968, Teil I, S. 66). Weiß gefärbt ist allerdings nur der Lendenschurz, nicht der Körper selbst und auch nicht das Holzkreuz.
>
> Die von Elisabeth Reinke erzählte Geschichte, ein gebürtig aus Friesoythe stammender Amerikaner habe das Missionskreuz gestiftet, steht dazu im Widerspruch.“[46] (Peter Sieve in einer E-Mail an den Verfasser, April 2021.)

Für Sieves Einschätzung spricht außerdem, dass zu einem veröffentlichten Foto des genannten Kreuzes (Abb. 15) als Urheber eine Person namens Stuke, wahrscheinlich also der Malermeister aus der Aufzeichnung, angegeben wird.

Historische Sagen und Legenden sind verankert in realen Begebenheiten, in diesem Fall dem Zweiten Weltkrieg (und insbesondere der Zerstörung der Stadt und der Kirche) sowie der Volksmission mit der Kreuzweihe wenige Jahre nach Kriegsende. Zusammen mit dem Kern der Handlung, dass nämlich ein „roter Geistlicher“ das Kreuz einweiht und dadurch ein altes Vorgesicht

46 Die von Herrn Sieve genannten Quellen finden sich im Literaturverzeichnis der vorliegenden Arbeit unter: Pfarrei St. Marien 1960; Borth et al. 2011; Institut für Denkmalpflege 1903; Ottenjann 1968.

ausgetan wird, bilden sie die beständigen Elemente der Geschichte. Alles darüber hinaus, in diesem Fall selbst die Person des Sehers bzw. der Seherin, unterliegt der gestalterischen Freiheit der Erzählerin. Bezugnehmend auf den finnischen Folkloristen Kaarle Krohn beschreibt der amerikanische Folklorist Wayland Hand die Veränderungsfähigkeit von Sagen wie folgt:

> „Da die Sage kurz und knapp ist und oft einer gebundenen Form entbehrt, und zumal da sie überall üppig gedeiht und weiter verpflanzt wird, nimmt man als selbstverständlich die Neigung zur Umgestaltung seitens des Erzählers an, der die Sage schon ihrer lockeren Form wegen keineswegs als unantastbar betrachtet. Eines nur ist dem Erzähler, der fest an das Erzählte glaubt, wichtig, daß nämlich der Sinn der Sage – die stabile Funktion – nicht zu weit schwanken darf, wenn es schon mit anderen Einzelheiten, die sich auf die Sage beziehen, so zu sein scheint. Selbst die handelnden Personen dürfen verwechselt werden, nur daß bei einer solchen Veränderung sonst nichts Wesentliches am Thema und an dessen Sinn eingebüßt wird.“ (Hand 1969: 320)

Mit vielen Einzelheiten, inklusive sogar den Aussagen ihrer Informantin, hat die Heimatautorin Elisabeth Reinke es in ihren Ausgestaltungen der hier besprochenen Erzählung nicht besonders genau genommen. Aus ihren zahlreichen Aufzeichnungen von Vorschaugeschichten geht aber dennoch eindeutig hervor, dass sie als Erzählerin tatsächlich fest an das Zweite Gesicht als Kern des Erzählten geglaubt hat. Die Verknüpfung des katholischen Christentums mit dem Glauben an das Zweite Gesicht und der Hoffnung auf eine bessere Zeit nach dem Krieg scheint das Hauptanliegen der Autorin bei der vielfachen Umgestaltung dieser Erzählung gewesen zu sein – eine klare Agenda, der sich Details unterzuordnen hatten. So ist es wohl kein Zufall, dass die der Sage zugrundeliegenden historischen Details (wie die Herkunft des Kreuzes) dem Historiker Sieve in der sehr viel nüchterner erzählten Version ohne Verfasserangabe glaubwürdiger erschienen.

4.4 Der Wiederaufbau der Stadt

Die Aussagen Wreesmanns über das Kriegsende werden teilweise ergänzt durch solche, die den Wiederaufbau der zerstörten Stadt thematisieren. So bspw. in bereits genanntem Zeitungsartikel von 1955:

> „Über das weitere Geschehen nach dem Kampfe sind noch einige Versionen bekannt. Wr. sagte: Es entstehen kleine Häuser mit Vorgärten. Gar bald nach

> dem Niederbrennen bauten die Stadtbewohner ihre stehengebliebenen Stallgebäude auf und legten kleine Vorgärten an. So wurde die Trostlosigkeit des Anblicks herabgemindert.
>
> Weiter berichtete Wr.: Die Stadt wird als Kaufmannsstadt mit großen Geschäftshäusern wieder aus der Asche entstehen. Er nannte sie sogar ‚Klein Köln'. Ein Blick in die heutige Lange Straße und Moorstraße bestätigt die Richtigkeit dieser Vorhersage. Die Baubehörde forderte bei dem Wiederaufbau eine einheitliche Straßenfront. Die Neubauten sollten lückenlos aneinandergesetzt werden. So entstand das jetzige Stadtbild, in dem sich Schaufenster an Schaufenster reiht." (o.V. 1955a: 6)

Ob Friesoythe nun tatsächlich Ähnlichkeiten zu Köln aufweist, sei dahingestellt. Der Vergleich ist allerdings schon älter: So soll unter lokalpatriotischen Friesoythern auch Ende des 19. oder Anfang des 20. Jahrhunderts bereits der Ausruf „Aythe is Köln!" kursiert sein (vgl. o.V. 1955b: 13). Möglich ist, dass Wreesmann dieses Motto einmal aufgegriffen hat und ihm dies im Nachhinein als Weissagung ausgelegt wurde. Unabhängig davon, ob er diese Aussagen tatsächlich so getätigt hat, fügen sie sich doch in das optimistische Bild ein, welches auch Zeitzeugenberichte vom Wiederaufbau zeichnen. Ungeschriebenes Motto sei laut Ferdinand Cloppenburg gewesen: „Wir können nicht zaubern, aber arbeiten" (Cloppenburg 2008: 341). Der Phase kurz vor der Gründung der Bundesrepublik erinnerte sich auch der Gastwirt Bernard Münzebrock als geprägt von neuem Lebensmut:

> „Man schrieb das Jahr 1948. Der Krieg war schon einige Jahre aus, Friesoythe lag aber immer noch – als Folge eben dieses Krieges – in Trümmern. Zwar hatten erste Anstrengungen für den Wiederaufbau der Stadt begonnen, aber es sah immer noch sehr trostlos aus. Eines jedoch spürten die Menschen damals: Es war Frieden. Die Menschen fassten neuen Lebensmut. Nach sechs Jahren harten Ringens war der Krieg zwar verloren, aber das tat nichts zur Sache, Hauptsache, es war Frieden. Das Verstecken in den Luftschutzkellern hatte ein Ende, keine Sirenen kündigten mehr nahende Feindflugzeuge an, keine Nazipartei vollstreckte harte Zwangsmaßnahmen. Die überlebenden Soldaten kehrten nach und nach aus der Gefangenschaft zurück, und das Leben normalisierte sich allmählich." (Münzebrock 2012: 11 f.)

Richard Kühling meinte 1955 schließlich „nach 10jähriger mühevoller Aufbauarbeit" zu erkennen, „daß hier ein Volk lebt, das sich auch durch nichts in seinem Lebenswillen erschüttern läßt. Schmucke neue Häuser, groß und bequem eingerichtet, ganze Straßenzüge mit modernen zweistöckigen Geschäftshäusern, großartige Schulen [...]" (Kühling 1980: 53. Verfasst um 1955). Der ehemalige Diakon Otger Eismann, obgleich erst später nach Friesoythe gezogen, betont in seinem jüngsten Buch auch anschaulich die Mühen und Entbehrungen des Wiederaufbaus:

> „Es war unwahrscheinlich schwer, in Friesoythe wieder ein ‚Dach über den Kopf' zu bekommen, überall schaute die Not aus den Fenstern der Ruinen. Man suchte und fand Wohnraum unter den schlimmsten Verhältnissen.
>
> Es war nicht allein die Wohnungsnot der Friesoyther und der Aufbau ihrer Häuser, hinzu kam ja auch die zerstörte Infrastruktur, fast alle Arbeitsstätten, Industrieanlagen und den örtlichen Handel gab es nicht mehr. Die Schulen waren zerstört, selbst als der Unterricht im Herbst 1945 wieder beginnen sollte, fehlte es in Friesoythe an Räumlichkeiten dazu.
>
> Es gab auch noch keine Bundes- oder Landesregierung, die fleißig Geld für den Wiederaufbau ausschütten könnte, wie es augenblicklich während der Corona-Krise oder bei Naturkatastrophen geschieht. Wozu sollte man auch Geld ausschütten, denn für Geld war nichts zu bekommen. Tausch- und Schwarzhandel standen hoch im Kurs. Unter solchen Bedingungen eine zu 90% zerstörte Stadt wieder aufzubauen, grenzt an ein Wunder." (Eismann 2021: 183f.)

Vielleicht sind vermeintliche Aussagen Wreesmanns über das positive Resultat des Wiederaufbaus in jener schwierigen Zeit gar als Ansporn und Hoffnungsspender herangezogen worden. Auch meine bereits zitierte Großmutter erinnert sich noch an den Wreesmann zugeschriebenen Köln-Vergleich, und ordnet ihn aus heutiger Perspektive wie folgt ein:

> „Er soll auch gesagt haben: ‚Friesoythe wird noch ein kleines Köln'. Wenn man überlegt, wie groß Friesoythe nach dem Krieg geworden ist, dann hat es sich doch stark verändert. Damals, das weiß ich noch, war die heutige Dr.-Niermann-Straße noch ein Sandweg. In den Meeschen und in den Clauen standen nur wenige Häuser und heutzutage ist alles stark bebaut. Aus damaliger Sicht ist da wohl was dran." (Eine Großmutter des Verfassers im Gespräch, Dezember 2020. Text auf Grundlage von Gesprächsnotizen.)

Hier sei noch einmal darauf verwiesen, dass Aussagen hinsichtlich der Beschaffenheit der zukünftigen Welt ein gängiges Motiv von Vorschaugeschichten waren, wenn auch nicht so stark verbreitet wie Tod und Brand. In vielen dieser Erzählungen um Neuschaffungen wurden Technologien wie Eisenbahnen gesehen, aber auch, wie in diesem Fall, noch nicht errichtete Häuser (vgl.

dazu bspw. Faß 2002: 47ff.). Die Aussicht, auf ein kommendes „Klein Köln" mag so manchen Einwohnerinnen und Einwohnern dabei geholfen haben, inmitten der Ruinen nicht zu verzagen.

4.5 Das unbebaute Grundstück

> „Das Haus neben Schepers, heute ein unbebauter Platz, gehörte von der Horst (Kooperschmidt) und wurde bewohnt von Schuster Looschen (Looschen Thees) und Frau. Diese zogen zum Grünen Hof, wo sie sich ein Haus bauten. Das Haus [neben Schepers, Anm. d. Verf.] [...] wurde vermietet. Bis heute wurde der Platz nicht wieder bebaut. Vierfuß soll gesagt haben: Wenn die Baulücke geschlossen wird, gibt es wieder Krieg." (Schaefer 2008: 8)

> „Wenn in der Lücke zwischen den beiden Häusern gebaut wird, *‚kommt es zu einer Katastrophe'*, soll Wreesmann prophezeit haben." (Bregen et al. 1997. Herv. i. O.)

Die in diesen beiden Zitaten angesprochene vermeintliche Vorhersage des Stadtschreibers ist vielen Friesoythern noch besonders im Gedächtnis, obwohl sie u. a. beim Heimatverein besonders im Zweifel steht, jemals von Wreesmann getätigt worden zu sein. Ein freistehendes Grundstück in der Langen Straße dürfe demzufolge nicht bebaut werden. Je nach Erzählweise laste laut Wreesmann ein Fluch auf dem Grundstück (der „Seher" habe also erkannt, dass aktiv eine böse magische Handlung daran vorgenommen worden war) oder aber der Zusammenhang zwischen Bebauung und Katastrophe wird nicht begründet (und Wreesmann habe bspw. eine nur zufällige zeitliche Korrelation der Ereignisse vorausgesehen). In seinem Artikel *Dieses verfluchte Sommerloch* witzelte der Journalist Heiner Elsen in Anspielung auf die berühmte Einleitung der Asterix-Comics:

> „Wir befinden uns im Jahr 2017. Die ganze Lange Straße in Friesoythe ist mittlerweile von Häusern bebaut. Die ganze Lange Straße? Nein. Ein kleines Grundstück widersetzt sich der Bebauung. Grund dafür ist eine Sage, die sich hartnäckig hält. Auf diesem Grundstück, das nicht nur im Sommer ein großes Loch in das Friesoyther Stadtbild reißt, lastet ein Fluch. Ein Fluch, der nicht schlimmer hätte sein können. ‚Wenn dieses Grundstück jemals bebaut wird, dann bricht der Dritte Weltkrieg aus.' Das soll Theodor Caspar Anton Joseph Wreesmann einst gesagt haben." (Elsen 2017a)

Einer meiner Verwandten wusste sogar noch etwas blumiger von dieser Weissagung zu berichten: „Der Dritte Weltkrieg bricht aus und die Soeste läuft mit Blut über, wenn das Grundstück bebaut wird!“, habe man in seiner Kindheit und Jugend Ende der 1970er oder Anfang der 1980er Jahre Wreesmanns Prophezeiung zitiert. Die Soeste ist ein Fluss, der durch Friesoythe fließt. Hier fallen Bezüge zu göttlichen Strafhandlungen im Alten wie auch im Neuen Testament der Bibel auf: Aufgrund der beständigen Weigerung des ägyptischen Pharaos, die versklavten Israeliten ziehen zu lassen, erlegte Gott dem ägyptischen Volk zehn Plagen bzw. Katastrophen auf. Die erste davon bestand darin, dass das Nilwasser für sieben Tage in Blut verwandelt wurde, was es für Menschen ungenießbar gemacht und zum Tod der Fische geführt hat (2. Mose 7,14–25). Zudem beinhaltet das in der Offenbarung des Johannes beschriebene endzeitliche Gottesgericht, welches Gut und Böse scheiden und der Errichtung des Reiches Gottes vorausgehen soll, sieben apokalyptische Plagen. Deren zweite verwandelt das Meerwasser in Blut, wodurch alle Lebewesen im Meer sterben, und deren dritte verwandelt zudem alle Flüsse und Quellen in Blut. Dies kommentiert der Engel der Wasser:

> „Gerecht bist du, der du bist und der du warst, du Heiliger, daß du solches Urteil gesprochen hast; denn sie haben das Blut der Heiligen und der Propheten vergossen, und Blut hast du ihnen zu trinken gegeben; sie sind’s wert.“ (Offb 16,5–6. Zit. n. d. Lutherbibel, 1964)

Blutflüsse, und damit der Bezug zur biblischen Endzeit und göttlichen Strafe, finden sich auch in einigen anderen Erzählungen um apokalyptisch anmutende Kriegsvorgesichte (bspw. in Strackerjan und Willoh 1909: Bd. I, 151 f., 154 f.). Ferner weist die Vorstellung, dass als übernatürliche Ankündigung oder Begleiterscheinung eines Krieges Blut aus einem Fluss emporsteige, Verwandtschaft auf mit dem sogenannten „Blutregen“. Dieses seltene Phänomen rot gefärbten Niederschlags, hervorgerufen durch aufgewirbelten eisenhaltigen Saharastaub, welcher in der Erdatmosphäre u. a. bis nach Europa gelangen kann, wurde im Volksglauben gemeinhin als böses göttliches Wunderzeichen gedeutet, das Krieg und Blutvergießen ankündige (vgl.: Stegemann 1927: 1445 ff.).

Im Jahr 1997 führten Schülerinnen und Schüler der Friesoyther Hauptschule im Rahmen einer Projektwoche eine Umfrage unter dem Motto *Wreesmann heute* mit folgenden interessanten Ergebnissen durch:

„An zwei kalten Novembertagen gingen wir in die Friesoyther Innenstadt, um Leute auf der Straße über Wreesmann zu befragen. 129 Passanten antworteten uns auf die Frage, warum in der Häuserzeile der Langen Straße neben der Buchhandlung Schepers ein Grundstück nicht bebaut ist. 53% der Befragten wußten es nicht, 18% nannten unterschiedliche Gründe, aber immerhin 29% waren der Meinung, daß dort nicht gebaut werden dürfe, weil dann dem Wreesmann nachgesagte Prophezeiungen eintreffen würden: ‚Dann beginnt der 3. Weltkrieg', ‚dann fällt der Kirchturm auf die Straßenkreuzung', ‚dann bricht in Friesoythe wieder die Pest aus', ‚das Haus würde einstürzen.'

Wir fragten natürlich auch bei Schepers nach, bekamen aber keine abschließende Antwort. Die Familie selbst könnte zur Zeit aus finanziellen Gründen kein Wohn- bzw. Geschäftshaus errichten. An die angebliche Weissagung von Wreesmann würde man dort nicht glauben.

Aus anderen Quellen hörten wir, daß es innerhalb der Familie Meinungsverschiedenheiten bezüglich eines Verkaufs des Grundstücks gäbe." (Bregen et al. 1997)

Auch den damaligen Bürgermeister Johann Wimberg fragten die Schülerinnen und Schüler danach, warum „dort in bester Geschäftslage kein Geschäftshaus" (ebd.) stehe. Eine Schließung der Baulücke hätte er sehr begrüßt und sie als „städtebaulich sehr sinnvoll" eingeschätzt. Allerdings sei das Grundstück in Privatbesitz und daher sei der Eigentümer zu befragen (Wimberg laut ebd.). Wimberg wusste, was man sich in Friesoythe über das Grundstück erzählte. Auf die Frage hin, ob die Friesoyther abergläubisch seien, entgegnete er, davon überzeugt zu sein, „daß ein gewisser Teil der Bevölkerung auch in Friesoythe abergläubisch sein wird, so wie es in anderen Teilen unseres Landes auch der Fall ist" (ebd.).

Ich selbst habe die Geschichte in der am weitesten verbreiteten Variante, die vom Dritten Weltkrieg handelt, als Kind von einer meiner älteren Verwandten erzählt bekommen, wenn sie mit meiner Schwester und mir durch die Lange Straße spazierte. Die pädagogische Vertretbarkeit solcher Geschichten mag der Eine oder die Andere nun bezweifeln, aber auf mich wirkte sie damals einen schauerlichen Reiz aus. Die Prophezeiung hat wohl deshalb einen besonderen Eindruck gemacht, weil sie noch nicht eingetreten ist – anders als andere Weissagungen Wreesmanns, wie uns erzählt wurde. Also ging von dem Grundstück stets eine latente Gefahr aus und wir Kinder erkundigten uns besorgt, ob nicht doch jemand plane, dort zu bauen, woraufhin wir beruhigt wurden, dass es nur ein Aberglaube sei und dass keine Gefahr drohe.

Als 1993 die damals unansehnlich graue, das Grundstück nach hinten begrenzende Häuserwand von zwei jungen Friesoytherinnen durch ein Wandbild verschönert wurde, auf dem auch Wreesmann mit abgebildet ist[47], wurde in einem Zeitungsartikel erneut eine mögliche Bebauung thematisiert. Hinsichtlich der angeblich drohenden Kriegsgefahr heißt es darin:

> „Doch das ist nur Legende. Heiner Schepers, in dessen Familienbesitz sich die Fläche befindet, hat die fertigen Pläne zum Bau eines Geschäftshauses in der Schublade. ‚Irgendwann werden wir dort bauen' sagt Schepers, der zwar an die seherischen Fähigkeiten des Stadtschreibers glaubt, aber der Sache mit dem dritten Weltkrieg keine Bedeutung beimißt." (Laing 1993a)

Auf die Frage, ob die vermeintliche Aussage zum Dritten Weltkrieg nur eine Legende sei, die sich den anderen Geschichten um Wreesmann anreihe, äußerte sich Ferdinand Cloppenburg noch am darauffolgenden Tag wie folgt: „Ich weiß nicht, ob er das auch gesagt hat. Ich bin schon oft gefragt worden, ob eine solche Aussage gemacht wurde oder nicht. Ich kann dazu nichts sagen" (Cloppenburg laut Laing 1993b). Heiner Schepers, der Besitzer des Grundstücks, äußerte im Gespräch mit mir, dass er einen Zusammenhang zwischen einer möglichen Bebauung und einer Kriegsgefahr nicht für schlüssig halte. In einem Zeitungsartikel verwies er außerdem auf rechnerische Unstimmigkeiten: „‚Es gibt keine Belege dafür, dass Vierfuß diesen Satz jemals gesagt hat', so Schepers. [...]. ‚Vor 1945 war das Grundstück noch bebaut – so konnte Vierfuß eigentlich das Häuserloch noch gar nicht kennen'" (in Elsen 2017a). Darüber hinaus stelle der bis heute freie Platz ohnehin nur noch die Hälfte des ursprünglichen Grundstücks dar: „Nach dem Krieg befand sich das Grundstück im Besitz vom Apotheker Meiners. Danach ging das Grundstück in den Besitz von Hans Wimberg über – den vorderen Teil erwarb dann mein Vater" (ebd.). Der besagte Nachbar bebaute seine von der Langen Straße aus gesehen hinten liegende Hälfte des Grundstücks zeitnah nach dem Krieg (ebd.). „Da in der Sage immer von dem ganzen Grundstück die Rede war, hätte der Dritte Weltkrieg also schon längst ausbrechen müssen, als Wimberg angefangen hat zu bauen" (ebd.), argumentiert Schepers und betont auch 2017 noch, dass die eigenen, bereits 1993 genannten Bebauungspläne nicht endgültig verworfen seien: „Die Pläne existieren immer noch – doch wir sehen zur Zeit noch keine

47 Zum Wandgemälde mehr in Abschnitt 6.4. Die Darstellung Wreesmanns auf dem Wandgemälde ziert das Cover des vorliegenden Buches.

Notwendigkeit, dort zu bauen. Außerdem würden wir uns noch eine wichtige Sonnenlichtquelle nehmen“ (ebd.). Auch die Gästeführerin Roswitha Krause bezweifelt die Echtheit der „im Volksmunde nach wie vor präsenten Prophezeiung“ um die „Zahnlücke“, wie sie den Ort nennt, sucht diesen mit ihren Gruppen aber dennoch gerne auf (rk). Die Geschichte sei ein Hinweis darauf, dass es durchaus Weissagungen gebe, die nicht von Wreesmann stammten, ihm aber nachgesagt würden (rk). Weitere befragte Personen bestätigten, dass man sich erzähle, mit dem Grundstück hänge „ein Unglück zusammen“. Einige davon gaben an, aus sicherer Quelle zu wissen, dass die Nicht-Bebauung andere Gründe (gehabt) habe; andere fanden es „schon seltsam, dass so ein teures, wichtiges Grundstück brachliegt“. Eine Person gab Ersteres an, fand Letzteres aber dennoch zutreffend.

Die Diskussion um die Legitimität der Grundstücksprophezeiung ist insofern besonders beachtlich, als dass dadurch im Umkehrschluss noch einmal gesagt wird, dass die übrigen Gesichte über diesen Zweifel erhaben, also *wahr* seien. Die Disqualifizierung einer sehr verbreiteten Geschichte als haltlose Legende betont hier somit die Glaubwürdigkeit des großen Ganzen. Die Grundstücksprophezeiung wird in den genannten Artikeln hauptsächlich anhand der ihr widersprechenden Fakten beurteilt, während der Prophezeiung zur Zerstörung Friesoythes im Zweiten Weltkrieg eine kritische Überprüfung weitgehend erspart bleibt. Der genannte Artikel der *Nordwest Zeitung* schließt mit einigen weiteren Fakten, die ironisch und hinsichtlich einer möglichen Kriegsgefahr beruhigend präsentiert werden:

> „Ganz unbebaut ist das Grundstück seit 2001 sowieso nicht mehr. Als Mieter hat die benachbarte Pizzeria Mona Lisa ihre Außenterrasse auf dem sagenumwobenen Grund gebaut. Auch seit dem ist der Dritte Weltkrieg nicht ausgebrochen und auch die Pasta, die auf diesem Grundstück serviert wurde, ist noch nicht vom Fluch vergiftet worden.“ (Elsen 2017)

Ein Grund für die kritische und faktenorientierte Prüfung dieser Erzählung könnte schlicht und ergreifend sein, dass die Grundstücksprophezeiung bei einigen Bürgerinnen und Bürgern bis heute eine gewisse Angst auslöst. Der derzeitige Friesoyther Bürgermeister Sven Stratmann äußerte, dass durchaus wirtschaftliches Interesse an dem Grundstück bestehe und es Kauf- und Bebauungsanfragen gegeben habe. Von Seiten der Stadt gebe es allerdings keinerlei Bestrebungen, die Baulücke zu schließen. Ein Grund dafür sei, dass den Menschen Aufenthaltsorte und Orte der Begegnung zur Verfügung gestellt werden sollten. Dass sich einige Leute noch immer erzählten, die Lücke dürfe aufgrund der Vorhersage nicht geschlossen werden, und auch daran glaubten, spiele allerdings ebenfalls eine Rolle: „Einige ältere Friesoyther würden wohl auf die Barrikaden gehen, wenn dort gebaut würde“. Eine andere kundige Person dagegen äußerte auf meine Nachfrage hin, sie denke nicht, dass noch Leute Angst vor möglichen Folgen einer Bebauung hätten – dies müssten dann schon sehr ängstliche Leute sein. Ich selbst habe noch keine Person kennengelernt, die einen festen Glauben an diese Prophezeiung geäußert hätte, was aber auch einer Angst vor Spott geschuldet sein kann. Darüber hinaus bin ich in Friesoythe nicht sehr weit vernetzt. Belastbare Daten oder auch Erzählungen darüber, wie sich der Glaube an die Grundstücksprophezeiung in den letzten Jahrzehnten tatsächlich entwickelt hat, können hier also leider nicht angeführt werden. Es liegt jedoch der Schluss nahe, dass auch diese Geschichte immer mehr an Verbreitung einbüßt, je weniger Menschen noch leben, die über persönliche Erinnerungen an den Stadtschreiber Wreesmann verfügen. Bürgermeister Stratmann äußerte den Einfall, dass am Grundstück eine über die Sage berichtende Informationstafel angebracht und die Häuserlücke insgesamt zu einer touristisch interessanten Sehenswürdigkeit umgestaltet werden könnte. Konkrete Schritte in diese Richtung sind allerdings noch nicht in Planung.

Wann und wie genau die Geschichte um die Häuserlücke entstanden ist, ist nicht belegt. Allgemein ist zu ihr aufgrund ihres Sonderstatus als unglaubwürdige Legende kaum etwas aufgeschrieben worden. „Mindestens 60 Jahre“, gebe es die Geschichte einem Zeitzeugen zufolge schon, doch wer sie „in die Welt gesetzt“ habe, wisse er auch nicht. Frau Krause zufolge mutmaßen einige Friesoytherinnen und Friesoyther, dass nach dem Krieg ggf. jemand ein Interesse daran gehabt haben könnte, dass ein Platz unbebaut bleibe, und daher die Geschichte in die Welt gesetzt habe – irgendeinen Grund müsse es gegeben haben (rk). Weniger konspirativ kann aber natürlich auch hier der Zufall am Werk gewesen sein: Das Grundstück mag aus banalen Gründen nicht bebaut worden sein, wofür mit der Erzählung dann im Nachhinein eine interessante Erklärung entstanden sein könnte – zu rekonstruieren ist dies nicht mehr. Es liegt der Schluss nahe, dass die Erzählung sich als Gerücht gemeinsam mit den anderen „Vierfuß“-Sagen in der unmittelbaren oder zumindest frühen Nachkriegszeit verbreitet hat. Im Jahr 1950, so berichtete mir eine Zeitzeugin, sei die Lange Straße wieder aufgebaut gewesen. Zu den statistischen Werten in Bezug auf den Wiederaufbau Friesoythes heißt es in der Chronik:

> „Bei der Volkszählung am 13. September 1950 betrug die Zahl der Wohnhäuser bereits wieder 588 (mit 667 Wohnungen). Damit war der Vorkriegsstand (Zählung 17. Mai 1939: 668 Wohngebäude) noch nicht wieder erreicht. Zudem war die Bevölkerung inzwischen von 3.684 auf 4.762 Einwohner gewachsen.“ (Cloppenburg 2008: 359)

Insgesamt war der Wiederaufbau 1950 also noch nicht abgeschlossen. Da die Lange Straße als eine Art Hauptstraße gilt, erscheint es allerdings durchaus realistisch, dass sie ungefähr in diesem Jahr wieder vollständig errichtet war, so wie die Zeitzeugin es berichtet hat. Sollte dem so sein, ist die Entstehung der letzten Lücke als Grundlage für die Sage ungefähr im Jahr 1950 zu verorten.

In seiner Motivik weist das Gerücht vom unbebauten Grundstück eindeutige Parallelen zu Teilen anderer Geschichten auf: Die prophezeite Katastrophe des Zweiten Weltkriegs habe (in der Erzählweise nach Reinke) begonnen, als der Zustand eines Ortes geändert worden sei, nämlich als im übertragenen Sinne der Schlüssel eines bestimmten Hauses umgedreht wurde und die *Schwestern Unserer Lieben Frau* dieses verlassen mussten. Die Zerstörung der Stadt sei zudem geknüpft gewesen an den Bau einer weißen Soestenbrücke in Pehmertange, über die dann auch die Flucht der Bürgerinnen und Bürger erfolgt sei. So ist auch beim unbebauten Grundstück – in den zuvor genannten Erzählweisen – das Schicksal Friesoythes und der Welt an den Zustand eines Ortes gebunden. In dem aktuell jüngsten Zeitungsartikel über Wreesmann wird die Geschichte allerdings ein klein wenig anders erzählt:

> „Der Seher wusste offenbar auch um den Wiederaufbau als Kaufmannstadt [sic], den er als ‚klein Köln‘ bezeichnete. Lückenlos wurde schließlich unter anderem an der Lange Straße ein Haus ans andere gebaut – bis auf eine Ausnahme: das Grundstück zwischen der Buchhandlung Schepers und dem Eiscafé Mona Lisa. Der Grund: Sollte die ‚letzte Fläche‘ bebaut werden, bricht der Dritte Weltkrieg aus, so Wreesmanns Prophezeiung. Bis heute ist sie frei geblieben.“ (Wimberg 2021)

In dieser Erzählweise, die so übrigens auch von Frau Krause für ihre Führungen verwendet wird (rk), ist die Katastrophe nur indirekt an das spezifische Grundstück gebunden: Wäre es zeitnah nach dem Krieg bebaut worden, hätte eben ein beliebiger anderer Bauplatz als „letzte Fläche“ frei bleiben müssen. Die Lange Straße darf laut dieser Formulierung schlicht nicht lückenlos bebaut bzw.: *wieder aufgebaut* sein. Ein auffälliger Makel muss wie eine Wunde darin bestehen bleiben. Die letzte freie Fläche in der Lange Straße nimmt hier den

Platz eines Mahnmals ein und steht symbolisch für die Erinnerung an die Zerstörungsgewalt des Krieges, der die zuvor bebaute Fläche erst wieder frei hat werden lassen. In der Zeit des sogenannten „Wirtschaftswunders" drohte diese wichtige Erinnerung angesichts der Fokussierung auf den Konsum, welcher in Friesoythe vor allem in der Langen Straße möglich war, in den Hintergrund zu rücken. Doch – und davor warnt die Sage – das Vergessen birgt die Gefahr, einmal begangene Fehler zu wiederholen.

Ein ganz offensichtlicher Grund für die damals so weite Verbreitung dieser Prophezeiung, aus der die starke Angst vor einer weiteren militärischen Auseinandersetzung im Ausmaß eines Weltkrieges spricht, ist der Konflikt zwischen der Sowjetunion und den West-Alliierten, allen voran den USA: Der Kalte Krieg, von dem jederzeit zu erwarten war, dass er in der nuklearen Katastrophe enden würde, war ein Grund für die auch nach dem Zweiten Weltkrieg latent anhaltende Apokalyptik. Gleichzeitig bot die Geschichte auch eine gewisse Beruhigung, denn wenn erst bei Bebauung des Grundstücks der Krieg ausbrechen sollte, so ließe er sich im Umkehrschluss doch durch die Nicht-Bebauung recht einfach verhindern. Die brandgefährliche und sich zuspitzende Auseinandersetzung zweier Supermächte um die militärische, wirtschaftliche und ideologische Vormachtstellung in der Welt, die in der Berlin-Blockade 1948/49 einen ersten Höhepunkt fand, sieht die bereits genannte Historikerin Monica Black als alleinige Begründung für das endzeitliche Denken in der frühen Nachkriegszeit allerdings als unzureichend an (Black 2021: 62 f.). Neben der offensichtlichen weltlichen Bedrohung sah sie auch eine Furcht vor „spirituellen Gefahren":

> „Aber im Frühjahr 1949 schwappte plötzlich eine neue Welle von Gerüchten über kosmische Gewalt und irdische Katastrophen durch die westlichen Besatzungszonen Deutschlands. Sie warnten, befördert durch Zeitungsberichte und Mund-zu-Mund-Propaganda, vor einem Um-sich-Greifen des Bösen und vor Vergeltung und Chaos. Finstere Spekulationen schossen ins Kraut. Schon bald, war zu vernehmen, werde die Welt von Hochwassern verschlungen oder in zwei Teile zerbrechen. Der Planet Erde werde durch einen Atomkrieg oder von Flugzeugen mit Todesstrahlen verwüstet. Sonnen würden aufeinanderprallen, und Teile ihrer Trümmermasse würden auf die Erde treffen und eine Kettenreaktion in Gang setzen, von der die Welt vernichtet würde. Am qualvollsten werde, das wussten einige Prophezeiungen zu berichten, ein Schneefall sein, der so dicht und undurchdringlich niedergehen werde, dass er alles Leben unter sich erstickte.

Gerüchte waren eine unentbehrliche Kommunikationsform für diejenigen Deutschen gewesen, die das Geschehen in der katastrophalen Endphase des Krieges zu entschlüsseln und zu deuten versuchten. [...] Aber die neue und machtvolle Welle der Weltuntergangsgerüchte entfiel auch auf eine Zeit, in der es spürbare Anzeichen für den Wiederaufbau gab. Die Trümmerhaufen waren bis 1949 zum größten Teil an den Stadträndern zu gewaltigen Schuttbergen zusammengeschoben oder neben ordentlich gereinigten Straßen sauber aufgeschichtet worden. Wiederaufgebaute oder neu gegründete Schulen und Universitäten öffneten ihre Pforten. Neue demokratische politische Parteien waren entstanden. Das Transportwesen war wieder in Gang gekommen. Und 1948 war in den westlichen Besatzungszonen eine neue Währung, die Deutsche Mark, eingeführt worden, mit der sich die Absicht verband, dem Schwarzhandel ein Ende zu setzen und die Wirtschaft zu beleben. Sobald eine verlässliche, stabile Währung im Umlauf war, tauchten auch wieder Waren in den Geschäften auf, und an den Kiosken lagen Zeitungen und Zeitschriften aus. Das Alltagsleben hatte bereits wieder eine gewisse Gestalt angenommen.

Was also waren die Ursachen für das Raunen von einer drohenden Katastrophe und Tod, das sich – fast vier Jahre nach Kriegsende und nach dem ‚Urknall' der Währungsreform, die viele Historiker der frühen Bundesrepublik als Auslöser des Übergangs von einer Nachkriegsgesellschaft zu einer Gesellschaft des Wiederaufbaus und der demokratischen Erneuerung deuteten – auf so dramatische Art und Weise vernehmen ließ?

Das Aufspüren der Ursprünge von etwas so Kurzlebigem, wie es Gerüchte nun einmal sind, übersteigt vielleicht die Fähigkeiten eines reinen Historikers. Aber der Inhalt der Weltuntergangs-Prophezeiungen von 1949 legt nahe, dass – ungeachtet der sich allmählich verbessernden Lebensbedingungen – bei vielen der in diesem historischen Augenblick drängendsten Lebensfragen noch keine Klarheit geschaffen war. Die Zukunft sah nicht nur düster aus, sie war auch noch mit spirituellen Gefahren belastet." (Black 2021: 56 ff. Ein Fußnotenverweis entfernt.)

„Die Gerüchte drehten sich schließlich um Ängste, die mit Verdammnis und Bestrafung verbunden waren, Sorgen, die es seit den letzten Kriegsjahren gab. Die apokalyptischen Berichte von 1949 wurden in diesem Zusammenhang zu einem wichtigen historischen Beweisstück.

[...]

Die Apokalyptik von 1949 verweist darauf, wie Schuldgedanken – und selbst deren scharfe Zurückweisung – in sublimierter Form Eingang in viele Dimensionen des Nachkriegslebens fanden. Manche Menschen spürten die Mög-

> lichkeit eines Zorns von kosmischen Ausmaßen oder sie empfanden eine existenzielle Angst. Ein Gefühl des Unbehagens hielt an, ein Gefühl, das sich nicht so leicht abschütteln ließ." (Black 2021: 63 f.)

Die Historikerin spricht davon, dass im Nachkriegsdeutschland inmitten des greifbaren und fortschreitenden Wiederaufbaus eine aus Schuld und Niederlage resultierende unbestimmte Beklemmung und Angst vor Verdammung und Strafe sich in apokalyptischen Endzeitgerüchten niedergeschlagen habe. Es ist letztendlich zu wenig über die Entstehung der Erzählung um die Häuserlücke bekannt, als dass sie zweifelsfrei in den von Black dargelegten Kontext eingeordnet werden könnte. Insbesondere wäre es hilfreich zu wissen, wann genau sie entstanden ist. Geht man davon aus, dass die Erzählung in eben dieser speziellen historischen und gesellschaftlichen Situation kurz nach der deutschen Niederlage entstanden ist, fügt sie sich allerdings passend in Blacks Theorie ein. Ob eine spirituelle Angst vor einem unbestimmten kosmischen Zorn nun eine Rolle gespielt hat oder nicht: Kaum bezweifelt werden kann, dass diese Erzählung als Warnung vor einem Dritten Weltkrieg durch die Fortschreibung jener Apokalyptik bestimmt ist, die durch die Kriegsniederlage und die verheerende Zerstörung bedingt schon die Verbreitung der zuvor besprochenen Kriegsprophezeiungen begünstigt hatte.

Seine jüngste Rezeption fand das Gerücht um die Häuserlücke in dem Band *Frieden, was ist das eigentlich?*, in welchem der ehemalige katholische Diakon Otger Eismann vom Kriegsende und der Nachkriegszeit erzählt. Die vermeintliche Prophezeiung greift der Autor dabei mit ausgeprägtem Gegenwartsbezug und pazifistischer Botschaft auf:

> „Heute, nach 70 Jahren dieser Katastrophe, sieht man nichts mehr von den Zerstörungen von einst. Heute erleben wir eine schmucke, lebendige Stadt, ein Mittelzentrum mit Krankenhaus, Seniorenzentrum und Sozialstation, mit einer medizinischen Ärzteversorgung aller Gesundheitssparten und mit einer blühenden Infrastruktur; eine Stadt, die sich im norddeutschen Raum sehen lassen kann; besonders jetzt nach der gelungenen Stadtsanierung der Jahre 2019 bis 2022.
>
> Nur ein Baugrundstück in der Stadtmitte ist noch nicht wieder bebaut worden. Kein Besitzer hat sich bislang da herangewagt. Von diesem Grundstück soll der ‚Olle Vierfuß' (Caspar Wreesmann) vorausgesagt haben (was allerdings nicht bestätigt ist): ‚Wenn das letzte Grundstück der Stadt wieder bebaut wird, beginnt der Dritte Weltkrieg.' Aber ich frage mich: Hat der 3. Weltkrieg nicht schon längst begonnen, nur anders? Nicht zwischen einigen Ländern, sondern

> überall an den Brennpunkten unserer heutigen Welt, wo es zu kriegerischen Zwischenfällen kommt? Und solange wie in diese Gebiete Waffen geliefert werden, wird dieser ‚Dritte Weltkrieg' nicht enden." (Eismann 2021: 189)

Die Angst vor einem Dritten Weltkrieg ist aufgrund des russischen Überfalls auf die Ukraine zur Zeit wieder sehr präsent. Ob die Geschichte um die Häuserlücke dadurch ebenfalls neue Beachtung finden wird, bleibt abzuwarten.

4.6 Die Kirche stürzt ein

Schon von der Prophezeiung um das unbebaute Grundstück gibt es, wie im vorherigen Abschnitt dargelegt, nur wenige Aufzeichnungen, da sie zwar sehr verbreitet ist, aber gleichzeitig als „nicht echt" gilt. Eine weitere unerfüllte Prophezeiung, die ebenfalls von Tod und Zerstörung handelt, aber deren Tragweite ein wenig geringer ist, ist bislang gar nicht dokumentiert worden: Wreesmann habe angekündigt, die St. Marien-Kirche (Abb. 16) werde einstürzen.[48] Der bereits genannte ehemalige Diakon Otger Eismann berichtete mir von der Erzählung:

> „Folgende Vorhersage ist auch nicht historisch bestätigt, wird aber auch immer wieder in Friesoythe erzählt. Demnach soll das Kirchengewölbe der St.-Marien-Kirche eines Tages an einem Sonntag während des Hochamtes einstürzen. Als mein Sohn noch in seinen jungen Jahren Meßdiener war, weigerte er sich krampfhaft, sonntags während des Hochamtes bei der Hl. Messe zu dienen.
>
> Mit dem Einsturz des Kirchengewölbes kann evtl. auch der Einsturz des Kirchengewölbes während der Kämpfe um Friesoythe im April 1945 gemeint

48 Kurioserweise sei auch die „Vorgängerin" der heutigen katholischen Kirche in Friesoythe bereits einmal Gegenstand eines Gerüchts bzgl. ihrer Zerstörung geworden: Gegen Ende des 19. Jahrhunderts seien auf einem noch heute von der Bundeswehr genutzten Waffenerprobungsgelände nördlich von Meppen neue Artilleriewaffen getestet worden. Bei einem solchen Waffentest habe der verantwortliche Hauptmann dem Publikum spaßeshalber vorgetäuscht, auf die immerhin 50 Kilometer entfernte Friesoyther Kirche gezielt und diese zerstört zu haben. Der makabere Scherz sei insofern nach hinten losgegangen, als dass einer der Zuschauer daraufhin den Druck eines Extrablatts in Auftrag gegeben habe, welches über die Zerstörung der Kirche berichtete und noch zwölf Tote hinzudichtete. Fassungslos habe der schalkhafte Hauptmann auf die schreckliche Schlagzeile gestarrt (vgl. o.V. 1928).

> sein, weil kein näheres Datum erwähnt wird. Aber während der Kämpfe wurde keine Hl. Messe gefeiert.“ (Otger Eismann in einer E-Mail an den Verfasser, Oktober 2021.)

Der Einsturz einer Kirche während des Hochamtes, einer besonders feierlichen Sonderform der Heiligen Messe, ist verglichen mit den Ereignissen vieler klassischer Spökenkieker-Geschichten immer noch eine besonders schwerwiegende (und durchaus auch apokalyptisch anmutende) Katastrophe. Dennoch liegt der Fokus hier nicht mehr auf dem Weltgeschehen, sondern, wie es für Spökenkiekerei üblich ist, wieder auf der lokalen Gemeinschaft eines Ortes bzw. einer Kirchengemeinde. In der Erzählweise von Herrn Eismann wird – abgesehen von der Mutmaßung, ob die Zerstörung der Kirche im Krieg gemeint sein könnte – keine Ursache für das Einstürzen der Kirche genannt. Bei der bereits erwähnten Passantenbefragung durch Schülerinnen und Schüler im Jahr 1997 wurde dagegen eine Zerstörung der Kirche auch als Folge der Grundstücksbebauung ins Spiel gebracht („dann fällt der Kirchturm auf die Straßenkreuzung“). Auch wurde, anstatt der Kirche, der drohende Einsturz des neuen Gebäudes auf dem bis dahin unbebauten Grundstück in Erwägung gezogen. Festzuhalten ist, dass Vorstellungen von Zerstörungen, die Tod mit sich bringen, eindrückliche Motive sind, die Ängste widerspiegeln und sich in verschiedensten Variationen immer wieder in Spökenkiekergeschichten finden.

Da das Gerücht keinen Grund dafür nennt, weshalb die Kirche einstürzen soll, ist es besonders schwierig, Gründe für dessen Entstehen auszumachen. In der Geschichte der betreffenden Kirche finden sich mehrere Details, die ein Unheilsgerücht ggf. begünstigt haben könnten. Als die mittelalterliche Kirche abgerissen war und im Herbst 1908 das Fundament für die neue und größere Kirche gelegt wurde, kam es dadurch bspw. zu einer Störung der Totenruhe:

> „Es wurden viele Totenschädel und Gebeine ausgegraben, denn rund um die Kirche war bis zum Jahre 1895 der Friedhof. Auch in der Kirche entdeckte man Gräber mit Gebeinen. Alle wurden in einem großen Massengrab vor der Küsterei an der Burgstraße beigesetzt.“ (Woltermann 1979: 31)

Ob diese Knochenausgrabung als unheilvoll gewertet wurde, ist nicht bekannt. Außerdem lag sie bereits sehr lange zurück und war wahrscheinlich weitgehend vergessen, als das Gerücht des Kircheneinsturzes populär wurde. Im Zweiten Weltkrieg dann, bei der Zerstörung Friesoythes, wurde die Kirche tatsächlich einmal zerstört. Die Ruine hat einen prägenden Anblick abgegeben:

> „Die letzte Epoche der Geschichte unserer Kirche ist den Älteren unter uns noch in lebhafter Erinnerung. Vom 13. bis 15. April 1945 raste die Kriegsfurie durch unsere Stadt und zerstörte sie total. Von Westerloh aus sah man in jenen beiden Nächten ein einziges, großes Feuermeer von Thüle über Friesoythe und Altenoythe bis Bösel. Inmitten der brennenden Häuser leuchtete wie eine Fackel der brennende Turm unserer Kirche zum Himmel empor. Mit den Häusern der Bewohner sank auch das Haus Gottes in Schutt und Asche. Zerstört wurde durch das Feuer der Turm und das ganze Kirchendach, ein Teil der Bänke und der Stationsbilder. Das zunächst noch stehengebliebene Hauptgewölbe überragte wie ein großer, kahler Schädel die Trümmer der Stadt. Später stürzten auch die Gewölbe ein und begruben unter ihren Schuttmassen die große klangvolle Orgel und das übrige Inventar der Kirche." (Pfarrei St. Marien 1960: 6f.)

Dieses Bild mag lange in Erinnerung vieler Menschen geblieben sein und dort gewirkt haben. Bereits 1949 konnte das Gotteshaus wieder eingeweiht werden, doch wurde das Gewölbe „um 6 bis 7m heruntergezogen, um die Akustik zu verbessern" und der Turm blieb noch bis 1963 ohne Spitze (Woltermann 1979: 34). Der Mangel an Baumaterial unmittelbar nach dem Kriege war allerdings nicht nur quantitativer, sondern auch qualitativer Natur, weshalb die Kirche schon bald darauf deutliche Mängel aufwies. Diese scheinen am ehesten als Grundlage für das Gerücht infrage zu kommen:

> „Das Material für den Turmbau und besonders das für den Wiederaufbau der Kirche bald nach dem Kriege 1945 war schlecht, so daß Kirchturm und Kirchdach schadhaft wurden und erneuert werden mußten. Das geschah 1975 mit einem Kostenaufwand von 250 000,– DM. Auch im Innern zeigten sich Mängel. Das Dachgebälk zeigte Schäden in seiner Festigkeit, die Fenster hatten sich zum Teil geworfen und waren regendurchlässig geworden und beeinträchtigten die Heizung, der Anstrich im Innern wirkte verschmutzt, Heizung und Lautsprecheranlage funktionierten nicht richtig; die Gänge waren zum Teil uneben und bröckelig, dadurch gefährlich. So wurde nach langer Überlegung und vielen Sitzungen des Kirchenausschusses und des Pfarrgemeinderates und der Erkundung der Meinung der Pfarrangehörigen der Plan zu einer gründlichen Überholung der Kirche im Innern gefaßt. Der Plan wurde von der oberen Kirchenbehörde gutgeheißen und ein Zuschuß von DM 250 000,– zugesagt." (Woltermann 1979: 38)

Von einem Verwandten erfuhr ich übrigens, dass sogar bei der 1979 schließlich durchgeführten Renovierung noch menschliche Überreste gefunden wurden. Aufgrund von Herrn Eismanns Erzählung ist allerdings anzunehmen, dass es

Abb. 16: Die katholische Pfarrkirche St. Marien im Jahr 2013.

das Gerücht um den Einsturz bereits in den 1960er oder frühen 1970er Jahren gegeben haben muss. Die hier angeführten Details aus der Geschichte der Kirche sind lediglich als mögliche Anhaltspunkte zur Entstehung des Gerüchts zu werten.

Der ehemalige katholische Pfarrer in Friesoythe, Michael Borth, berichtete, dass die Geschichte vom drohenden Einsturz der St. Marien-Kirche als Erzählung zwar noch präsent sei, aber nicht geglaubt werde und die Gemeindemitglieder auch nicht vom Kirchenbesuch abhalte (mb). Wenn Dinge eingetroffen seien, wie die Stadtzerstörung, dann sei es im Nachhinein leicht, daran zu glauben, doch vor einem Einsturz der Kirche bestünde keine Angst (mb). Streng genommen kann die Prophezeiung sich gar nicht mehr erfüllen: Aufgrund der Fusion der Friesoyther St. Marien-Gemeinde mit fünf weiteren Gemeinden umliegender Ortschaften im Jahr 2008 wurde das Hochamt als „feierliche Hauptmesse am Sonntag" von Friesoythe nach Thüle verlegt, was allerdings rein organisatorische Gründe gehabt habe (mb). „Mit einem Schmunzeln" könne man sagen, „die Friesoyther hätten aus Vorsicht das Hochamt besser abgeschafft – sachlich falsch, aber eine schöne kleine Geschichte am Rande" (mb). Als im Jahr 2010 zum 100-jährigen Jubiläum der Kirchweihe eine erneute Innenrenovierung des Gotteshauses stattfand, so räumt Herr Borth ein, hätten einige Gemeindemitglieder sich, ebenfalls mit einem Schmunzeln, der Geschichte erinnert: Nach ordnungsgemäßer Prüfung der Deckenkonstruktion war die Notwendigkeit der teilweisen Erneuerung der Drahtaufhängung festgestellt worden (mb). Die korrosionsgeschädigten Zugseile, welche die Kirchendecke hielten, ersetzte man daher durch neue Deckenzüge aus nicht rostendem Stahl (mb). Auch ohne die vermeintliche Ansage des Stadtschreibers wäre großer Wert darauf gelegt worden, die Deckenkonstruktion sicher zu halten, doch habe sich bei dieser Gelegenheit gezeigt, dass der „Spökenkieker" noch immer präsent sei (mb). „So spukt er nach wie vor in den Hinterköpfen rum", schloss Herr Borth seine Ausführungen und durch das Telefon war auch bei ihm ein Schmunzeln zu vernehmen.

In diesem Sinne ist zum Abschluss des Kapitels festzuhalten, dass sich um den Stadtschreiber Theodor Wreesmann eine erstaunliche und variantenreiche Anzahl an Geschichten rankt. Es ist durchaus möglich, dass es noch weitere bislang nicht aufgeschriebene Erzählungen um ihn gibt oder gab, die ich hier mangels Kenntnis nicht nennen und besprechen konnte. Informierte Leserinnen und Leser dieses Buches sind herzlich dazu eingeladen, mich über weitere Beispiele zu unterrichten.

5 Der „Seher von Friesoythe“ als Teil der Ortsgeschichte

> „Wenn er durch die Straßen ‚schlurfte‘, war er sicherlich ein Stück Friesoyther Stadtgeschichte.“ (Cloppenburg 1992b: 401)

Dieses Kapitel widmet sich nun der Frage danach, wie Theodor Wreesmann nach dem Zweiten Weltkrieg rezipiert und dadurch zu einem „Stück Friesoyther Stadtgeschichte“ gemacht wurde. Das Bild von ihm, das bis heute vorherrscht, ist das Ergebnis eines jahrzehntelangen Diskurses, der in regionalen Printmedien, in Heimatabenden, in Schulen und im mündlichen Erzählen in Familien- und Freundeskreisen stattfand. Sowohl die historische Person Wreesmann als auch die Geschichten um ihn erlangten mit der Zeit den Status eines bedeutenden Bestandteils der Ortsgeschichte und werden immer mal wieder zu verschiedenen Anlässen auf verschiedene Weise aufgegriffen. Zunächst wird hier die Rezeption Wreesmanns nach dem Zweiten Weltkrieg beleuchtet, um dann die Erzählungen um ihn als Teil eines Friesoyther Sagenkanons einzuordnen. Die vielfältige künstlerische Aufarbeitung seiner Person wird separat im nächsten Kapitel besprochen.

5.1 Rezeption Wreesmanns nach dem Zweiten Weltkrieg

> „Wer hätte sie wohl schon vergessen, die schrecklichen Tage, die nunmehr vor einem Jahrzehnt über das friedliche Städtchen Friesoythe hereinbrachen. Jene Tage, in denen die alte Hansestadt die Schrecken des furchtbarsten aller Kriege in allen Phasen zu spüren bekam. Kein Friesoyther wird die Tage vom 11. bis zum 15. April 1945 aus seinem Gedächtnis verwischen können, als von dem schmucken Flecken mitten im Moor nicht mehr als nur noch ein schwelender, rauchender Trümmerhaufen übrigblieb. Und wer die fast 800jährige Geschichte der alten Hansestadt studiert, wird feststellen können, daß Friesoythe immer wieder von Katastrophen größten Ausmaßes heimgesucht wurde. Daß die Stadt dadurch in ihrer Entwicklung gehemmt, ja sogar oftmals um Jahre zurückgeworfen wurde, war die unausbleibliche Folge. Er wird in der Chronik feststellen, daß der ‚Schwarze Tod‘ die Pest, Feuersbrünste und die Schrecken mittelalterlicher Kriege der aufstrebenden Stadt immer wieder tiefe Wunden schlugen. Doch keine all dieser Katastrophen ist,

> auch unter Berücksichtigung der jeweiligen zeitlichen Verhältnisse, mit jener zu vergleichen, die 1945 über das Städtchen hereinbrach.
>
> Manchem mag es ein mitleidiges Lächeln entlocken, wenn man heute erzählt, einer habe alles, was über Friesoythe hereinbrechen sollte, vorausgeahnt: der alte Friesoyther Stadtschreiber Wreesmann, den der Volksmund nur ‚Vierfuß' nannte." (Hoffmann 1955)

> „Weiße Haare, ein abgewetzter schwarzer Gehrock und ein schlurfender Gang – so beschreiben ihn Friesoyther, die ihn kannten, und auch die, die ihn nicht kannten: Mythen, Gerüchte und Erzählungen, vieles ist bekannt über ihn, nur wenig belegt. Theodor Caspar A. J. Wreesmann, genannt ‚Vierfuß', ist präsent in dieser kleinen Stadt, wie kein anderer und damit der wohl bekannteste Tote hier. Ein bronzenes Denkmal hinter dem alten Rathaus in der Stadtmitte, eine Wandmalerei auf einem Grundstück an der Langen Straße – viel Raum für einen Mann, an den man offenbar irgendwie auch glauben muss." (Plaggenborg 2012)

Zwischen diesen beiden Textausschnitten liegen Jahrzehnte, in denen über Wreesmann gesprochen und geschrieben und in denen er nicht vergessen wurde – und dabei markieren sie jeweils noch nicht einmal den Anfang bzw. das Ende seiner Rezeptionsgeschichte. Wie ging es vonstatten, dass der alte Stadtschreiber über eine so lange Zeit in kollektiver Erinnerung geblieben ist? Wie zuvor geschildert, ist dem auf Zeitzeugenaussagen basierenden Quellenmaterial zu entnehmen, dass sich in den letzten Kriegstagen ein großer Teil der Friesoyther Bevölkerung Wreesmanns angeblicher Vorhersage bzgl. der Stadtzerstörung erinnert habe und durch die Flucht in die richtige Richtung überleben konnte. Es vollzieht sich also mit Ende des Zweiten Weltkrieges ein plötzlicher Wandel in der Weise, wie Wreesmann gesehen wird: Galt er einigen zu seinen Lebzeiten vor allem als verschrobener Sonderling oder gar als schauriger Unglücksbote, so wird er plötzlich und posthum zum Retter stilisiert, dessen Wort die letzte sichere Konstante in einer auseinanderbrechenden Welt darstellte. In den ersten Nachkriegsjahren sei er wenig thematisiert worden, erzählte eine Zeitzeugin, da die Menschen mit dem Wiederaufbau der Stadt dringlichere Probleme gehabt hätten. Nach einigen Jahren sei das Interesse wieder aufgeflammt und das Erzählen immer mehr geworden.

Die Vorstellung, er habe die Einwohnerschaft Friesoythes vor den letzten Zerstörungen des Krieges gerettet, hat Wreesmann posthum einige Ehrungen und Würdigungen eingebracht, die der bescheidene Mann wahrscheinlich abgelehnt hätte. Schon 1950 erwähnt Reinke, dass der Heimatbund bei seiner traditionellen Wanderfahrt auf Peter und Paul Friesoythe einen Besuch abgestattet habe, wo „Erinnerungen lebendig [wurden] an einen alten Mann, der den furchtbaren Untergang der Stadt genau vorhergesehen und beschrieben hat“ (Reinke 1950b: 1). Auch prägte die Heimatautorin, ohne Nennung einer Quelle, das drastische Bild, Wreesmann habe noch in seinen letzten Stunden von der bevorstehenden Zerstörung gesprochen: „Auf dem Sterbebette sprach er immer wieder von seiner geheimnisvollen Eingebung“ (Reinke 1950a). Diejenigen Menschen, die in die von ihm abgeratene Richtung geflohen seien, hätten „vielfach Schreckliches erlebt“, hieß es in einer Reportage zum zehnten Jahrestag der Stadtzerstörung (Hoffmann 1955). *Weissagung des Stadtschreibers erfüllt sich. Granatenhagel vor dem Krieg prophezeit* lautete auch 1995 noch der Titel einer vergleichbaren Reportage (Drunkenmölle 1995). 2005 hieß es: *Dunkle Weissagung erfüllt sich* (Drunkenmölle 2005) und 2008: *Menschen hörten auf „Vierfuß“* (Laing 2008). Ihrer schieren Anzahl wegen lassen die Texte dieser Art sich hier nicht alle einzeln anführen. Es ist aber festzustellen, dass sie in ihrer Gesamtheit über Jahrzehnte zur Festigung des lokalen Mythos „Vierfuß“ beitrugen. Treffend bezeichnete eine Zeitzeugin das Phänomen als „die ewige Geschichte mit dem Vierfuß“.

Neben der vielfachen Einbindung der vermeintlichen Vorhersage in journalistische Texte über den Zweiten Weltkrieg (vor allem zu runden Jahrestagen) haben vereinzelt auch Vortragsabende dazu beigetragen, die Glaubwürdigkeit der Erzählung zu unterstreichen. Hier die Ankündigung eines solchen im Jahr 1963 in der *Nordwest Zeitung*:

> *„Heute um 20 Uhr Vortrag: ‚Gibt es ein zweites Gesicht?‘*
>
> RG *Friesoythe.* Heute, Dienstag, spricht um 20 Uhr in der Aula des Albertus-Magnus-Gymnasiums auf Einladung des Katholischen Bildungswerkes der Konzilstheologe Pater Dr. Bonaventura Kloppenburg über das Thema: ‚Gibt es ein zweites Gesicht?‘
>
> Dieses Thema dürfte die Friesoyther Einwohner besonders interessieren, weil dem verstorbenen Stadtschreiber Wreesmann, den der Volksmund ‚Vierfuß‘ nannte, die ‚Gabe‘ eines zweiten Gesichts zugeschrieben wurde. Der ‚olle Vierfuß‘ hat bekanntlich nach zuverlässigen Berichten die Zerstörung Friesoythes vorausgesagt, die dann im April 1945 erfolgte.“ (RG 1963)

Zwei Tage später lieferte dasselbe Blatt die zumindest der Überschrift nach eindeutige Antwort auf die im Vortragstitel gestellte Frage:

> *„Es gibt ein Zweites Gesicht'*
>
> *Stadtschreiber sah die Zerstörung Friesoythes voraus*
>
> CW *Friesoythe.* Bis auf den letzten Platz besetzt war am Dienstagabend die Aula des Albertus-Magnus-Gymnasiums, als Pater Dr. Bonaventura Kloppenburg, ein gebürtiger Molberger, der in Brasilien tätig ist, in einem zweistündigen, mit Experimenten durchsetzten Vortrag über die Probleme der außersinnlichen Wahrnehmungen sprach. Seine wissenschaftlich fundierten, aber volkstümlich dargebotenen Ausführungen, über die die NWZ anläßlich anderer Veranstaltungen im Münsterland bereits berichtet hat, fanden den lebhaften Beifall der Zuhörer. Der Referent bejahte die Möglichkeit, daß der verstorbene Stadtschreiber Wreesmann, der im Volksmund wegen seiner großen Füße ‚Vierfuß' genannt wurde, die im April 1945 erfolgte Zerstörung ‚in der Form des sogenannten Zweiten Gesichts echt vorausgesehen habe.'" (CW 1963)

Friesoythe ist sehr katholisch geprägt und die Worte einer religiösen Autorität werden gerade damals noch überaus großes Gewicht gehabt haben. Der Vortrag des Paters, der sich doch differenzierter geäußert hat, als es die Überschrift zunächst nahelegt, scheint hier als Verifizierung der „Vierfuß"-Prophezeiung herangezogen zu werden. Obgleich die Kirche gegen Rudimente vorchristlicher Glaubensvorstellungen vorgegangen ist und diese als „Aberglauben" delegitimiert hat, hat sie sich mit dem Zweiten Gesicht arrangiert und es ggf. sogar in ihrem Sinne gedeutet.[49] Dies ist insofern keine Selbstverständlichkeit, als dass wahrsagerische Praktiken im Christentum abgelehnt werden (vgl. Harmening 2001: 943). Die Erzählungen um das Zweite Gesicht betonen allerdings, in Abgrenzung zu okkulten Formen der Wahrsagerei, dass es sich nicht um einen bewusst herbeigeführten Zustand handle und die Seherinnen und Seher machtlos dagegen seien. Sie deuten das Gesehene kaum und sprechen wenig darüber. Beim spezifischen Beispiel der Erzählungen um Wreesmanns Vorgesichte mag zudem die Betonung seines frommen Katholizismus und die zum Teil religiöse Motivik zur wohlwollenden Akzeptanz der Kirche beigetra-

49 Leider sind keine Einzelheiten aus dem Vortrag des Paters Kloppenburg zu rekonstruieren, die weiteren Aufschluss geben könnten. Darüber hinaus sei angemerkt, dass auch Erzählungen um Priester mit dem Zweiten Gesicht keine Seltenheit sind, was ebenfalls für eine Annäherung von Katholizismus und dieser spezifischen Vorstellung des „Volksglaubens" spricht.

gen haben. Das Zweite Gesicht macht dem Katholizismus keine Konkurrenz.[50] Sogar in der Pfarrchronik der St. Marien-Gemeinde Friesoythe findet sich die Vorhersage zur Stadtzerstörung wieder, allerdings nicht durch einen Geistlichen festgehalten, sondern von dem Landwirtschaftsrat a. D. Heinrich Schulte. Dieser durfte der Chronik seine Aufzeichnungen über das Kriegsende anfügen (die hier bereits an anderer Stelle zitiert wurden), was er von Ende 1948 bis Februar 1949 getan hat. Schultes Eintrag in der Pfarrchronik ist damit die älteste Aufzeichnung zu Wreesmanns vermeintlichem Vorgesicht. Ein persönlicher Bericht des damaligen Dechanten Küstermeyer über die Stadtzerstörung in derselben Chronik enthält dagegen keinerlei Verweis auf Wreesmann.

1981 veranstaltete der Friesoyther Heimatverein einen Vortragsabend zum Thema „Spökenkieker – zweites Gesicht“, in dem der Referent A. Rebbert zu dem Schluss gekommen sei, dass die „Parapsychologie, die Psychologie und die Volkskunde, die sich mit dem Bereich der übersinnlichen Wahrnehmung beschäftigten, [...] noch keine rundum schlüssigen Forschungsergebnisse“ hätten (RG 1981). Auch auf Themenabenden des Heimatvereins zum Zweiten Weltkrieg wurde Wreesmanns vermeintliche Vorhersage in die Besprechung zeitgeschichtlicher Dokumente eingebunden und als Fakt behandelt, wie aus einem Artikel der *Nordwest Zeitung* über einen Kaminabend zum 40. Jahrestag der Stadtzerstörung hervorgeht:

> „Die Geschehnisse dieser Tage holte der Heimatverein beim Kaminabend, zu dem Vorsitzender Ferdinand Cloppenburg im Hotel Maas rund 100 Bewohner begrüßen konnte, noch einmal in die Gegenwart zurück. Dabei ging es dem Heimatverein nicht darum, die schon vorhandenen schriftlichen Darstellungen noch einmal darzulegen. Im Mittelpunkt stand vielmehr das Gespräch

50 Ein weiteres von der örtlichen Geistlichkeit heutzutage wohlwollend toleriertes Phänomen ist das sogenannte „Besprechen“ zur Heilung von Krankheiten. Dieses ist im Oldenburger Münsterland weiterhin verbreitet, wie aus einem Buch von Hermann Speckmann (2008) mit zahlreichen Erfahrungs- und Erfolgsberichten hervorgeht und wie ich auch aus selbst gehörten Erzählungen bestätigen kann. Zum Teil weisen diese sogar gewisse Parallelen zu Erzählungen des Zweiten Gesichts auf. Speckmann betont die Kirchentreue der Besprecherinnen und Besprecher und erläutert: „Die Besprecher sind häufig Menschen, die noch in einer Tradition der katholischen Volksfrömmigkeit stehen, am Gemeindeleben teilnehmen und reichlich für die Ausbildung von Theologen und die Mission spenden, und damit tragen sie zur Stabilisierung des katholischen Milieus bei“ (Speckmann 2008: 28).

> mit Augenzeugen jener Tage, die der Heimatverein einleitend mit Dias aus dem unzerstörten Städtchen und aus der zerstörten Innenstadt im Vergleich noch einmal deutlich machte. Die Dias bestätigten auch die erschreckende Vorhersage des ‚Sehers von Friesoythe‘, des Stadtschreibers Wreesmann, im Volksmund ‚Vierfuß‘ genannt, der 1941 starb und vorher angekündigt hatte, daß Friesoythe in Schutt und Trümmer fallen werde.“ (CH 1985)

Noch bei dem vom *Heimatbund* veranstalteten Münsterlandtag 2019, im Zuge dessen u. a. das Albertus-Magnus-Gymnasium die Kriegszerstörung mit einer Fotoausstellung thematisierte, wurde ein ausgeprägter Bezug zum „Seher“ hergestellt, dessen Denkmal sogar auf der Einladung abgebildet war (cf 2019b). Der Wunsch, das vermeintliche Vorgesicht Wreesmanns historisch zu beglaubigen, spricht offenkundig aus Veranstaltungen dieser Art sowie aus Teilen der Berichterstattung. Der Historiker Strotdrees spricht gar, wenn auch in Anführungsstrichen, von einem „Wreesmann-Kult“ (Strotdrees 2008b: 112) in den 50er- und 60er-Jahren und zeichnet dessen Entwicklung wie folgt nach:

> „Nach seinem Tod entwickelte sich um ihn eine ‚Erzählkultur‘. Sie knüpfte an seinen Ruf als ‚Sonderling‘ an und dürfte ihren Anfang vermutlich in den frühen Nachkriegsjahren genommen haben. Vor allem in den 50er- und 60er-Jahren entwickelte sie ein Eigenleben. Dazu trug das Gedicht einer Grundschullehrerin bei, das 1956 auf einer Tagung des Heimatbundes für das Oldenburger Münsterland vorgetragen und mehrfach nachgedruckt wurde, ebenso auch Erzählberichte und Heimatchroniken. Der lokalen Überlieferung wurden dabei immer neue Motive und Elemente hinzugefügt.“ (Strotdrees 2008b: 112)

Die Erzählberichte und Chroniktexte wurden im vorangegangenen Kapitel thematisiert, auf das Gedicht komme ich später noch im Einzelnen zu sprechen. Diese ab 1950 erschienenen Printquellen prägten das Bild Wreesmanns als Spökenkieker nachhaltig. Was Strotdrees außer Acht lässt, ist, dass Wreesmann auch schon zu Lebzeiten einige seiner Mitmenschen fasziniert hat, die ihn künstlerisch darstellen wollten, worauf ich später ebenfalls noch zu sprechen komme.

Es stellt sich nun die Frage, ob noch mehr als nur der offensichtliche Grund – die vermeintlich durch Wreesmanns Weissage geretteten Leben – hinter der plötzlichen Popularität des Stadtschreibers nach dem Zweiten Weltkrieg steckt. Monica Black dokumentiert in ihrem hier bereits mehrfach zitierten Werk, auf welch vielfältige Weise magisches Denken im gerade besiegten

Deutschland bis hin in die frühen Jahre der Bundesrepublik in verschiedenen sozialen Schichten eine Hochkonjunktur erlebte:

> „Städter und Landbewohner, Männer und Frauen, Wohlhabende und Arbeiter – alle möglichen Leute erwiesen sich hungrig nach Astrologie, Parapsychologie, spiritistischen Sitzungen, Handlesekunst, Spiritualismus, Telepathie und Weissagungen, ebenso wie auf okkulte Bewegungen wie die Ariosophie und Theosophie.“ (Black 2021: 31 f. Ein Fußnotenverweis entfernt.)

In einer Zeit des Schweigens hinsichtlich des Grauens, welches das „Dritte Reich“ über die Welt gebracht hatte, gab es auf der einen Seite eine Wieder-Hinwendung zum Hexenglauben, um das Böse greifbar benennen zu können, auf der anderen Seite eine Suche vieler von der Erinnerung geplagter Menschen nach spiritueller Erleichterung, Heilung, Transformation oder Erlösung (vgl. ebd.: 30). Wo Letzteres der Fall war, wurden charismatische Einzelpersonen von Sinnsuchenden zu Heilsbringern verklärt – als bekanntesten Fall führt die Autorin den vermeintlichen Wunderheiler Bruno Gröning an (vgl. ebd.: 30 f.). In Ansätzen lässt sich auch das plötzlich aufflammende Interesse für den sein Lebtag lang von vielen gemiedenen und sogar getriezten „Vierfuß“ in diesen Kontext stellen: Obgleich bereits seit vier Jahren tot, war seine angebliche Weisung da, als die vom NS-Regime propagierte völkische „Schicksalsgemeinschaft“ sich als trügerisch und wenig haltgebend herausgestellt hat. Man kann in der Interpretation sogar so weit gehen, dass 1.) durch die Stadtzerstörung, 2.) durch die in Form einer Voraussage an die Bürgerinnen und Bürger gerichtete Warnung sowie schließlich 3.) durch die daraus resultierende Rettung derselben die Menschen neuerlich zu einer durch gemeinsames Schicksal verbundenen Gemeinschaft zusammengefasst wurden. Außerdem, wie es in einigen Aufzeichnungen der Geschichte heißt, habe Wreesmann seine Voraussage der Stadtzerstörung bereits lange vor dem Krieg getätigt. „Von dieser Vorhersage wurde schon Jahrzehnte vor seinem Tode [...] gesprochen“ (Cloppenburg 2008: 342). Dem damals herrschenden Klima der Verdrängung von Schuld und Mittäterschaft, sowohl auf individueller als auch auf kollektiver Ebene, kam ein bestimmtes Merkmal des Vorschauglaubens ganz besonders zugute: Die Annahme, dass das Schicksal lange vorherbestimmt und dass der Inhalt des Vorgesichts nicht zu ändern gewesen wäre, unterstützte das Narrativ der Machtlosigkeit und befreite von der Verantwortung, ein böses Ende – hier die zerstörerischen Folgen des Faschismus – abwenden zu müssen. In diesem Sinne ist es wohl kein Zufall, dass dieselbe Heimatautorin ein Gedicht über

Wreesmann inklusive seiner Prophezeiung zur Stadtzerstörung verfasst hat (siehe Abschnitt 6.2), die später in einem Schulbuch einen äußerst revisionistischen Text über den *Krieg in der Heimat* (Osterhoff 1961) veröffentliche, in welchem sie die Friesoyther vollkommen in eine Opferposition gegenüber den Alliierten rückte. Ferner mag die Annahme einer vermeintlichen Unausweichlichkeit des gesichteten Schicksals dabei geholfen haben, die Katastrophe der Stadtzerstörung hinzunehmen und die drängende Frage nach ihrem Sinn, und vielleicht sogar dem Sinn des gesamten Krieges, ruhen zu lassen.

Wie sieht die Gedenkkultur aber heute aus, wo immer weniger Menschen leben, die sich noch aus erster Hand an Wreesmann oder an den Krieg erinnern? Als ein Stück Friesoyther Stadtgeschichte wird Theodor Wreesmann heutzutage hauptsächlich im Schulunterricht thematisiert, bspw. wenn der Zweite Weltkrieg mit regionalem Fokus besprochen wird. Ausführlich dokumentiert ist bspw. die bereits genannte Projektwoche der damaligen Friesoyther Hauptschule im Jahr 1998. In einem Artikel der *Nordwest Zeitung* heißt es dazu:

> „Für ihren Beitrag über den Friesoyther ‚Seher' Wreesmann zum bundesweiten Schülerwettbewerb zur politischen Bildung sind acht Jungen und Mädchen der Klassen 9 a und 9 c der Hauptschule Friesoythe mit je einem Buch ausgezeichnet worden. Von den 4214 eingegangenen Arbeiten wurden zwölf Prozent prämiert, berichtet der betreuende Lehrer Michael Podkrajac.
>
> Die Arbeitsgruppe hatte sich mit dem Denkmal am Rathaus und der Person des ehemaligen Stadtschreibers auseinandergesetzt. Ferdinand Cloppenburg, Heinrich Niehaus und Johann Wimberg wurden als Bürgermeister und Kenner der Stadtgeschichte befragt, Heimatliteratur stellten die Pfarrbüchereien zur Verfügung.
>
> Intensiv setzten sich die Schüler mit den Vorgängen um den 14. April 1945 auseinander, als Friesoythe von kanadischen Truppen fast völlig zerstört wurde. Man konnte tatsächlich vom Amtsgericht bis zum Krankenhaus sehen, wie es Wreesmann Jahre vor dem Zweiten Weltkrieg prophezeit haben soll. In ihrem Wettbewerbsbeitrag, einer illustrierten Schülerzeitung, zeigen die Schüler auf Fotos, wie die Stadt vor und nach dem 2. Weltkrieg aussah. Unter dem Titel ‚Wreesmann heute' befragten die Schüler 260 Passanten in der Innenstadt. 75 vertraten die Ansicht, daß die Baulücke in der Langen Straße nicht geschlossen werden dürfe, weil dann nach einer Prophezeiung von Wreesmann die Pest oder ein Weltkrieg ausbreche oder der Kirchturm umfalle." (eb 1998)

Derselbe Lehrer führte 2005 im Rahmen des regionalen Schulprojekts „60 Jahre Kriegsende in Niedersachsen“ mit einer Realschulklasse erneut eine vergleichbare Projektwoche durch. Auch dort haben die Geschichten über Wreesmann einen gewissen Eindruck hinterlassen: Laut der *Nordwest Zeitung* fanden die Schülerinnen und Schüler einhellig, dass der Stadtschreiber „schon ein wenig unheimlich“ sei (Bickschlag 2005). Die Thematisierung einer auffallenden Persönlichkeit aus der Region, zu der noch ältere Zeitzeuginnen und Zeitzeugen befragt werden konnten, erleichterte im Schulunterricht die Annäherung an ein sonst ggf. abstrakt wirkendes und viele Jahrzehnte zurückliegendes Ereignis wie den Zweiten Weltkrieg. Ich selbst erinnere mich, die Geschichten um Wreesmann bereits als Grundschüler im Sachkundeunterricht gehört zu haben, verfüge allerdings über keine der damaligen Aufzeichnungen mehr. 2019 rief die *Nordwest Zeitung* dazu auf, ihr bedeutende Personen aus Friesoythe und den umliegenden Ortschaften vorzuschlagen, denen kurze, ehrende Artikel gewidmet werden könnten. Eine siebte Klasse der Friesoyther Oberschule, die sich zuvor ebenfalls im Kontext der Stadtgeschichte mit Wreesmann beschäftigt hatte, schlug diesen daraufhin vor. Ihr Lehrer begründete die Auswahl in dem daraus resultierenden Artikel (Bickschlag 2019a) damit, dass durch Wreesmanns Voraussage betreffs der Zerstörung der Stadt dabei kaum Friesoyther ums Leben gekommen seien.

Die Gästeführerin Roswitha Krause weiß zu berichten, dass weiterhin großes Interesse an Wreesmann bestehe, da es ganz starke Auswirkungen gehabt habe, was er prophezeit habe (rk). Vor allem erstaunlich sei, dass trotz der immensen Zerstörung so wenige Personen ums Leben gekommen sind (rk). Gerade für diejenigen, die – wie Frau Krause auch – zugezogen und nicht selbst mit den Geschichten aufgewachsen sind, sei es besonders interessant (rk). Der historische Hintergrund der Kriegszerstörung und des Wiederaufbaus erkläre, warum nur an wenigen Stellen im Stadtbild noch zu sehen sei, dass Friesoythe schon recht alt ist (rk). Besonders präsent seien die Geschichten nicht mehr, da die Generation, die Wreesmann noch gekannt hat, zum weitaus größeren Teil nicht mehr lebt (rk). Die Jüngeren hätten die Geschichten gehört und von einigen würden diese noch geglaubt, da die Zerstörung eingetreten ist, doch seien die Erzählungen um Wreesmann heutzutage vor allem „interessante Geschichten von früher. Man hört sich's gerne an“ (rk). Um die Geschichten kritisch zu hinterfragen, sei bei den Führungen häufig keine Zeit (rk). Manchmal, wenn ältere Leute aus anderen Teilen des Landes an den Führungen teilnahmen, hätten diese weitere ihnen bekannte Spökenkieker-Geschichten als Parallelbeispiele genannt (rk). Insgesamt, so schließt Frau Krause, sei dies aber „eine Welt, die vorbei ist“ (rk).

Dass der alte Stadtschreiber nach wie vor eine „bekannte Stadtgröße“ ist, berichtet auch der ehemalige Pfarrer (1996 bis 2020) der katholischen St. Marien-Gemeinde, Michael Borth. Die Auseinandersetzung mit der Stadtgeschichte sei in Friesoythe lebendig und allem voran sei diese geprägt vom Zweiten Weltkrieg, infolgedessen „die Bausubstanz zu 90% zerstört wurde“ (mb). Auf die Frage hin, wie viel Glauben den Geschichten um Wreesmann noch geschenkt werde, gibt Herr Borth zu bedenken, dass „Glauben allgemein leider stark zurückgegangen“ sei (mb). Eher würden die Leute heutzutage „schmunzelnd-nachdenklich zur Kenntnis nehmen, dass er das [die Ankündigung der Stadtzerstörung, Anm. d. Verf.] gesagt hat“ (mb). Bzgl. des Begriffs der Prophezeiung äußert Herr Borth, auch im Christentum kenne man „Propheten, die Ansagen machen bzgl. der Zukunft der Gläubigen“ (mb). Allerdings würden „Prophetien gegeben von anerkannten Propheten, erwählt von Gott, um den Menschen etwas zu sagen“ (mb). So hoch würde er die Geschichte um Wreesmanns Ankündigung nicht einschätzen: Vielmehr lebe diese, weil die „Narbe des Zweiten Weltkrieges“ eine Größe sei, die noch zu sehen ist (mb). So z.B. auch an der St. Marien-Kirche, die aus Mangel an Baumaterial nach dem Krieg rund 3,5 Meter niedriger wieder aufgebaut worden sei und dadurch für Kenner neugotischer Kirchen ein etwas seltsames Erscheinungsbild aufweise (mb).

In der evangelischen Michaelis-Kirchengemeinde sind laut Uwe Löwensen (Pfarrer von 1993 bis 2007) die Geschichten um Wreesmann durchaus auch bekannt, aber vergleichsweise wenig präsent gewesen (ul). Ein Grund dafür sei, dass viele Gemeindemitglieder erst nach dem Krieg oder auch infolge desselben nach Friesoythe zugezogen sind (ul). Vielfach seien diese Zugezogenen durch die auffällige Häuserlücke auf die Erzählungen aufmerksam geworden (ul). Theologisch sieht Herr Löwensen vor allem mit der Geschichte um die vorausgesagte Stadtzerstörung keinerlei Schwierigkeiten: Es gebe Menschen mit einer prophetischen Gabe und die Ankündigung der Zerstörung spreche für Weitsichtigkeit im Hinblick auf das zerstörerische Potential des Nationalsozialismus (ul).

Als eine Art weitsichtiger Retter ist Wreesmann sowohl in die heimatliche Geschichtsschreibung als auch in das kollektive Gedächtnis der Bürgerinnen und Bürger eingegangen. Im Stadtkern steht ein lebensgroßes Denkmal, das an seine Person sowie an die große Zerstörung im April 1945 erinnert. Umso verwunderlicher bleibt es, dass sich nicht um sein Grab gekümmert wurde, welches spätestens nach Ablauf der Ruhefrist 1991 neu belegt wurde und dessen genauer Standort heute vergessen ist. Eine gewisse Ambivalenz in der Rezeption des Stadtschreibers blieb also auch nach dem Krieg bestehen. Festzuhalten ist: In Friesoythe kennt man „den alten Vierfuß“ – ganz gleich, wie man zu ihm steht und ob man den Erzählungen um ihn Glauben schenkt oder nicht. Wer dort aufgewachsen ist, ist durch erzählende Verwandte oder den Schulunterricht mit dem Stoff in Berührung gekommen. Gerade in den alteingesessenen, untereinander stark vernetzten und einflussreichen Familien, deren Mitglieder noch heute als „Paohlbürger“ (Pfahlbürger) bekannt sind, gilt es als eine Selbstverständlichkeit, bestimmte Aspekte der „Heimatgeschichte“ zu kennen. Aber auch wer neu hinzuzieht, wird früher oder später in einer regionalen Tageszeitung über Wreesmann lesen, das Denkmal entdecken oder sich fragen, warum in der Langen Straße ein Bauplatz frei geblieben ist. Im folgenden Abschnitt wird beleuchtet, wie die Sagen um den Stadtschreiber sich in einen lokalen Erzählkanon einfügen.

5.2 Der Seher als Teil des Friesoyther Sagen- und Erzählkanons

Wie wahrscheinlich aus vielen anderen Orten auch, ist aus Friesoythe ein zunächst lose erscheinendes Konglomerat von Sagenerzählungen überliefert. Interessierte müssen allerdings auf Aufzeichnungen aus alten Sagenbüchern oder Chroniken zurückgreifen, da es in den allermeisten Fällen keine lebendige Erzählkultur mehr um die jeweiligen Geschichten gibt und viele heutzutage nahezu völlig vergessen sind. Obgleich die alten Aufzeichnungen als Quellen für die Sagenforschung sehr unzureichend sind, da sie sich rein inhaltlicher Wiedergabe und Konservierung verschrieben haben und gemeinschaftsbildende Erzählkontexte komplett außer Acht lassen, sind sie häufig leider die einzig verbliebene Quelle. Derjenige Sagensammler, in dessen Werk auch einige Geschichten aus Friesoythe festgehalten sind, ist der bereits mehrfach erwähnte Ludwig Strackerjan. Sein zweibändiges Werk *Aberglaube und Sagen aus dem Herzogthum Oldenburg* erschien erstmals 1867 und in einer zweiten, von dem Priester Karl Willoh erweiterten Ausgabe, 1909.

Schaut man sich die Sagen aus Friesoythe nun genauer an[51], so fällt zunächst auf, dass viele von ihnen auf historisch ereignisreiche, häufig von Unruhe

51 Gemeint sind hier lediglich die Sagen aus Friesoythe selbst. Die zahlreichen und sicherlich nicht weniger spannenden Geschichten aus den mittlerweile zur Gemeinde zählenden umliegenden Ortschaften wurden an dieser Stelle nicht ausgewertet.

geprägte Zeiten verweisen. Das Paradebeispiel hierfür ist die Sage vom Friesoyther Pestschinken (Strackerjan und Willoh 1909: Bd. II, 186f.), welche die Gestalt und das Verschwinden der Seuche erklärte. Einige der kleinen Erzählungen haben auch moralisierenden Charakter und definieren Tugendhaftigkeit. So handeln sie bspw. von Wehrhaftigkeit: im Dreißigjährigen Krieg gegen „die Mansfelder" sowie in der Zeit der napoleonischen Annexion des Oldenburger Münsterlandes (1811–1813) gegen die Franzosen (ebd.: 352ff.); auch handeln sie von Religiosität, Bescheidenheit und Ehrlichkeit und warnen vor den Folgen von Diebstahl (vgl. ebd.); sie erzählen vom einstmals in Friesoythe blühenden Schmiedehandwerk und der Selbstbestimmung der Schmiede (vgl. ebd.: 354f.) und wissen aus „münsterschen Zeiten" (ebd.: Bd. I, 230) zu berichten, als das Oldenburger Münsterland – heute noch immer katholische Hochburg im überwiegend protestantischen Niedersachsen – noch zum Hochstift Münster gehörte. Sagenhafte Geschichten stehen also häufig in Verbindung mit historischen Ereignissen und erinnern auf mythisierende Weise daran. In einem Podcast über den Pestschinken bezeichnete die Volkskundlerin Alexa Waschkau Sagen dementsprechend als „eine Form des kulturellen Gedächtnisses":

> „Märchen und Sagen bewahren im Prinzip kulturelles und auch im Falle der Sagen vor allen Dingen historisches Wissen. Das heißt, sie sind so ein bisschen eine Form des kulturellen Gedächtnisses für uns. Das heißt also: ganz viele Dinge, die sonst vielleicht aus der Erinnerung der Menschen entschwinden würden, bewahren sich in den Sagen. Das können ganz konkrete Dinge sein, wie zum Beispiel bestimmte Berufe ausgeübt wurden in vergangenen Zeiten, wie sie sozusagen ihren Alltag gestaltet haben. Das können aber eben auch solche Dinge sein wie: ‚Warum liegen da drei große Felsbrocken auf einem Feld bei einer Stadt? Wie sind die dahin gekommen?' Aber es ist eben immer schwierig, dann tatsächlich eine Sage als konkrete historische Quelle zu benutzen, weil Sagen auch ganz gerne mal verklausuliert sind und nicht unbedingt was mit der Realität zu tun haben. Das heißt also, sie werden schon so erzählt, als könnten sie reale Dinge, die wir in unserem Alltag erfahren, erklären, zum Beispiel, aber sie müssen nicht unbedingt der Realität entsprechen oder einer historischen Wirklichkeit entsprechen, wie sie durch Quellen oder durch archäologische Funde belegbar wäre." (Alexa Waschkau 2021, in:

Da die Texte nahezu nur noch in Bibliotheken verfügbar sind, ich bei den Leserinnen und Lesern des vorliegenden Buches aber ein Interesse dafür vermute, finden sich die Friesoyther Sagen aus dem Werk von Strackerjan und Willoh im Anhang 9.3 im Volltext zitiert.

> Gutjahr und Gutjahr-Almaguer: „Pestilenz!“ – Der Podcast zur Pest, Folge 1: Pest und Schinken)

In der Auswahl der historischen Kontexte, in welchen die lokalen Sagen ankern, zeichnet sich darüber hinaus ein überregionales Muster ab. Der Sagenforscher Leander Petzoldt fasste zusammen, welche Ereignisse besonders häufig den historischen Kontext für Sagenerzählungen darstellen:

> „Prägende Ereignisse, die sich in der historischen Sage niedergeschlagen haben, sind die konfessionellen Auseinandersetzungen der Reformationszeit, der Dreißigjährige Krieg, der regional meist als die Schwedenzeit bezeichnet wird. Ebenso die Franzosenzeit der Napoleonischen Herrschaft und die beiden Weltkriege. Daneben gibt es in jeder Region bestimmte Kriegserlebnisse, Belagerungen, Zerstörungen, wunderbare Rettungen, Katastrophen und Seuchen, die sich dem kollektiven Bewußtsein eingeprägt haben.
>
> Die konfessionelle Polemik der Reformation und Gegenreformation bediente sich volkstümlicher Elemente und Formen, die bereits vorgegeben waren. [...]
>
> Kriegszeiten und Seuchen wirken lange nach, nicht jedoch durch exakte Darstellung von Fakten. Eher umgekehrt werden in der Erinnerung jeweils bestimmte Erzählmotive aktualisiert [...].“ (Petzoldt 1999: 145 f.)

Petzoldts allgemeine Beobachtungen über die historische Verankerung von Sagenstoff spiegeln sich ziemlich exakt in den Geschichten wider, die Strackerjan und Willoh aus Friesoythe zusammengetragen haben. Dementsprechend wäre es nur angebracht, die Spökenkieker-Geschichten um den Stadtschreiber Wreesmann als jüngste Ergänzung dieser Reihe – wenn auch überwiegend vergessener – historischer Sagen mit lokalem Bezug zu betrachten.

Im Jahr 1985 erschien in *Volkstum und Landschaft*, einer unregelmäßig erscheinenden Heimatbeilage der *Münsterländischen Tageszeitung*, ein Beitrag mit dem Titel *Aberglauben und Sagen aus Friesoythe*[52]. Darin wurden die Aufzeichnungen Friesoyther Sagen von Strackerjan und Willoh gebündelt – wahrscheinlich um diese wieder einem größeren Publikum zugänglich zu machen. Die rätselhaften und mysteriösen Geschichten allerdings, die über den ehemaligen Stadtschreiber seit dem Kriegsende kursierten und die damit den noch

52 Der Beitrag erschien ohne Verfasserangabe. Da er faktisch aber komplett aus Textausschnitten von Strackerjan und Willoh besteht, findet er sich hier im Literaturverzeichnis unter Strackerjan und Willoh 1985.

lebendigsten Sagenstoff Friesoythes darstellten, wurden in dem Beitrag nicht berücksichtigt. Das mag *gerade* daran liegen, dass den „Vierfuß“-Geschichten damals so viel Glauben geschenkt wurde. Viele Menschen sahen sie wenigstens teilweise als historische Fakten und korrekte Geschichtsschreibung an, weswegen es wohl nicht denkbar war, sie unter einer Überschrift mitzuversammeln, die von „Aberglauben“ spricht.

Diejenigen Friesoyther Sagen, die bis heute in der Bevölkerung weitgehend bekannt sind, sind einerseits die Geschichten um den Stadtschreiber und andererseits die Sage vom Friesoyther Pestschinken. Das ist auch damit zu erklären, dass (neben dem großen Brand von 1877) die Pest und die Zerstörung im Zweiten Weltkrieg als zwei der drei verheerenden Katastrophen der Stadtgeschichte gelten.[53] Sowohl Wreesmanns Vorgesicht zum Krieg als auch die Bannung der Pest in den Schinken sind dementsprechend Geschichten, die Grundschulkindern noch heute in heimatkundlichen Einheiten des Sachkundeunterrichts als Teil der Ortsgeschichte vermittelt werden. Dabei erleichtern die spannenden Sagengeschichten das Verständnis der historischen Hintergründe, während letztere – in vereinfachter Form – den notwendigen Kontext der lokal bedeutsamen Sagen bieten. Ein wechselseitig befruchtendes Verhältnis also. Die Geschichten um Wreesmann sind relativ jung und es lebt (und erzählt) noch so manche Person, die den betagten Stadtschreiber zwar nicht wirklich gekannt, aber zumindest selbst zu Gesicht bekommen hat. Dass außerdem die Pestschinken-Sage nicht

53 An die drei Katastrophen Pest (1567), Stadtbrand (1877) und Kriegszerstörung (1945) erinnern in der St. Marien-Kirche kunstvoll gestaltete Fensterbilder (vgl. Dalinghaus 2011: 77). Um die Feuerkatastrophe von 1877 haben sich meines Wissens nach keine Sagengeschichten entwickelt, oder diese sind verloren gegangen. Es wird auch nicht erzählt, dass „Spökenkieker Wreesmann“ das Inferno vorhergesehen haben soll. Als Chronist und Stadtschreiber hat Wreesmann sich dagegen durchaus mit dem Stadtbrand beschäftigt. In seinen nur in kleinen Auszügen veröffentlichten *Aufzeichnungen zur Geschichte Friesoythes* beschreibt er die Rettung des Krankenhauses vor den Feuersbrünsten: „Eine schwere Gefahr hatte das Haus zu bestehen am 18. Juni 1877, wo die ganze Lange Str. abgebrannt ist und der angrenzende Teil der Wasserstraße, zusammen 52 Häuser. Das Dach wurde von mehreren Männern oben naß gehalten, um dem sprühenden Feuerregen zu widerstehen, indem der scharfe Südostwind Rauch und Feuer dorthin trieb. Eine ähnliche Brandgefahr bestand in der Nacht vom 30./31. Mai 1905, auch damals sprühten mit dem Rauch unzählige Feuerfunken darüber hinweg ... es blieb von dem rasenden Element verschont. Die Kranken waren in dem kleinen Gartenhäuschen in dem nördlichen Garten untergebracht“ (Wreesmann in Woltermann 1979: 66).

wie die zahlreichen anderen Friesoyther Sagen mittlerweile vergessen wurde, liegt an ihrer Bindung an einen materiellen Gegenstand – der Pestschinken existiert tatsächlich und ist ein Ausstellungsstück im Rathaus.

Vergleicht man nun die Art und Weise, in welcher die Pestschinken-Sage und die „Vierfuß"-Geschichten noch in Friesoythe präsent sind, so fällt ein grundlegender Unterschied auf: Die Pestschinken-Sage als eine Geschichte, die Jahrhunderte zurückreicht, ist eine quasi tote Sage. Sie wird nicht mehr als „wahre Geschichte" weitererzählt und unterliegt mangels dieser mündlichen Weitergabe keinem Wandel mehr, sondern wird nur noch auf Grundlage der Aufzeichnung von Strackerjan als, im doppelten Sinn, konserviertes Stück Friesoyther Kulturgeschichte behandelt. Das schlägt sich auch schon in dem Stil nieder, in dem über den Pestschinken berichtet wurde und wird. Die Geschichte wird als Sage betitelt und als solche bspw. in heimatlichen Veröffentlichungen kulturhistorisch in ihrer Motivik analysiert. Die Autorinnen und Autoren dieser Texte stehen eindeutig in kritischer Distanz zu der Erzählung. Wirft man nun einen Blick auf die Berichterstattung über Wreesmann und seine Vorgesichte, so fällt auf, dass damit völlig anders verfahren wird. Es beginnt schon mit der Tatsache, dass besagte Geschichten in kaum einem Artikel als *Sagen* bezeichnet, sondern beinahe durchgängig als historische Zeugnisse behandelt werden. In diesem Zusammenhang sei noch einmal darauf verwiesen, wie kontrovers das Phänomen des Zweiten Gesichts diskutiert wurde: Während die Einen es als Aberglauben wie jeden anderen betrachteten, versuchten die Anderen, es wissenschaftlich herzuleiten. Der Priester Karl Willoh, der die zweite Auflage von Strackerjans *Aberglaube und Sagen aus dem Herzogtum Oldenburg* bearbeitete und stark erweiterte, bemerkte dazu:

> „Bei der Suche nach neuem Material zu diesem Abschnitte ist dem Bearbeiter der 2. Auflage einmal nahegelegt, den Abschnitt Vorspuk zu unterdrücken, denn Vorgeschichten gäbe es, also dürfe dieser Gegenstand nicht dem Aberglauben beigezählt werden. Dem Ansinnen ist nicht stattgegeben. So lange in dieser Sache nicht das letzte Wort gesprochen ist, so lange wollen wir uns nicht unnütz aufregen, sondern alles beim alten lassen, schon aus dem Grunde, weil dem Vorspuk, mag er in Wahrheit bestehen, viel Abergläubisches beigemischt ist." (Strackerjan und Willoh 1909: Bd. I, 137)

Es bestand und besteht auch bis heute kein Konsens darüber, wie das Phänomen zu verorten ist, nur hat es durch veränderte Lebensumstände an Relevanz und gesellschaftlichem Stellenwert eingebüßt. Wer daran glaubt oder seine

Tatsächlichkeit auch nur in Erwägung zieht, spricht aus Angst vor Spott häufig nur hinter vorgehaltener Hand darüber. Diese Angst mag in dörflichen oder kleinstädtischen Gemeinschaften allerdings noch nicht so sehr ausgeprägt sein, besonders wenn es um eine lokal bedeutsame Erzählung geht.

Ein anschauliches Beispiel dafür, wie Wreesmanns „Zweites Gesicht“, insbesondere seine Vorhersage der Stadtzerstörung, als Fakt behandelt wird, gibt folgender Ausschnitt aus einem Interview. Dieses wurde von dem Journalisten Heinz-Josef Laing mit Heimatvereinsvorsitzenden Ferdinand Cloppenburg geführt und erschien 1993 in der *Nordwest Zeitung* unter dem vielsagenden Titel *„Vierfuß“: Beweise gibt es.*

> „*NWZ:* Dem alten Stadtschreiber wurde bereits hinter dem Rathaus ein Denkmal gesetzt, nun ist er auch noch auf einer Fassadenmalerei an der Lange Straße verewigt. War Theodor Wreesmann denn ein so bedeutsamer Sohn der Stadt Friesoythe?
>
> *Cloppenburg:* Wenn der Stadtschreiber Theodor Kasper Anton Josef Wreesmann [sic] nicht die Gabe oder Last des zweiten Gesichts gehabt hätte, wäre er wahrscheinlich als Bedeutungslos [sic] in die Geschichte der Stadt eingegangen, denn mir ist nicht bekannt, daß Stadtschreibern, die nur als rechte Hand des Bürgermeisters ihren Dienst tun, irgendwelche besonderen Denkmale gesetzt worden sind.
>
> *NWZ:* Ihm wird nachgesagt, er habe über seherische Fähigkeiten verfügt. Gibt es dafür Beweise?
>
> *Cloppenburg:* Die gibt es. Die Mutter der Frau Schade, die an der Wasserstraße gewohnt hat, war früher im Friesoyther Krankenhaus beschäftigt. Zu dieser Zeit hat sie im Krankenhaus davon gehört, daß er die Aussage gemacht hat, daß Friesoythe in Schutt und Asche sinken würde und man vom Krankenhaus bis zum Mühlenkolk bzw. Amtsgericht sehen könne. Und genauso ist es eingetreten.“ (Laing 1993b)

Ob Herr Cloppenburg im Gespräch tatsächlich so wenig Zweifel an der Geschichte gelassen hat, oder ob diese der komprimierten Form des kurzen Zeitungsinterviews zum Opfer fielen, sei dahingestellt. Dieser und weitere bereits zitierte Zeitungsausschnitte verdeutlichen in jedem Fall, dass Friesoythe seine „Vierfuß“-Geschichten noch nicht, wie bspw. die Geschichte vom Pestschinken, eindeutig im Bereich von Sagen, Erzählungen und Mythen verortet.

Für die Konstruktion einer Friesoyther Identität sind beide Erzählgebilde, Pestschinken wie „Vierfuß“, nach wie vor neben anderen historischen und kulturellen Eigenarten ausschlaggebend. Dies schlägt sich auch in touristischen Angeboten nieder: Die Stadtführung *Mit Sagen und Geschichten durch Friesoythe* wird beworben mit den Worten: „Haben Sie schon vom Wasserhund gehört, der hier seit Jahrhunderten sein Unwesen treibt? Wissen Sie, wie die Friesoyther die Pest besiegt haben und welche Prophezeiungen des Stadtschreibers Wreesmann noch nicht eingetroffen sind?“[54] Vor wenigen Jahren las ich in einer einschlägigen Friesoyther Facebook-Gruppe einen Post, den ich leider nur noch der Erinnerung nach wiedergeben kann. Darin äußerte ein Nutzer: „Heimat bedeutet für mich: Schützengilde, Pestschinken, Hanse und Vierfuß“, ggf. in anderer Reihenfolge. Auch in einem Artikel der *Nordwest Zeitung* zum 700-jährigen Jubiläum Friesoythes werden Pestschinken und „Vierfuß“ als identitätsstiftende Bestandteile der Stadtgeschichte neben weiteren historischen Besonderheiten betont:

> „[…] Wenn das Mittelzentrum des Nordkreises Cloppenburg im kommenden Jahr sein 700-jähriges Bestehen feiert, wird sicher auch an Theodor Caspar A.J. Wreesmann und an die Geschichte mit dem Schinken erinnert. Und natürlich an Graf Otto von Tecklenburg. Der gilt als Gründer der Stadt Friesoythe am 13. September 1308. Damals stellte Graf Otto Kaufleuten aus Osnabrück Geleitbriefe zum Besuch des Marktes in Friesoythe aus und nennt den Ort erstmals ‚Stadt‘.
>
> Im Laufe der Jahrhunderte erfuhr die Stadt zwischen Cloppenburg und dem Saterland wirtschaftliche Blüte durch die Schmiedezunft. In Friesoythe hatten sich im Mittelalter Schmiede niedergelassen, die Sensen und anderes Werkzeug herstellten und exportierten. […]“ (Laing 2007)

Auch in literarischen Verarbeitungen werden Zusammenwürfe historischer wie sagenhafter Bestandteile der Ortsgeschichte vorgenommen. Bereits in meinem Buch über den Friesoyther Pestschinken habe ich herausgearbeitet, wie bspw. die folgende freie Nacherzählung der Pestschinken-Geschichte, „wenn auch recht willkürlich, Bezüge zwischen den beiden bekanntesten Sagen der

54 Kulturtourismus im Oldenburger Land. Tour: „Mit Sagen und Geschichten durch Friesoythe“. *Der Wasserhund* ist ein von Albert Faske verfasstes Märchen (Faske 2006: 18), das erst durch diese Stadtführung in einen mündlichen Erzählkontext gelangte. Die Geschichte beruht auf einer Warnung, die ein ehemaliger Vermieter Faskes an dessen Kinder gerichtet habe, wenn diese sich beim Spielen der Soeste zu sehr genähert hätten: „Passt auf, da kommt ein Wasserhund und zieht euch ins Wasser!“. In der Soeste sind bereits mehrfach Menschen ertrunken. Die pädagogisch zweifelhafte Abschreckung sollte dazu dienen, die Kinder von dem Flüsschen fernzuhalten. Im vorliegenden Buch findet sich *Der Wasserhund* im Anhang 9.4.

Stadt sowie zur weiteren Kulturgeschichte her[stellt]“ (Reuter 2021: 77) und dadurch einen spezifisch lokalen Sagen- und Erzählkanon festigt:

> „Um das Jahr 1350 litt Friesoythe eine große Not, als wieder die Pest in Norddeutschland umging. Als nichts mehr half, trat ihr ein Pestbanner, möglicherweise ein Sensenschmied und Vorfahre des Sehers Wreesmann, entgegen. Die Pest zeigte sich in Form einer blau schimmernden Wolke und drohte den Mann einzuhüllen, gewissermaßen zu verschlingen. Doch er besprach sie und hielt ihr einen Schinken entgegen, in den die Seuche hineinfuhr. Nun saß sie fest und war gebannt, hatte sie doch genug zu fressen respektive zu kauen. Eine Weile herrschte Ruhe, bis im 16. Jahrhundert noch eine andere Sorte Pestdämon umging. Doch da war der Banner längst gestorben.“ (Kuper 2018: 34)

Obgleich die lokale Bedeutung sowohl der Pestschinken- als auch der Wreesmann-Erzählungen nicht bestritten werden kann, gibt es doch unterschiedliche Ansichten darüber, als wie ausgeprägt diese tatsächlich zu bewerten sei. Der Historiker und Archivar Peter Sieve warnt vor Überinterpretation und Überbewertung. In Bezug auf Strotdrees’ These von einem „Wreesmann-Kult“ der 50er und 60er Jahre äußert Herr Sieve, dass er sie „etwas gewagt“ finde, und fährt fort:

> „Man sollte die Geschichten um den Spökenkieker ebensowenig überbewerten, wie die Geschichten um den Pestschinken, und die Kirche im Dorf lassen. Ich vermute, dass diese Erzählungen in Friesoythe vor allem deshalb so beliebt geblieben sind, weil sie einen hohen Wiedererkennungswert haben und es sie andernorts in dieser Form nicht gibt. Sie sind in gewisser Weise ein lokales Alleinstellungsmerkmal, und das dürfte auch der hauptsächliche Grund für den Heimatverein gewesen sein, ein Denkmal für Wreesmanns angebliche Vision zu stiften.“ (Peter Sieve in einer E-Mail an den Verfasser, April 2021.)

Ob man nun von „Kult“ sprechen möchte oder nicht: Das von Sieve angesprochene Denkmal für Wreesmann stellt lediglich den Höhepunkt einer langen Reihe künstlerischer Auseinandersetzungen mit dem Stadtschreiber dar. Daraus lässt sich zumindest auf ein Jahrzehnte andauerndes, ausgeprägtes öffentliches Interesse an ihm schließen. Die mythisch verklärte Person des Stadtschreibers kombiniert mit dem historischen Fakt der Stadtzerstörung hat sich seit 1945 zu einem nicht mehr wegzudenkenden Teil der Ortsidentität entwickelt. Die zahlreichen davon zeugenden künstlerischen Verarbeitungen Wreesmanns werden im folgenden Kapitel im Einzelnen besprochen.

6 Künstlerische Aufarbeitung und Verewigung im Stadtbild

> „Es existieren verschiedene Gemälde von ihm. Er war ein beliebtes Motiv und ist es bis in die jetzige Zeit.“ (Stadtarchivar Walter Beckmann im Gespräch, April 2021.)

Schon zu Wreesmanns Lebzeiten entstand 1931 das (soweit nachverfolgbar) erste Gemälde von ihm, der jüngste literarische Text wurde 2018 veröffentlicht. In diesem Kapitel soll ein chronologischer Überblick darüber gegeben werden, wie der Stadtschreiber in den letzten 91 Jahren in Gemälden und Zeichnungen, plastischen Darstellungen, Lyrik und Prosa, einem Denkmal und einem Wandbild verewigt wurde. Dabei wird, sofern möglich, untersucht, in welcher Weise die jeweiligen Werke Einfluss auf die Erzählkultur um ihn nahmen. Es muss dabei allerdings beachtet werden, dass die diversen Sagenaufzeichnungen ebenfalls bereits künstlerische bzw. literarische Verarbeitungen darstellen. Diese Texte wurden bereits an früherer Stelle ausführlich behandelt.

6.1 Plastische Darstellungen, Gemälde und Zeichnungen

> „Als Kind habe ich den Vierfuß bestimmt 20.000 Mal gezeichnet. Ich fand den vor allem vom Äußeren her beeindruckend.“ (Ein Verwandter des Verfassers im Gespräch, Oktober 2021.)
>
> „Das ist nicht gottesfürchtig, von mir ein Bild zu malen.“
> (Theodor Caspar Anton Joseph Wreesmann)

Die zuletzt zitierte Aussage soll Wreesmann laut einem Artikel der *Nordwest Zeitung* (Bickschlag 2013) erwidert haben, wenn jemand ihn zeichnen wollte – wohl, wie suggeriert wird, aufgrund der Visionen, die ihn in seinen sowie in den Augen anderer zu einem Unheilsboten machten. Dennoch waren schon zu seinen Lebzeiten Künstler daran interessiert, den Stadtschreiber abzubilden. Besagter Artikel berichtet weiter, dass es einem Künstler gelang, Wreesmann davon zu überzeugen, Modell für ihn zu sitzen: Der aus Vechta stammende und zu der Zeit in Thüle als Lehrer tätige August Kathe lernte Wreesmann 1930 kennen und wollte diesen aufgrund seiner „markanten Erscheinung“ portraitieren, wie sein Sohn Ludger Kathe berichtete (ebd.). Diese Bitte habe Wreesmann mehrfach abgelehnt, bis Kathe ihn 1931 mit dem Argument habe überzeugen können, „das Bild werde in einer Missionszeitschrift erscheinen und helfe somit dem Missionsauftrag der Kirche“ (ebd.). Die Modellsitzungen habe Wreesmann geduldig ertragen, „auch wenn er eine innere Unruhe nicht verbergen konnte oder wollte“ (ebd.). Das Ergebnis ist eine Kohlezeichnung, die den Stadtschreiber im Alter von 76 Jahren zeigt (Abb. 1) und die das einzige Bild bleiben sollte, für das Wreesmann Modell gesessen hat. Wie durch den Künstler angekündigt, erschien das Portrait in der Januarausgabe 1932 der katholischen Missionszeitschrift *Stadt Gottes*, welche von den *Steyler Missionaren* zum Unterhalt ihres Missionswerks herausgegeben wurde. Die beiden später entstandenen Portraits basieren laut der Vermutung Ludger Kathes auf dem in der Missionszeitschrift veröffentlichten Bild (ebd.). Das Original überließ die Familie Kathe im Jahr 2009 der Stadt Friesoythe (ebd.). Es hängt im alten Rathaus, heute *Postgeschichtliches Museum*, im ehemaligen Ratssaal. Ferdinand Cloppenburg teilte zudem mit, Kopien des Bildes hingen „in manchen Friesoyther Wohnungen“ (Cloppenburg 1993: 4). Ich selbst habe das Bild ebenfalls schon in einer Wohnung hängen sehen.

Eines der beiden Folgeportraits, so der Artikel weiter, stamme von einem Künstler namens Göken (Bickschlag 2013). Dieses konnte von mir nicht ausfindig gemacht werden. Auch der Friesoyther Maler und Modellierer Clemens Tenbrink zeichnete den Stadtschreiber mit einer Feder hinter dem Ohr (ebd.; Abb. 17). Sein Bild trägt den Vermerk „cop. 1932“, was darauf verweist, dass es sich dabei um eine Kopie handelt; vielleicht eine von Kathes Bild in leicht abgeänderter Form.[55] Außerdem modellierte Tenbrink den Kopf des Stadtschreibers in verkleinerter Form (Abb. 19) und schuf 1937 ein Relief desselben in Seitenansicht (Abb. 18) (Woltermann 1977a: 12) in der Größe 36,5 cm mal 30 cm. Die Datierung der Büste ist unbekannt, jedoch starb der 1904 geborene Künstler bereits im Jahr 1949. Cloppenburg schrieb 1993 über die beiden zuletzt genannten Werke, sie befänden sich im Besitz der Friesoyther Familie von Hammel (Cloppenburg 1993: 4). Im Jahr 2021 erwarb die Stadt Friesoythe das Reliefbild von Nils Peter von Hammel. Dieser habe das Erbstück auf einem Kleinanzeigen-Portal angeboten, wo es zahlreiche Interessenten dafür gegeben habe, doch sei es ihm letztendlich sinnvoller erschienen, das Bild der Stadt zu überantworten. Ein Zeitungsartikel gibt darüber hinaus noch einen Hinweis

55 In zwei Zeitungsartikeln wird Tenbrinks Zeichnung abweichend auf 1937 datiert. Es ist unklar, ob es mehrere Wreesmann-Zeichnungen des Künstlers gibt, oder ob es sich um einen Fehler handelt.

Abb. 17–19: Werke von Clemens Tenbrink. V.l.n.r.: Zeichnung (1932), Relief (1937) und Büste des Stadtschreibers von Friesoythe.

auf ein weiteres Gemälde, das auf 1975 datiert und mit dem Namen „Funke" signiert sei (Plaggenborg 2012). Es zeige Wreesmann ebenfalls mit einer Feder hinter dem Ohr und wurde der Stadt von einer Friesoyther Familie überlassen. Mehr sei darüber nicht bekannt. Auch an einen Kupferstich erinnerte sich einer meiner Gesprächspartner, doch konnte ich ein solches Werk nicht ausfindig machen.

Die Anzahl der hier ohne Anspruch auf Vollständigkeit genannten bildlichen Darstellungen sowie die Aussage, dass Kopien davon in einigen Friesoyther Privatwohnungen hingen, liefern einen Hinweis darauf, welches Interesse Wreesmann (nicht erst posthum) von einigen Seiten entgegengebracht wurde. Als „vom Äußeren her beeindruckend" beschrieb, wie eingangs zitiert, ein Verwandter von mir den Stadtschreiber. Daher habe er in seiner Kindheit, verlebt in den 1970ern, Wreesmann häufig gezeichnet. Die „markante Erscheinung", wie Ludger Kathe es formulierte, bleibt neben den Spökenkieker-Geschichten ein zentraler Faktor für die Faszination, die der Stadtschreiber ausübt, und hat die Sagenbildung begünstigt.

6.2 Gedicht: „De olle Vierfuß"

Eine erste literarische Auseinandersetzung mit dem prominenten Stadtschreiber wagte Elisabeth Osterhoff. Sie war Konrektorin einer Friesoyther Volksschule und verfasste zu diversen heimatlichen Themen Lyrik und Prosa, die weltanschaulich häufig sehr konservativ gefärbt war. Auf der Tagung des *Heimatbundes für das Oldenburger Münsterland* 1956 trug sie ihr plattdeutsches Gedicht mit dem Titel *De olle Vierfuß* vor (Cloppenburg 1992b: 402). Veröffentlicht wurde dieses 1958 sowohl in der Festschrift *650 Jahre Stadt Friesoythe* (Osterhoff 1958a: 81) als auch im *Heimatkalender für das Oldenburger Münsterland* (Osterhoff 1958b: 105). Seither wurde das Gedicht vielfach neu abgedruckt[56] und außerdem von Albert Faske ins Hochdeutsche übertragen (Faske 2006: 111 f.). Das Gedicht soll hier im Volltext wiedergegeben und seine Wirkung besprochen werden. Im Anhang 9.2 findet sich außerdem die Übersetzung nach Faske, vor allem für diejenigen Leserinnen und Leser, die Schwierigkeiten beim Lesen des plattdeutschen Textes haben. *De olle Vierfuß*:

> „Kenn gi üm noch? Hei was wiet aower 80 Jaohr,
> bit up'n Kraogen stünd üm dat griese Haor.
> Mit Fäute, grötter at gewöhnlicke Maoten,
> schlurde un sluffkede hei ower dei Straoten.
> Alltied in'n Slipprock, doch wat oltmäutsk un faohl;
> dei Timpen hüngen bolle bit uppe Eern daol.
> Dat Revers glänzde vornähm van swatte Sieden.
> Sien Slips, 'ne oltwelske Fleige ut Beßvaoders Tieden, –
> Rotzfreche Straotenjungs targden üm maol geern.
> Man, dann kunn hei ganz gräsig dull weern. –
> In sien Gesicht wassen väle Falten schräwen,
> dei vertellden us van'n swor gequält't Läben.
> Ganz deip in dit verknidderde Gesicht
> stünnen klauke Ogen mit Brunen gries und dicht.
> Dei Brille seet alltied vörne uppe spitzen Näsen;
> uppe Straoten was sei üm nich nödig wäsen.
> Hei glurde dei Lüe so dwaß blot äben an;
> menskenscheu woord mitte Tied dei einspännige Mann.
> Sien Mund was faste tausaomenknäpen,
> wat dei all vertelln kun, dröffen dei Lüe nich wäten.
> So was dei olle Wreismann, meistied Vierfuß benannt,
> us Frieseyther at Spökenkieker bekannt. –
> Jao, olle Vierfuß har dat tweide Gesicht.

56 Bspw. in folgenden Veröffentlichungen: Woltermann 1977a: 12 f.; Männergesangverein Friesoythe 1980: 44; *Münsterländische Tageszeitung* vom 14. 04. 1992; Cloppenburg 1993: 3; Cloppenburg 2003: 149; Faske 2010: 46 f.

Well dormit besäten is, dei heff dat nich licht.
Son'n Schichtkieker et mit Gewalt faoken ut'n Bedde driff,
hei mot enfach dor hen, wor't boll'n Unglück giff.
So stünd Vierfuß uck nachts achter'e Fensters tau gluren;
hei un disse Lüe wassen dann tau beduren.
Sei dachden, bi us giff't bolle Brand oder Dod
un wüßden nich in noch ut för Not.
Doch ein Vörgesicht günk us alle an.
Vierfuß sä: ‚In Frieseythe kummt't verdann,
dat verneilet werd dei ganze Stadt;
tüsken Amtshus un Krankenhus ligg alles platt.
Gi mött dann noh Pähmertange gaohn,
dor passeiert nicks, dor bliff alles staohn.'
So heff hei uck noch upp'n Sterbebedde seggt,
dei Last üm Frieseythe quälde üm recht. –
Wecke lachden; annere dachden doran,
at 1945 dei Panzer rullden heran.
Un as us ganze Stadt leeg platt,
sä'n alle Lüe: ‚Vierfuß heff doch recht hat.'
Hei seeg uck in vörut dat neie Frieseythe
un vergliekde mit Köln us hütiget Eythe.
Beläwet heff hei dat sülwest nich mehr;
1941 erlösde van dei Quaol üm dei Heer.
So lange Jaohr'n is hei hier Stadtschriewer wäsen
un heff väle in ollen Schateken läsen;
in Urkunnen, oll'n Zeitungen studeerde hei gern.
Wie mött üm vandaoge besünners noch ehrn.
Van use Vergang'nheit heff hei sien Läben
väl sammelt un mit moje Handschrift upschräben:
Van dei Tecklenborger, van Plünnern un Sieg,
van dei Pest un den datigjöhrigen Krieg;
över olle Familgen un dei Schützengilde,
was hei verdullde gaut in'n Bilde.
Hei segg uck sülwest, worümme hei dat schriff,
dat bie dei Lüe dei Heimatliebe wach bliff.
Sei schull'n 'ne Masse von ehre Vaoderstadt wäten
un jüst dat ut ollen Tien s'läwenich vergäten.
So wull dei olle Stadtschriewer in'n Grund
datsülwige at use Heimatbund."
(Osterhoff 1958a: 81)

Der ehemalige Schulrektor und Heimatforscher Clemens Woltermann bewertete das Werk als eines, „das den Schreiber und Seher von Friesoythe sehr plastisch darstellt: als einen Menschen, äußerlich unansehnlich, altmodisch gekleidet, etwas komisch und linkisch in seiner Haltung und seinem Gebaren, mit zerfurchtem Gesicht und dem vom Leid des ‚zweiten Gesichts‘ gequälten Blick“ (Woltermann 1977a: 12). Cloppenburg meinte, der Stadtschreiber sei in dem Text lebendig geblieben und wenn Zeitzeugen ihn läsen, sähen sie „das Original noch heute durch die Straßen der Stadt ‚schlurfen‘“ (Cloppenburg 1993: 4).

Ich zitierte bereits an anderer Stelle die Einschätzung des Historikers Gisbert Strotdrees, dass dieses Gedicht zusammen mit anderen Erzählberichten und Chroniken dazu beigetragen habe, dass die nach dem Krieg entstandene Erzählkultur um Wreesmann in den 50er und 60er Jahren ein „Eigenleben“ entwickelt habe (Strotdrees 2008b: 112). Tatsächlich zeichnete die Autorin in ihren Versen ein anschauliches und lebhaftes Bild Wreesmanns, das Fakten und Mythos zu einem stimmigen und geheimnisvollen Gesamteindruck vereint. Sie kombinierte das Bild des heimatlich interessierten und gebildeten Mitbürgers mit dem des gemiedenen Spökenkiekers, schaffte dadurch Glaubwürdigkeit und prägte so über Jahrzehnte die Vorstellungen, die über Wreesmann existierten und geäußert wurden. Bedauerlich ist, dass in dem Werk auch eine Verklärung der Einsamkeit und des Leids des Stadtschreibers stattfindet: Die Autorin erklärte beides zum Resultat einer unabänderlichen und übernatürlichen Schicksalslast, nämlich der des Zweiten Gesichts, anstatt mit ggf. auch selbstkritischem Blick die Ausgrenzungsdynamiken innerhalb der dörflichen Gemeinschaft in Betracht zu ziehen und zumindest nachträglich zu hinterfragen. So veranschaulichen Texte wie dieses Gedicht auch, wie man sich nach Wreesmanns Tode seiner Person bemächtigt und sie vereinnahmt hat (wie bspw. hier in den letzten beiden Versen besonders deutlich zu sehen), obgleich ihr zu Lebzeiten mitnichten die angemessene Achtung entgegengebracht worden war.

6.3 „Der Mahner deutet auf Zerstörung“ – Geschichte eines Denkmals

„Ein Denkmal für einen tüchtigen Beamten, der außerdem eine Art Original war? Diese Frage haben in den vergangenen Wochen viele neugierig gewordene Medien an Ferdinand Cloppenburg gestellt. Die Bürger Friesoythes, und nicht nur Angehörige der alten Generation, wissen, worum es in Wirklichkeit geht. Und manchen fällt es nicht leicht, darüber zu reden." (Güthlein 1989a)

„Als der Stadtschreiber Theodor Wreesmann vor der völligen Zerstörung Friesoythes warnte, sollen sich Friesoyther über ihn lustig gemacht haben. Die Prophezeiung des Sonderlings, der sonst nicht über seine Visionen sprach, mag als ‚Spinnerei' eines Spökenkiekers abgetan worden sein. Aber sie paßte offensichtlich auch nicht in die Zeit und den Zeitgeist, der vor dem Ausbruch des zweiten Weltkriegs herrschte.

Fast 50 Jahre nach dem Tod von Theodor Caspar Anton Joseph Wreesmann hat die Stadt auf Vorschlag des Heimatvereins entschieden, dem Warner und seiner Warnung ein Denkmal zu setzen." (Kreke 1990)

„Andere Städte haben einen Kaiser, einen Bismarck, einen Goethe oder Beethoven auf einem Sockel stehen, zu dem man aufblicken muß.
Friesoythe hat ‚nur' einen Wreesmann, aber den gibt es sonst nirgendwo." (Bregen et al. 1997)

Diese Zitate veranschaulichen einen Prozess, der die bislang größte und kostenintensivste Ehrung des „Sehers" darstellt: Im Jahr 1989 konkretisierte sich die durch den Friesoyther Heimatverein bei der Stadt angeregte Idee, Theodor Wreesmann ein realistisches Denkmal in Lebensgröße zu schaffen, und es wurde nach einem Bildhauer für die Auftragsarbeit gesucht (Güthlein 1989a). Auch das *NDR Radio Niedersachsen* berichtete im Zuge der Reihe *AKTUELL regional* in einem kurzen Beitrag über das Vorhaben. Dabei sollte nahe dem Rathaus nicht nur Wreesmanns Person, sondern auch des historischen Ereignisses der Zerstörung der Stadt im Zweiten Weltkrieg gedacht werden (Cloppenburg 1993: 2). Strotdrees bezeichnete das Resultat später als „ein Kriegsdenkmal, wie es wohl kein zweites Mal in Deutschland zu finden ist" (Strotdrees 2008b: 112).

Mit einem Gehrock und großen Schlappen bekleidet sollte Wreesmann laut Denkmals-Initiator Ferdinand Cloppenburg „irgendwo zwischen Krankenhaus und Amtsgericht schlurfen" (Cloppenburg laut Güthlein 1989a). Bis zu 40.000 D-Mark waren für den ca. 1,67 Meter großen Mann aus Bronze veranschlagt und als Einweihungsdatum war ursprünglich der 50. Todestag Wreesmanns am 9. April 1991 anberaumt (ebd.). Das Kunstwerk sollte „unter Auswertung vorhandener Zeichnungen und Fotografien" geschaffen werden (CH 1989). Den Auftrag, das Denkmal zu realisieren, vergab die Stadt Friesoythe schließlich, ebenfalls auf Vorschlag des Heimatvereins, an den anerkannten und

Abb. 20 & 21: Verworfene Modellentwürfe von Holger Voigts. Links: Der Stadtschreiber am Fenster mit Stadttor (Ausschnitt). Rechts: Der Stadtschreiber vor Trümmerlandschaft (Ausschnitt).

mit Förderpreisen ausgezeichneten Bremer Bildhauer Holger Voigts (Cloppenburg 1993: 2). Drei verworfene Modellentwürfe zieren noch heute den Besprechungsraum des Bürgermeisters: Der erste zeigt Wreesmann stehend und lebensgroß an einem Fenster, durch das die zerstörte Stadt mit allerdings noch intaktem historischen Stadttor zu sehen ist (Abb. 20). Der zweite zeigt den Stadtschreiber lebensgroß an einem Schreibpult stehend (Abb. auf der Rückseite des Buchumschlags). Der dritte verworfene Entwurf kommt dem tatsächlichen Denkmal in der Grundidee schon näher und zeigt Wreesmann vor einer Trümmerlandschaft (Abb. 21).

Stadt und Heimatverein entschieden sich schließlich für eine Darstellung, in der Wreesmann mit dem Zeigefinger auf eine Trümmerlandschaft deutet. Ein von Hubert Kreke verfasster Zeitungsartikel unter dem bildhaften Titel *Der Mahner deutet auf Zerstörung* (Kreke 1990) gibt Aufschluss über den Entstehungsprozess des Denkmals: Es sollte die Doppelaufgabe erfüllen, sowohl an die Person des Stadtschreibers, als auch an die Zerstörung der Stadt zu erinnern. Um beiden Aspekten gerecht zu werden, entschied sich der Künstler Voigts für eine schlichte Grundidee: Wreesmann, lebensgroß, mit Bratenrock, nach vorn gebeugt und auf einen Regenschirm gestützt, weist mit ausgestrecktem rechtem Zeigefinger auf eine Reliefplatte, welche mit dem Abbild der zerstörten Stadt „die in Bronze gegossene Erfüllung seiner Vision" zeigt. Die ausgestreckte Hand bildet dabei die Verbindung zwischen Figur und Relief (Cloppenburg 1993: 2). Kreke beurteilt die Szene wie folgt:

> „Das ist so eindeutig, daß dem Betrachter kaum eigene Deutungsmöglichkeiten bleiben, was offenkundig auch nicht beabsichtigt war. Diese figürliche Darstellung hat als Denkmal zu dienen, nicht als ein Reflexionen auslösendes Kunstwerk." (Kreke 1990)

Zudem habe der Künstler Voigts „relativ klare Vorgaben" erhalten, wie beispielsweise die Lebensgröße der Figur mit den „viel zu großen Schuhen, die Wreesmann trug" (ebd.). Hinsichtlich der Gestaltung des Kopfes hatte er mehr Freiraum: Das letzte Foto des Stadtschreibers zeigte „ein greises Gesicht: Von den klaren tiefliegenden Augen beherrscht spiegelt es Anstrengung, Erlittenes und Wachheit wieder [sic]" (ebd.). Um einen „rüstigeren" Wreesmann zu zeigen, habe der Bildhauer sich daher für die Zeichnung des Malers Clemens Tenbrink als Vorlage entschieden, die dessen Züge „kantiger, verbissener" wirken lasse (ebd.). Die figürliche Darstellung lässt, wie Hubert Kreke bemerkt, unerzählt, wie es am Ende des Zweiten Weltkriegs und vier Jahre nach Wreesmanns Tod zur vermeintlichen Erfüllung der Prophezeiung gekommen war (ebd.)[57]. Dies sei dem Umstand geschuldet, dass ein Denkmal häufig nur einen Aspekt des historischen Geschehens verbildlichen könne, wenn es nicht überfrachtet wirken solle (ebd.). Rund um das Relief, welches die Stadt skizzenhaft darstellt, zieht sich daher erklärend folgender Schriftzug, der Widerspruch kaum zulässt:

> „Der Stadtschreiber und Seher von Friesoythe Theodor Caspar A. J. Wreesmann (1855–1941) sah die fast vollständige Zerstörung der Stadt, die 1945 Wahrheit wurde, voraus."

Finanziert wurde das Projekt im Zuge der durch den Bund sowie das Land Niedersachsen geförderten Stadtsanierung: Von den 45.000 D-Mark Gesamt-

57 Kreke geht dabei jedoch von falschen historischen Tatsachen aus, nämlich vom tödlichen Schuss eines Zivilisten auf die einziehenden Truppen, welcher die Zerstörung der Stadt nach sich gezogen habe. In diesem Kontext stellt er die Frage, ob ein solcher „irregeleiteter Fanatiker" zum „Vollstrecker" einer „unabwendbaren Prophezeiung" geworden sei. Er beantwortet die rhetorische Frage selbst dahingehend, dass die Zwangsläufigkeit eher in der „Ideologie jener Zeit" gelegen habe, „in der ein Mahner ausgelacht wurde".

kosten musste die Stadt ein Kostendrittel von 15.000 D-Mark übernehmen, wovon wiederum der Heimatverein mindestens 7.500 D-Mark zu tragen sich aufgrund der stadtgeschichtlichen Bedeutung bereiterklärte (Cloppenburg 1993: 2). Diese Kostenaufteilung wurde am 19. März 1990 auf der Sitzung des Stadtrats beschlossen, die dem stadtgeschichtlichen Projekt damit grünes Licht gab (ebd.). *Denkmal für „Vierfuß“ beschlossen*, hieß es dann am 14. Dezember 1990 in der *Nordwest Zeitung*, nachdem der Stadtrat den Auftrag zur Realisierung des Denkmals nach zweimaliger Entwurfsänderung an Holger Voigts erteilt hatte (Laing 1990).

Enthüllt wurde das fertige Denkmal (Abb. 22) schließlich, nachdem Mitarbeiter des Bauhofs es aufgestellt hatten, am späten Nachmittag des 14. April 1992 um 17 Uhr. Es war der 47. Jahrestag der Stadtzerstörung und die *Nordwest Zeitung* sowie die *Münsterländische Tageszeitung* hatten in einander sehr ähnlichen Beiträgen (mc 1992; pp 1992) erneut die stadtgeschichtliche Bedeutung hervorgehoben:

> „*Denkmal läßt Stadtgeschichte lebendig werden*
>
> mc *Friesoythe.* Die Stadt und der Heimatverein Friesoythe holen heute ein Stück Stadtgeschichte, das mit dem 14. April 1945 verbunden ist, in die Gegenwart. Das geschichtliche Ereignis der schweren Zerstörung der Stadt Friesoythe im Zweiten Weltkrieg ist der thematische Gegenstand eines Denkmals, das am heutigen Dienstag beim Rathaus an der Wasserstraße der Öffentlichkeit vorgestellt wird. [...]“ (mc 1992)

Im Beisein des Künstlers enthüllten der stellvertretende Bürgermeister Liborius Hogarz und der Heimatvereinsvorsitzende Ferdinand Cloppenburg die Figur (Cloppenburg 1993: 2). Damit hätten Stadt und Heimatverein „ein Stück Friesoyther Stadtgeschichte in die Gegenwart zurück“ geholt (ebd.). Hogarz hob in seiner Rede zur Enthüllung des Denkmals anerkennend hervor, dass viele Bürgerinnen und Bürger, die Wreesmann persönlich gekannt hatten, ihm wiederholt bestätigt hätten, „daß die Skulptur in Größe, Form und Ausdruck als besonders gelungen anzusehen ist“ (in ebd.). Die Skulptur steht an der Wasserstraße hinter dem alten Rathaus und damit, unweit vom neuen Rathaus und der Kirche, überaus zentral in Friesoythe. Hogarz betonte außerdem, dass „mit dem Kunstwerk ein besonderer sinnstiftender Akzent“ gesetzt werde (in ebd.):

> „Das hier im öffentlichen Raum geschaffene Denkmal ist nicht als dekorative oder gestalterische Maßnahme mit der Sekundärfunktion gedacht, einen be-

stimmten Prozentsatz der baubezogenen Summe für einen bildenden Künstler abzuzweigen, und es soll auch nicht nur – wie die Münsterländische Tageszeitung es in ihrem Bericht am 27. Dezember 1990 richtig dargestellt hat – ‚als Reflexionen auslösendes Kunstwerk' angesehen werden. Das Kunstwerk soll vielmehr erinnern an den Stadtschreiber Wreesmann, dem wir viele geschichtliche Aufzeichnungen verdanken, und an das geschichtliche Ereignis der Zerstörung der Stadt Friesoythe im Jahre 1945. Mit der Errichtung des Denkmals soll auch der Stadtgeschichte Friesoythes zu neuer Konjunktur verholfen werden. Die Stadtgeschichte liegt dem Bürger oft näher als die Weltgeschichte; sie ist für ihn überschaubarer, fördert sein Heimatempfinden und Umweltbewußtsein. Deshalb ist es für das Fortbestehen unseres Gemeinwesens auch notwendig, daß historische Tatsachen nicht verloren gehen und geschichtliche Ereignisse auch durch darstellende Kunst ständig in Erinnerung gebracht [werden]." (Hogarz laut Cloppenburg 1993: 2)

Erneut ist hier von „historischen Tatsachen" die Rede, wobei unklar bleibt, ob damit Zerstörung, Prophezeiung oder beides gemeint ist. Auch wird das Denkmal in den größeren Kontext gestellt, neues Interesse für die Stadtgeschichte zu wecken und damit „Heimatempfinden und Umweltbewußtsein" als für das Fortbestehen des Gemeinwesens notwendige Faktoren zu fördern. Nach dem Redebeitrag von Hogarz referierte Ferdinand Cloppenburg außerdem über Familiengeschichte, Leben und die vermeintliche Sehergabe Wreesmanns im Kontext der Stadtzerstörung (Cloppenburg 1993: 2). Es wurden zudem Kopien des Gedichts von Elisabeth Osterhoff verteilt (mc 1992).

Strotdrees bemerkt, dass das Denkmal, insbesondere durch seine Inschrift, „eine Sehergeschichte zur unumstößlichen historischen Wahrheit" erkläre, obwohl – wie zuvor bereits ausgeführt – seiner Ansicht nach alles dafür spreche, dass die Erzählung erst nach dem Krieg entstanden sei (Strotdrees 2008b: 112). Die bevorzugte geographische Lage „an prominenter öffentlicher Stelle" im Ortszentrum, wo auch in einigen anderen Ortschaften Seher-Denkmäler zu finden sind[58], spiegele „die Bedeutung wider, die den ‚Seher-Figuren' und

58 Strotdrees' Aufzählung der Ortschaften mit Seher-Denkmälern lautet wie folgt: „als erstes 1962 in Harsewinkel, dann in Münster, Lüdinghausen (...) und Bad Lippspringe, darüber hinaus im ‚altwestfälischen' bzw. niedersächsischen Raum in Friesoythe und Burgdorf bei Hannover (‚Wickenthies-Brunnen')" (Strotdrees 2013: 42 f.). Nur in Münster stünde das Denkmal statt im Ortszentrum im Mühlenhof-Freilichtmuseum (vgl. ebd.). Zum einen Teil, wie auch in Friesoythe der Fall, sind diese Figuren und Denkmäler namentlich genannten Einzelpersonen gewidmet;

Abb. 22: Das „Seher-Denkmal“ beim alten Rathaus, erschaffen vom Bildhauer Holger Voigts.

der mit ihnen verbundenen Erzählkultur zeitweilig zugewiesen worden ist" (Strotdrees 2013: 43). „Das ‚Zweite Gesicht' als Erinnerungsort", der, das gilt auch für Friesoythe, „bis weit in die Nachkriegsjahrzehnte hinein die kulturelle Selbstwahrnehmung und Selbstdarstellung Westfalens" geprägt hat (ebd.: 42), manifestiert sich im sogenannten „Vierfuß-Denkmal" und erhält dadurch einen tatsächlich räumlichen Aspekt. Angesichts des von Spott und Einsamkeit geprägten Lebens Wreesmanns warfen seine Großnichte und sein Großneffe zweiten Grades in einem Zeitungsartikel allerdings die Frage auf: „Er hat furchtbar gelitten[.] [...] Was soll jetzt das Denkmal?" (laut Güthlein 1989b). Die Autorin des Artikels, Karin Güthlein, schlägt als Antwort vor, es solle vielleicht „auch ein Stück sehr verspäteter Wiedergutmachung sein" (ebd.). Im Gespräch mit mir äußerte sich Frau Liebsch positiv über das Denkmal:

> „Das Denkmal ist sehr gut getroffen. Und es zeigt, dass die Friesoyther ihn für eine Persönlichkeit halten." (Frau Liebsch im Gespräch, November 2021. Text auf Grundlage von Gesprächsnotizen.)

Im Zuge der bereits genannten *Wreesmann heute*-Umfrage befragten die Schülerinnen und Schüler der Friesoyther Hauptschule 1997 auch Passantinnen und Passanten zu dem Denkmal, ebenfalls mit interessanten Ergebnissen:

> „Direkt an Wreesmanns Denkmal, das fast gegenüber der Post liegt, stellten wir 130 Mitbürgern unsere Fragen zum Denkmal. 70% wußten, an wen oder was das Denkmal erinnern soll. 68% fanden das Denkmal gut, 14% mochten es nicht und 18% hatten keine Meinung dazu. Ein alter Herr erzählte uns, daß er als kleiner Junge den Wreesmann häufig verspottet hätte, was ihm heute, wo er durch das Denkmal immer wieder daran erinnert werde, sehr leid täte. Einige Friesoyther meinten, daß das Denkmal an einem belebteren Platz stehen sollte, andere die wohl nicht wußten, daß die Stadt selbst nur 7500,–DM Eigenanteil bezahlt hatte, waren der Meinung, daß sich Friesoythe so ein Denkmal nicht leisten sollte. Die große Mehrheit der Bevölkerung steht aber hinter der Entscheidung des Stadtrates mit dem Denkmal nicht nur an die Person Wreesmanns sondern auch an die Zerstörung Friesoythes im 2. Weltkrieg zu erinnern." (Bregen et al. 1997)

Auch den damaligen Bürgermeister Johann Wimberg befragten die Schülerinnen und Schüler zu dem Denkmal. Im Gespräch mit ihnen äußerte er, dass

zum anderen Teil stehen sie repräsentativ für „das gequälte Geschlecht" und sollen archetypische „Spökenkieker" darstellen.

die Vorhersage zur Zerstörung der Stadt „nachweisbar und glaubhaft zu sein“ scheine, er aber bei „anderen Weissagungen“ seine Zweifel habe (ebd.). Den Kostenanteil der Stadt von 7.500 D-Mark verteidigte er wie folgt:

> „Ich meine, daß diese Kosten für das Denkmal gerechtfertigt sind. Schließlich macht die Darstellung des Stadtschreibers nicht nur auf die Person Wreesmann aufmerksam, sondern insbesondere auch auf die Auswirkungen des zweiten Weltkrieges in unserer Stadt. Außerdem wird mit vielen Denkmälern nicht die Leistung einer bestimmten Person gewürdigt, sondern auf die geschichtliche Bedeutung des Menschen hingewiesen. Diese geschichtliche Bedeutung hat der Stadtschreiber Wreesmann für Friesoyther sicherlich gehabt.“ (Wimberg in Bregen et al. 1997)

Das Seher-Denkmal ist die hauptsächlich sichtbare Repräsentation der „Vierfuß“-Sagen in Friesoythe und ein wichtiger Bestandteil der lokalen Erinnerungskultur zum Zweiten Weltkrieg. In diversen für diese Arbeit ausgewerteten Artikeln werden Fotografien desselben eingesetzt, um Wreesmann bildlich darzustellen. Es findet sich ferner bspw. auf Infobroschüren wie *Friesoythe informiert. Das blaue Adress-, Behörden- und Firmenhandbuch*. Der *Heimatbund für das Oldenburger Münsterland* wählte das Denkmal als Covermotiv für sein Jahrbuch 2020 und der Wikipedia-Artikel Friesoythes listet es als Sehenswürdigkeit. Schulklassen statten dem „ollen Vierfuß“ im Zuge des Geschichtsunterrichts Besuche ab. Jüngst wurde das Denkmal auf einem von der Künstlerin Britta Kauß im Auftrag eines lokalen Herrenbekleidungsgeschäfts gezeichneten „Friesoythe Poster“ neben anderen charakteristischen Motiven abgebildet (o.V. 2021: 23).[59] Auch der Kulturtourismus nutzt ihn als Anlaufstelle: So ist durch die *Nordwest Zeitung* ein durch Gästeführerinnen des Erholungsgebiets Thülsfelder Talsperre angeleiteter Besuch von 34 Mitgliedern des Garreler Heimatvereins beim Seher dokumentiert, welcher Teil einer „KULT tour zu Fuß und mit dem Rad“ war (HEV 2007). Das Denkmal ist auch unverzichtbare Anlaufstelle bei den gut besuchten Stadtführungen von Roswitha Krause und ihren Kolleginnen, die dort über den Kriegsverlauf in Friesoythe berichten und Fotografien davon zeigen, wie die zerstörte Stadt nach Erfüllung der Prophezeiung ausgesehen hat (rk). Meine Schwester erzählte mir kürzlich sogar, ihre Gruppe in der Hundeschule habe gemeinsam das Denkmal besucht – der Trainer habe es wichtig gefunden zu schauen, ob die

59 Der Pestschinken findet sich darauf, unverständlicherweise, nicht.

Hunde Angst vor einer solchen Figur hätten. Auf der Website „Open Caching" findet sich darüber hinaus eine mittlerweile nicht mehr aktuelle Geocaching-Route, die beim Seher-Denkmal ihren Startpunkt hatte und von dort aus durch Friesoythe führte.[60] Wenn in der Lokalpresse über Friesoyther Sehenswürdigkeiten berichtet wird, ist „Der Seher" stets eine der empfohlenen Anlaufstellen (bspw. in cf 2019a) und wurde auch schon mit folgenden schwungvollen Worten beworben:

> „Einmal in die Zukunft sehen, das wünscht sich wohl so mancher. Einer, der das angeblich wirklich konnte, war Theodor Wreesmann. An ihn erinnert eine Skulptur an der Wasserstraße, die ‚Der Seher' genannt wird." (Heykes 2019)

Vor einigen Jahren[61] wurde durch den Heimatverein am alten Rathaus, wenige Meter von dem Denkmal entfernt, eine Infotafel angebracht, deren Aufschrift wie folgt lautet:

> *„Der Seher von Friesoythe*
>
> Der Stadtschreiber Theodor Caspar A.J. Wreesmann (1855–1941) hatte das so genannte ‚Zweite Gesicht'. Im Volksmund ist überliefert, dass er in den 1920-er Jahren eine große Zerstörung seiner Heimatstadt Friesoythe vorausgesagt hat. Seine Worte ‚zwischen Krankenhaus und Amtsgericht werde alles platt darniederliegen' wurden Mitte April 1945 bei den Kämpfen um Friesoythe traurige Wirklichkeit. An der Lange Straße und an der Mühlenstraße stand kein Haus mehr – man konnte über die Trümmer hinweg vom Krankenhaus bis zum Amtsgericht blicken. An dieses Geschehen erinnert das vom Bremer Bildhauer Holger Voigts geschaffene bronzene Denkmal mit einem Relief der zerstörten Stadt, auf die der Stadtschreiber mit ausgestreckter Hand weist.
>
> Heimatverein Friesoythe e. V."

Die Infotafel ergänzt das Denkmal um detailliertere Informationen und richtet sich hauptsächlich an Ortsfremde, die mit der Geschichte noch nicht vertraut sind und denen berichtet wird, was „im Volksmund" überliefert sei. Gleichzeitig bekräftigt sie – einmal mehr – den Wahrheitsanspruch der Erzählung.

---

60 Open Caching Website. Seit 2011 inaktiver Cache: Der „Seher" von Friesoythe. Geocaching ist eine Art Schnitzeljagd, die GPS-Signale zur Koordination verwendet.

61 Eine genaue Jahresangabe konnte nicht ermittelt werden.

2011 wurde das Denkmal mutwillig beschädigt. *Kriminalität: Diebe zerstören Seher-Denkmal*, berichtete im Juli desselben Jahres die *Nordwest Zeitung* (Meyer 2011c). Auch diverse weitere Blätter veröffentlichten Presseberichte zu dem Vorfall[62]: Im Zuge einer Reihe von Metalldiebstählen wurde das Reliefbild des Seher-Denkmals „mit brachialer Gewalt“ aus seinem gemauerten Sockel gebrochen und entwendet (höf 2011). Heimatvereinsvorsitzender Cloppenburg habe die Tatfolgen zufällig entdeckt und gemeldet, woraufhin polizeiliche Ermittlungen aufgenommen wurden (Meyer 2011c). Der damalige Bürgermeister Wimberg zeigte sich wütend und betonte, dass derartige Diebstähle „nicht ungesühnt bleiben“ dürften (ebd.). Die Kosten für die Wiederherstellung des Denkmals schätzte die Stadt auf 10.000 Euro und setzte, gemeinsam mit dem Heimatverein, eine Belohnung von 2000 Euro auf zielführende Hinweise zur Ergreifung der Verantwortlichen aus (ebd.). Ergänzt wurde die Berichterstattung über den Diebstahl durch ein Foto, welches Polizei-Hauptkommissar Heinz Niemann, Bürgermeister Johann Wimberg und Heimatvereinsvorsitzenden Ferdinand Cloppenburg bei der Besichtigung des Tatorts zeigte und damit die tatkräftige Zusammenarbeit von Polizei, Stadt und Heimatverein symbolisieren sollte (ebd.). Die Stimmung war aufgeheizt: „Ich bin entsetzt, zornig und böse“, betonte Ferdinand Cloppenburg der Presse gegenüber (höf 2011) und Johann Wimberg äußerte gar: „So etwas hat die Stadt Friesoythe noch nie erlebt“. Die *Münsterländische Tageszeitung* veröffentlichte einen Kommentar mit dem drastischen Titel *Ein Stück Identität beschädigt*, demzufolge vor allem das „individuelle Gefühl der Friesoyther in Verbindung mit ihrer intensiven Geschichte“ beschädigt worden sei (Höffmann 2011). Der Kommentator polemisierte darin außerdem, dass der Täter froh sein könne, „dass der ehemalige Generalstaatsanwalt [Ferdinand Cloppenburg, Anm. d. Verf.] nicht mehr beruflich aktiv ist …“ (ebd.). Wie von der Polizei erwartet, konnte die entwendete Reliefplatte nicht wiedergefunden werden und ist wahrscheinlich eingeschmolzen und zum Materialpreis verkauft worden. Im Zuge einer nicht-öffentlichen Diskussion dieses Kriminalfalls wurde ich damals Zeuge einer Aussage, die wohl eine mögliche Kehrseite des Heimatempfindens darstellte: Es müssten, so der empörte Diskutant, ja „Ausländer“ gewesen sein, weil „deutsche Metalldiebe“ sich nicht an einem Denkmal vergreifen, sondern sich auf Dachrinnen beschränken würden. Diese Aussage bedarf wohl kaum eines weiteren Kommentars. Der Bildhauer Holger Voigts fertigte schließlich ein neues Exemplar

62 Um einige der Artikel zu listen: höf 2011; Meyer 2011a,b,c; o.V. 2011a,b.

Abb. 23: Der „Mahner“ mit Mundnasenschutz im April 2020.
Abb. 24 (im Kasten oben rechts): Die „Vierfuß-Statue“ mit Solidaritätsaufruf.

der Reliefplatte an, womit das beschädigte Denkmal am 27. April 2012 wiederhergestellt wurde (Heimatbund für das Oldenburger Münsterland 2013: 436).

Das Seher-Denkmal ist eines von drei Denkmälern im Ortszentrum, welche Personen darstellen. Die beiden anderen sind eine lebensgroße Figur des aus Altenoythe stammenden Theologen Heinrich Totting von Oyta (ca. 1330–1397), welcher die theologische Fakultät der Universität Wien mitbegründet haben soll, sowie die figürliche Darstellung eines Schmiedes bei der Arbeit, welcher an eine Periode der Stadtgeschichte erinnert, in der das Schmiedehandwerk und die Metallverarbeitung einen wichtigen Wirtschaftszweig dargestellt haben. Von Zeit zu Zeit und zu bestimmten Anlässen kommt es vor, dass besagte Figuren von Einzelpersonen kurzweilig kreativ zweckentfremdet werden, bspw. für eine öffentliche Meinungsäußerung. So gehörte der bronzene Stadtschreiber etwa zu den ersten, die im Zuge der Corona-Pandemie einen Mundnasenschutz trugen, wie ich auf einem Spaziergang Ende April 2020 entdeckte (Abb. 23), und konnte dadurch indirekt erneut als „Mahner“ tätig werden. Ebenfalls im Zuge der Pandemie nutzte die aus Friesoythe stammende Aktivistin Lena Wewer, wie die *Nordwest Zeitung* berichtete (Elsen 2020), die sogenannte „Vierfuß-Statue“, um ein politisches Statement zu setzen: Sie hängte ihr ein Pappschild mit der Aufschrift „Griechische Lager sofort evakuieren! #LeaveNoOneBehind“ (Abb. 24) um den Hals, womit sie eigener Aussage zufolge auf die „missachtete humanitäre Notlage“ in den griechischen Flüchtlingslagern aufmerksam machen wollte, um auch im relativ sorgenfreien ländlichen Raum ein Zeichen der Solidarität zu setzen. Aktionen wie die genannten verdeutlichen, dass das „Seher-Denkmal“ schon längst nicht mehr exklusiv dem Gedenken an den Zweiten Weltkrieg vorbehalten ist. Das mag daran liegen, dass in Friesoythe andere Orte noch eindeutiger dem Gedenken an die Opfer des Zweiten Weltkriegs und der nationalsozialistischen Verbrechen gewidmet sind. Dass er sowohl an die Kriegsfolgen als auch an eine historische und irgendwie wohl kultige Persönlichkeit erinnern soll, die noch immer nahezu alle langjährigen Friesoytherinnen und Friesoyther kennen, macht den lebensgroßen Bronze-„Vierfuß“ zu einem öffentlichen Ort, der nicht auf einen einzigen Zweck reduziert werden kann.

6.4 Fassadenmalerei am unbebauten Grundstück

> „Die rückwärtige Wand eines unbebauten Grundstücks an der Lange Straße präsentiert sich farbig. Mittendrin prangt ein Konterfei des früheren Stadtschreibers.“ (Laing 1993a)

Gemeint ist hier die Häuserlücke, die der Erzählung nach nicht bebaut werden darf: Dort entstand im September 1993 eine farbenfrohe Fassadenmalerei. Die beiden jungen Künstlerinnen Michaela Plaggenborg und Brigitta Norrenbrock ließen mit Unterstützung des Vereins *Stadtverschönerung Friesoythe* an der Wand, welche das Grundstück nach hinten hin begrenzt, das bunte Bild eines gut besuchten und lebhaften Straßencafés entstehen (Laing 1993a), an dessen Rand Wreesmann allein an einem Tisch sitzt und wie ein Anachronismus in der modernen Szenerie wirkt (Abb. 25). Heiner Schepers, der Besitzer des Grundstücks, witzelte später, Wreesmann habe damals im Vorbeigehen schon „sein Spiegelbild als Wandmalerei in der Zukunft gesehen“, womit die berüchtigten Spazierstopps des Stadtschreibers zu erklären seien (Schepers laut Plaggenborg 2012).

In einem Bericht der *Münsterländischen Tageszeitung* (sim 1993) äußerten die Künstlerinnen, dass ihnen der Einfall „eher spontan“ bei einem Besuch

Abb. 25: Das unbebaute Grundstück mit Wandmalerei (2021).

des gegenüberliegenden Cafés gekommen sei, weil die „eher häßliche Steinwand [...] nicht gerade schön im Stadtzentrum“ gewirkt und „dringend [habe] irgendwie verändert werden“ müssen. Ihr habe „ein freundliches Aussehen“ verliehen werden sollen (ebd.). Auf die magisch aufgeladene Bedeutung der Häuserlücke geht der Artikel nicht ein, sondern bemerkt lediglich in einer Bildbeschreibung, dass „der ältere Mann im Vordergrund“ der „Seher“ Theodor Wreesmann sei (ebd.). Die *Nordwest Zeitung* berichtete, die beiden jungen Frauen hätten 180 Stunden ehrenamtlicher Arbeit in das Projekt investiert (Laing 1993a). Das Baugerüst habe ein Friesoyther Unternehmen gestellt und die Farben im Wert von 800 D-Mark habe die *Stadtverschönerung Friesoythe* bezahlt (ebd.). Aufgrund von logistischen Problemen konnte die Wand vor der Bemalung nicht verputzt werden (ebd.). Auch auf einen „Bezug zur Geschichte Friesoythes“ geht der Artikel ein:

> „Und weil das Bild nicht nur alltägliche Szenen aus Cafe und Straßenleben zeigen soll, sondern auch einen Bezug zur Geschichte Friesoythes, setzten Michael [sic] Plaggenborg und Brigitta Norrenbrock künstlerisch um,

> was ihnen zu Ohren gekommen war: Der frühere Stadtschreiber Theodor Wreesmann, im Volksmund ‚Vierfuß' genannt, soll mit seinen seherischen Fähigkeiten vorhergesagt haben, daß der dritte Weltkrieg ausbricht, falls das Grundstück jemals bebaut wird.“ (Laing 1993a)

Das Wandbild in der Häuserlücke war diesen Berichten zufolge ein unvermittelter Einfall, welcher dem ästhetischen Empfinden der beiden Künstlerinnen entsprungen ist. Mit der Abbildung Wreesmanns hätten sie lediglich etwas eingebunden, „was ihnen zu Ohren gekommen war“ (ebd.). Dementsprechend wirkt es zunächst vielleicht ein wenig überdramatisiert, dass die *Nordwest Zeitung* 2017 rückblickend über das Wandbild schrieb: „Der Fluch war sogar so präsent, dass Vierfuß am Grundstück selbst verewigt wurde“ (Elsen 2017a). Durch das Bild und den neuen Gesamteindruck des Ortes allerdings mag „der Fluch“ auch wieder präsenter geworden sein. In Abschnitt 4.5 erläuterte ich bereits den prägenden Eindruck, den die Häuserlücke mit dem Wandbild und der dazu erzählten Geschichte auf mich als Kind gemacht hat. Der Besuch des „offiziellen“ Wreesmann-Denkmals konnte dem nie gleichkommen. Nicht, dass ich die lebensgroße Bronzeskulptur uninteressant gefunden hätte, aber den Nervenkitzel, die Angstlust oder *den Thrill* brachte einzig und allein die Häuserlücke.

In jüngster Zeit mehren sich die Hinweise, dass das Bild in absehbarer Zeit ersetzt werden könnte. An anderer Stelle erwähnte ich bereits, dass der Bürgermeister den Einfall äußerte, die Häuserlücke könne touristisch interessanter umgestaltet werden. Damit verbunden wäre auch ein neuer Anstrich für die Wand. In einem Zeitungsartikel über eine aktuelle Ausstellung ihrer jüngeren Arbeiten äußerte die Künstlerin Michaela Plaggenborg bzw. heute Rumpke jüngst sogar eine konkrete Vorstellung zur Umgestaltung der Wand:

> „30 Jahre ziert das Motiv nun schon die Freifläche an der Langen Straße, die nie bebaut wurde, da der alte Vierfuß als ‚Seher von Friesoythe' vor dem Ausbruch des Dritten Weltkrieges warnte, sollte je ein Haus die Lücke füllen. Heute lässt man sich hier, ähnlich wie auf der Darstellung, Eis, Pizza und Pasta unter Schirmen schmecken. [...]
>
> Blickt sie heute auf ihr überdimensionales Erstlingswerk an der Langen Straße hat es bezüglich seiner Farben im Laufe der Jahrzehnte Federn gelassen. Statt sie aufzufrischen, würde die Künstlerin das Motiv, sofern gewünscht, jedoch komplett entfernen, um danach etwas komplett Neues zu schaffen: Friesoythe als eine Art Stadtplan schwebt ihr vor und damit Kunst

> als Karte, die auf der Fläche ebenso beeindruckt wie informiert.“ (Wimberg 2022)

Ob das charmante und liebgewonnene Erstlingswerk bald tatsächlich einem neuen Motiv weichen muss, bleibt abzuwarten.

6.5 Das fiktive Interview

> „‚Sie sehen also Gespenster?‘
>
> ‚Erscheinungen.‘
>
> ‚Interessant.‘ Der Mann im Arztkittel ließ den Bleistift übers Papier huschen. ‚Fangen wir systematisch von vorn an, Herr Wreesmann. Theo Wreesmann, sagten Sie?‘“ (Kuper 2018: 52 f.)

Dieser fiktive Gesprächseinstieg entstammt der bislang jüngsten künstlerischen Auseinandersetzung mit dem Stadtschreiber, erschienen im Jahr 2018. Der Meppener Schriftsteller und Kulturwissenschaftler Michael Kuper hatte für eine Recherche über Wreesmann mehrere Tage in Friesoythe verbracht und Bürgerinnen und Bürger befragt (Bickschlag 2017), u. a. den Heimatvereinsvorsitzenden Cloppenburg (Bickschlag 2018). Das Resultat seiner Forschung erschien in dem Bändchen *Wenn't späukt … Moorgeister, 4 fuß, Spukorte*, einer der zahlreichen kleinen Broschüren, die Kuper bereits über lokalen Sagenstoff aus dem Emsland und dem Oldenburger Münsterland veröffentlicht hat. Der Autor wählte dabei die besondere Textform eines fiktiven Interviews, um sich Wreesmanns Person anzunähern, und ließ den ehemaligen Stadtschreiber damit sowohl die Rechercheergebnisse als auch einige durch den Autor frei erdachte Weiterführungen selbst erzählen. Der Titel des Textes lautet: *Wehe, wenn der Wreesmann kommt … Untersuchung über 4 fuß, den Seher von Friesoythe.*[63] Das Interview nimmt viel Raum ein in dem 80-seitigen illustrierten Büchlein.

Das Setting gestaltet sich wie folgt: Im Jahr 1938 sitzt der bereits 84-jährige Theodor Wreesmann im Besprechungsraum des Friesoyther Krankenhauses einem Medizinalrat Dr. Schlichting aus Berlin gegenüber. Dieser fiktive Charakter ist Psychiater mit Schwerpunkt Eidetik, glühendes Mitglied der NSDAP

63 Warum Kuper die eigenwillige Schreibweise „4 fuß“ gewählt hat, wird nicht ersichtlich.

und der „SS Forschungsgruppe Ahnenerbe“ sowie Assistent von bereits zuvor genanntem Karl Schmëing, der tatsächlich während des Nationalsozialismus Forschungen zum Zweiten Gesicht angestellt hat, die meines Wissens nach aber keinen Bezug zum „Ahnenerbe“ hatten. Das Gespräch beginnt relativ harmlos mit der Abfrage persönlicher Daten, doch macht sich rasch eine zunehmende Antipathie zwischen den beiden Männern bemerkbar. Wreesmann, überzeugt von seinen Gesichten, wehrt sich gegen die versuchte Pathologisierung derselben. Schlichting, in seiner faschistischen Grobheit, sieht in Wreesmanns Gesichten eine nützliche Gabe, die dem NS-System nutzbar gemacht werden könnte. Er prüft Wreesmann auf dessen eidetische Veranlagung, versteht aber die nuancierten Beschreibungen der Zustände des „Sehers“ nicht, der als Voraussetzung seiner Fähigkeit seelische Tiefe und Sensibilität angibt. Wreesmann reagiert wortkarg auf die Fragen Schlichtings und gerät nur selten ins Erzählen.

> „Der Doktor aus der Großstadt schüttelte den Kopf. ‚Was soll ich mit Ihnen machen, Rätsel Wreesmann? Erklären Sie doch bitte mal in Ihrem [sic] eigenen Worten, wie das ‚Schichtkieken‘ abläuft und was dabei vor sich geht, Theo.‘
>
> ‚Das ist nicht so einfach zu erklären. Worte passen dabei oft gar nicht – ins Bild. Sie wollen nicht … greifen.‘
>
> ‚Versuchen Sie es trotzdem, Herr Wreesmann. Bitte!‘
>
> ‚Dat overföllt mi!!‘ Wreesmann vergriff sich in der Tonlage und schrie nach kurzem Sinnieren schrill: ‚Dat overföllt mi.‘
>
> Der Doktor schaute ungerührt, beinahe gelangweilt. ‚Und weiter?‘“ (Kuper 2018: 52f.)

Auch nimmt Wreesmann kein Blatt vor den Mund und äußert sich mehrfach mehr oder weniger offen despektierlich über den Nationalsozialismus, während sein eigener Katholizismus betont und als Gegenpol dazu aufgebaut wird. Schlichting setzt dem schließlich wüste Drohungen entgegen und das Interview geht in ein bedrohliches Verhör über. Wahrscheinlich als Ausdruck von Bescheidenheit und Bodenständigkeit äußert Wreesmann sich auch negativ und freidenkerisch über die brachiale und hochfliegende Ästhetik des Nationalsozialismus: „Ich mag kein Gedöhns und Gedröhns. Alles zu pompös, pathetisch und zu unverhohlen kriegslüstern“ (Kuper 2018: 50). Als Wreesmann schließlich über sein Gesicht von der Zerstörung der Stadt Friesoythe berichtet, macht der Psychiater, der Wreesmanns Vorschauen zuvor ernst genommen hatte, diese lächerlich, und rät drohend an, darüber nicht öffentlich zu sprechen, sondern mehr Vertrauen in „den Führer“ zu haben. Wreesmanns Sehergabe lässt sich also nicht durch den NS-Psychiater vereinnahmen und neigt sogar zur Subversion, da sie ein zerstörerisches Resultat des Nationalsozialismus vorzeitig sichtbar werden lässt.

In seinem fiktiven Interview bzw. Verhör vermengt Michael Kuper gut recherchierte Fakten und Zeitzeugenberichte mit Fiktion: Über Wreesmanns Haltung zum Nationalsozialismus gibt es keinerlei Quelleninformationen und so stellt Kupers Schlussfolgerung, der fromme Katholik müsse diesen abgelehnt haben, eine Idealisierung sowohl des Charakters Wreesmanns als auch des Katholizismus dar. Auch einige Vorschauen aus Wreesmanns Jugendjahren dichtet der Autor hinzu, bspw. die Sichtung eines Automobils, bevor es solche tatsächlich gegeben hat. Das Vorschauen von Technologien ist neben der Spuksichtung ein weit verbreitetes Motiv in Sehersagen und fügt sich daher passend ein. Häufig betont wird die Ohnmacht des Sehers gegenüber dem Gesehenen („Dat overföllt mi!!“, also „Das überfällt mich!!“). Das Gesehene sowie eine danach eintretende Erschöpfung werden als Belastung beschrieben, die Wreesmann aber stoisch erträgt. In anderem Kontext erwähnt Wreesmann, dass er „von Natur aus kein Bangebüx“ (ebd.: 59; in etwa: Angsthase) sei. Selbst auf seine Haarfarbe wird eingegangen: Die im Alter ergrauten Haare könnten früher „flachshell bis rötlich gewesen“ (ebd.: 50) sein, was eine Anspielung auf die bereits erwähnten Verse von Annette von Droste-Hülshoff sein könnte (die der fiktive Wreesmann darüber hinaus als eine favorisierte Autorin nennt), in denen von „blonden, flächsernen Haaren“ bei „Sehern“ die Rede ist.

Wie nahe Kupers Charakterisierung der tatsächlichen Person Wreesmanns kommt, muss dahingestellt bleiben. Eine vom Autor beim Heimatverein vorgeschlagene öffentliche Aufführung des Dialogs als Theaterstück kam nicht zustande, da man dort die Vermengung von Fakten und Fiktionen über Wreesmann nicht für adäquat hielt. Der Historiker Peter Sieve äußerte folgendes, nachdem ich ihn auf den Text aufmerksam gemacht hatte:

> „Es ist ja erstaunlich, wie sehr die Geschichte des Stadtschreibers von Friesoythe immer noch die Phantasie mancher Leute anregt. In ähnlicher Form haben phantasievolle Erzähler vielleicht auch schon in früheren Jahrhunderten um Figuren wie Eulenspiegel oder Dr. Faustus ihre Geschichten gesponnen und immer weiter ausgeschmückt, bis von den historischen Urbildern fast nichts mehr zu erkennen war.“ (Peter Sieve in einer E-Mail an den Verfasser, Mai 2021.)

Unabhängig vom Wahrheitsgehalt bietet Kupers fiktives Interview bzw. Verhör eine lebhafte Darstellung Wreesmanns als spuksichtigem Stadtschreiber und baut den Charakter unter Bezugnahme auf klassische Spökenkieker-Motive weiter aus. Die eher statische Form der Gedenkkultur, wie bspw. das Seher-Denkmal sie repräsentiert, wird hier durchbrochen und die lokalen Leserinnen und Leser können sich ihren „Spökenkieker“ bei der Lektüre, wie auch schon beim Gedicht von Elisabeth Osterhoff, als lebenden Menschen vor Augen führen – in eindeutig idealisierter Form. Das bedrohliche Setting ruft zudem in Erinnerung, dass der Friesoyther Stadtschreiber seinen Lebensabend in den finstersten Jahren der deutschen Geschichte verleben musste.

7 Ausblick und Resümee

> „Neulich bin ich am alten Teil des Krankenhauses ein paar Minuten stehen geblieben und da habe ich noch an ihn gedacht. Man kann noch sehen, wo früher die große Treppe war. Hinter dem ersten und zweiten Fenster links davon hat er gewohnt. Als Kinder sind wir ab und zu dort hingelaufen, weil wir wussten, dass dort der ‚Vierfuß' wohnte. Vor einem der Fenster sind nun Gitter und daneben wachsen Rosenranken oder etwas ähnliches. Sie können es sich auf dem Rückweg ja mal anschauen." (Elisabeth Olberding im Gespräch, November 2021. Text auf Grundlage von Gesprächsnotizen.)

Die Erinnerungen an den hochbetagten Stadtschreiber a. D. sind nach wie vor lebendig. In den journalistischen Texten über Wreesmann wird der Ton allmählich skeptischer. Während zahlreiche der in diesem Buch ausgewerteten Artikel dazu beigetragen haben, die „Vierfuß"-Erzählungen mehr oder weniger mit historischen Fakten gleichzusetzen, so wird mittlerweile zunehmend betont, dass „wenig belegt" sei. „Um den Stadtschreiber von Friesoythe ranken sich viele Geschichten. Erzählungen, die zwar kaum belegt, dafür aber nachhaltig bis heute in Erinnerung sind" (Bickschlag 2019b), heißt es in einem der jüngeren Beiträge der *Nordwest Zeitung* zu diesem Thema. Und trotz dieser differenzierenden Vorsicht trägt der Text den eindeutigen Titel *Vorhersage hat Leben gerettet.* Die Heimatbeilage der *Münsterländischen Tageszeitung* verkündete 2018 mit Verweis u. a. auf Wreesmann in einer Überschrift zwar noch: *Das „Zweite Gesicht" gibt es auch bei uns* (Pille 2018), doch wird bei der Lektüre des Artikels rasch deutlich, dass der Autor damit eher auf die Erzähltradition referiert und sich dabei weder zum Glauben an das Phänomen bekennt, noch sich davon distanziert. Er schließt seine Ausführungen wie folgt:

> „Ragt die Traumwelt bei zartbesaiteten Naturen und kindlichen Seelen in den Wachzustand? Alles Aberglaube, der mit christlichem Glauben nicht vereinbar ist? Pragmatiker sind sich sicher: Die angebliche Wahrsagefähigkeit entpuppt sich bei näherer Untersuchung – wie bei der Astrologie, der Kristallkugel, dem Kaffeesatz – nachweisbar fast immer als Täuschung und Selbsttäuschung, auch wenn das Vertrauen eines überraschend großen Teils der Bevölkerung in ihren Glauben an das Phänomen des ‚Zweiten Gesichts' nicht zu erschüttern ist." (Pille 2018: 9)

Auch auf solche Weisen äußert sich wohl die laut Helge Gerndt für Sagen charakteristische „Doppelheit von Wahrheit *und* Zweifel" (Gerndt 2020: 9.

Herv. i. O.). Dennoch wird, je mehr Zeitzeuginnen und Zeitzeugen sterben und je weniger die damalige Zerstörung der Stadt noch Einfluss auf die heutige Lebensrealität nimmt, der Zweifel letztendlich wohl überwiegen. Meine Großmutter bemerkte außerdem: „Heutzutage sind die Menschen nicht mehr für Spuk empfänglich und solche Geschichten würden sich nicht mehr herumsprechen. Man hat sie sich auch zum Zeitvertreib und zur Unterhaltung erzählt und dafür gibt es heute andere Mittel."

Eine der größten Herausforderungen beim Verfassen des vorliegenden Buches bestand für mich in dem Versuch, Fakten und Fiktionen aufzudröseln und voneinander zu trennen, bspw. in dem Versuch einer Biografie Wreesmanns. Gerne wollte ich seiner Person trotz der dürftigen Quellenlage gerecht werden, doch ob mir dies gelungen ist, wird kaum jemals herauszufinden sein, da viel zu wenig über den Menschen hinter der sagenhaften Figur einwandfrei überliefert ist. Habe ich in meiner Rolle als kritisch hinterfragender Forscher Wreesmann einen Gefallen damit getan, ihn zunächst weitgehend abseits vom Klatsch und Tratsch über ein vermeintliches „Zweites Gesicht" vorstellen zu wollen? Oder machten Visionen von Tod und Zerstörung tatsächlich einen wesentlichen Zug seiner Persönlichkeit und seines Lebens aus und ich habe vielmehr den Zeitzeuginnen und Zeitzeugen Unrecht damit getan, ihre Aussagen über ihn als subjektive Eindrücke zu werten, die zwar Aussagekraft besitzen, aber keine stichhaltigen historischen Belege sind? Auch diese Fragen werden sich nicht mehr mit Bestimmtheit beantworten lassen, sollten aber durch die Leserinnen und Leser beim Resümieren über den vorliegenden Text reflektiert werden.

Was aus diesem Buch zweifelsfrei hervorgehen sollte, ist, dass die Erzählungen um Wreesmann zwar in ihrer spezifischen Ausgestaltung einzigartig sind, aber in der jahrhundertealten Erzähltradition des Zweiten Gesichts stehen und deren charakteristische Merkmale aufweisen. Obgleich es mit und nach dem Zweiten Weltkrieg in Deutschland ein Wiedererstarken des Glaubens an das Paranormale gab, verlor das Zweite Gesicht als Erzählmotiv rapide an sozialer Relevanz und der Glaube daran ist heutzutage kaum noch vorhanden. Die Erzählungen um den Stadtschreiber von Friesoythe gehören damit zu den jüngsten und wahrscheinlich auch letzten dieser Art. Vor Ort wird ihnen allerdings ein zwar abnehmendes, aber noch immer erstaunlich hohes Maß an Glaubwürdigkeit zugeschrieben, was sich vor allem darin niederschlägt, dass insbesondere die vermeintliche Voraussage zur Kriegszerstörung in zahlreichen Publikationen heimatlicher Geschichtsschreibung sowie in einem Kriegsdenkmal als historischer Fakt behandelt wird.

Es war mir ein Anliegen, die Erzählkultur um Wreesmann in ihrer Gänze und all ihren zahlreichen Facetten darzustellen und möglichst das vollständige auffindbare Material auszuwerten, das Aufschluss gibt über den Wandel der Rezeption seiner Person und der an sie geknüpften Geschichten. Als ein historisch an den Zweiten Weltkrieg gebundenes Erzählgebilde werden die „Vierfuß"-Erzählungen als Teil der lokalen Erinnerungskultur nichts von ihrer Relevanz einbüßen und ich hoffe, sie durch dieses Buch auch einem überregionalen Kreis von Interessierten zugänglich gemacht und ggf. auch den Grundstein für weitere Untersuchungen gelegt zu haben. Vor allem aber hoffe ich, durch die vorangegangenen kulturwissenschaftlichen Analysen der Sagenbildungsprozesse den Stadtschreiber nicht allzu sehr entzaubert zu haben – schlimmstenfalls noch so weit, dass leichtfertig mit der Bebauung eines gewissen Grundstücks begonnen würde. Um dieser Gefahr vorzubeugen, schließe ich mit einem Zitat, welches in seiner Bestimmtheit keinen Zweifel an Persönlichkeit und Sehergabe des Theodor Caspar Anton Joseph Wreesmann lässt:

> „Das war der Stadtschreiber von Friesoythe, der alte Vierfuß, ein sonderbarer, einsamer, grüblerischer und versonnener Mensch, ein Mensch mit einem doppelten Gesicht." (hn 1955)

8 Literatur- und Quellenverzeichnis

Literatur und Tagespresse

Bahlmann, Paul (1898): Westfälische „Spökenkieker" und ihre Vorgeschichten. Eine Sammlung älterer Prophezeiungen aus und über Westfalen. Münster (Westf.): H. Mitsdörffers Buchhandlung (Hans Ertl).

Bahlmann, Paul (1901): Rheinische Seher und Propheten. Ein Beitrag zur Kulturgeschichte. Münster (Westf.): Verlag H. Mitsdörffer (Hans Ertl).

Bessler, Heinrich (1976): Das Gespensterschiff. Vorzeichen, Wahrträume, Vorgesichte. Hamburg: Merlin-Verlag.

Bickschlag, Carsten (18.03.2005): „Es muss schlimm gewesen sein". Projekt: Schüler befragen Zeitzeugen zum Kriegsgeschehen – Kollage vorbereitet. In: Nordwest Zeitung (Der Münsterländer).

Bickschlag, Carsten (05.02.2013): Heimatgeschichte: „Vierfuß" und der Künstler aus Thüle. In: Nordwest Zeitung. Auch online verfügbar, URL: https://www.nwzonline.de/cloppenburg/kultur/vierfuss-und-der-kuenstler-aus-thuele_a_2,0,1361520229.html, zuletzt aufgerufen am 28.05.2020.

Bickschlag, Carsten (17.05.2017): Krimi über Fabricius' Ermordung. In: Nordwest Zeitung Online. URL: https://www.nwzonline.de/friesoythe/krimi-ueber_a_31,2,4282569574.html, zuletzt aufgerufen am 06.12.2020.

Bickschlag, Carsten (21.12.2018): Literatur: Interview mit Seher „Vierfuß". In: Nordwest Zeitung Online. URL: https://www.nwzonline.de/friesoythe/friesoythe-literatur-interview-mit_a_50,3,2263248130.html, zuletzt aufgerufen am 06.12.2020.

Bickschlag, Carsten (28.09.2019a): Stadtschreiber von Friesoythe: Wie Vorhersagen Leben retten können. In: Nordwest Zeitung Online. URL: https://www.nwzonline.de/cloppenburg/politik/friesoythe-stadtschreiber-von-friesoythe-wie-vorhersagen-leben-retten-koennen_a_50,5,4111946739.html, zuletzt aufgerufen am 04.12.2020.

Bickschlag, Carsten (28.09.2019b): Vorhersage hat Leben gerettet. Persönlichkeiten: Theodor Caspar Wreesmann hat Bedeutung für die Stadt. In: Nordwest Zeitung (Der Münsterländer).

Black, Monica (2021): Deutsche Dämonen. Hexen, Wunderheiler und die Geister der Vergangenheit im Nachkriegsdeutschland. *Aus dem Englischen übersetzt von Werner Roller.* Stuttgart: Klett-Cotta.

Bögershausen, Norbert (2006): Praktische Nächstenliebe. In: Faske, Albert: Spuren: Ein Friesoyther Lesebuch. Friesoythe: H.B. Schepers, S. 126.

Bonin, Werner F. (1976): Lexikon der Parapsychologie und ihrer Grenzgebiete. Bern und München: Scherz.

Borth, Michael (1999a): Zu guter Letzt. In: Pfarrgemeinde St. Marien (Hrsg.): Rundblick. Ausgabe Nr. 3, Februar 1999. Friesoythe: Pfarrgemeinde St. Marien, S. 102–103.

Borth, Michael (1999b): Zu guter Letzt. In: Pfarrgemeinde St. Marien (Hrsg.): Rundblick. Ausgabe Nr. 4, Sommer 1999. Friesoythe: Pfarrgemeinde St. Marien, S. 79.

Borth, Michael; Cloppenburg, Ferdinand; Dalinghaus, Ruth Irmgard; St.-Marien-Pfarrei Friesoythe (Hrsg.) (2011): St.-Marien: gestern – heute – morgen. Friesoythe: H.B. Schepers.

Bregen, Andre; Gartwich, Gilda; Herliz, Tatjana; Keil, Eugen; Stammermann, Gerold; Wemken, Ramona; Werwein, Andreas; Wessels, Heiner (1997): Der Seher von Friesoythe. Theodor Caspar Anton Joseph Wreesmann [Illustrierte Schülerzeitung mit den Ergebnissen einer Projektwoche an der Hauptschule Friesoythe; mit dem Schülerfriedenspreis ausgezeichnet im Rahmen des Schülerwettbewerbs zur politischen Bildung des Niedersächsischen Kultusministeriums]. Friesoythe: Eigenvervielfältigung durch die Hauptschule Friesoythe.

BS [Verfasserkürzel] (23.07.1969): Seit 1337 wird in Friesoythe Schützenfest gefeiert. Schützengilde entstand aus mittelalterlicher Wehrverfassung – „Magistrat“ im Cut und mit Zylinder. In: Nordwest Zeitung (Der Münsterländer).

Carus, Carl Gustav (1831): Vorlesungen über Psychologie, gehalten im Winter 1829/30 zu Dresden. Leipzig: Verlag Gerhard Fleischer.

cf [Verfasserkürzel] (26.06.2019a): Spaziergang durch die Innenstadt. Objekte und Skulpturen erzählen von der Friesoyther Stadtgeschichte. In: Münsterländische Tageszeitung: MT-Magazin Nord.

cf [Verfasserkürzel] (07.11.2019b): Münsterlandtag lenkt Blick auf Zerstörung der Stadt. Stadtschreiber Theodor Wreesmann hatte Schicksal vorausgesagt / Denkmal wurde 1992 eingeweiht. In: Münsterländische Tageszeitung: Altes Amt Friesoythe.

CH [Verfasserkürzel] (16.04.1985): Kaminabend wird wiederholt. Alte Fotos und Schriftstücke mitbringen. In: Nordwest Zeitung (Der Münsterländer).

CH [Verfasserkürzel] (21.03.1989): Denkmal für Friesoythes Stadtschreiber Wreesmann. Erinnerung in Lebensgröße geplant. In: Nordwest Zeitung (Der Münsterländer).

Cloppenburg, Ferdinand (1987): Das Friesoyther Schützenfest – gestern und heute. 1337–1987. Herausgeberin: Schützengilde Friesoythe. Vechta: Vechtaer Druckerei und Verlag.

Cloppenburg, Ferdinand (1992a): 125 Jahre Dienst am Menschen. Beiträge zur Geschichte des Krankenhauses St. Marien-Stift in der Stadt Friesoythe. Friesoythe: Krankenhaus St. Marien-Stift Friesoythe.

Cloppenburg, Ferdinand (1992b): Der Seher von Friesoythe: Theodor Caspar A. J. Wreesmann. In: Heimatbund für das Oldenburger Münsterland (Hrsg.):

Jahrbuch für das Oldenburger Münsterland 1993. Jubiläumsausgabe. Vechta: Vechtaer Druckerei und Verlag, S. 400–403.

Cloppenburg, Ferdinand (1993): Stadtschreiber Theodor Caspar Anton Joseph Wreesmann – Der „Seher" von Friesoythe. Zur Enthüllung eines Denkmals in der Nähe des Rathauses am 14. April 1992. In: Münsterländische Tageszeitung Nr. 94 (23.04.1993): Beilage „Volkstum und Landschaft" Nr. 132, 60. Jg., S. 1–4.

Cloppenburg, Ferdinand (2003): Die Stadt Friesoythe im zwanzigsten Jahrhundert. Friesoythe: H.B. Schepers.

Cloppenburg, Ferdinand (2008): Aus Ruinen auf dem Weg zum Mittelzentrum. Friesoythe in den Jahren 1945 bis 1974. In: Eckhardt, Albrecht (Hrsg.): Die Geschichte der Stadt Friesoythe. Oldenburg (Oldb.): Isensee Verlag, S. 341–381.

CW [Verfasserkürzel] (12.09.1963): „Es gibt ein Zweites Gesicht". Stadtschreiber sah die Zerstörung Friesoythes voraus. In: Nordwest Zeitung (Der Münsterländer).

Dalinghaus, Ruth Irmgard (2011): St. Marien Friesoythe in neuem Licht. Christliche Heilsgeschichte im Spiegel künstlerischen Schaffens. In: Borth, Michael; Cloppenburg, Ferdinand; Dalinghaus, Ruth Irmgard; St.-Marien-Pfarrei Friesoythe (Hrsg.): St.-Marien: gestern – heute – morgen. Friesoythe: H.B. Schepers, S. 28–79.

Denkler, Markus (2013): Das ‚Zweite Gesicht' in Westfalen. Wortgeografie und Lexikologie. In: LWL-Freilichtmuseum Detmold; Carstensen, Jan; Apel, Gefion (Hrsg.): „Verflixt!" – Geister, Hexen und Dämonen. Schriften des LWL-Freilichtmuseums Detmold – Westfälisches Landesmuseum für Volkskunde, Band 35. Münster: Waxmann, S. 45–48.

Die Bibel. Die ganze Heilige Schrift des Alten und Neuen Testaments. Nach der deutschen Übersetzung D. Martin Luthers. Revidierter Text 1964. Mit den Kupferstichen von Matthaeus Merian. Köln: Buch und Zeit Verlagsgesellschaft.

von Droste-Hülshoff, Annette Freiin (1844): Gedichte. Stuttgart und Tübingen: J. W. Cottascher Verlag.

von Droste-Hülshoff, Annette Freiin (1860): Letzte Gaben. Nachgelassene Blätter. Hannover: Carl Rümpler.

Drunkenmölle, Hans (30.03.1995): Weissagung des Stadtschreibers erfüllt sich. Granatenhagel vor dem Krieg prophezeit. In: Nordwest Zeitung (Oldenburger Nachrichten).

Drunkenmölle, Hans (21.03.2005): Dunkle Weissagung erfüllt sich. Friesoythe: Stadt wird nach Vergeltungsschlag der Kanadier fast völlig zerstört. In: Nordwest Zeitung (Zeitung für Ganderkesee).

eb [Verfasserkürzel] (07.03.1998): Erfolg mit „Seher“ Wreesmann. Arbeitsgruppe der Friesoyther Hauptschule erhält einen Buchpreis. In: Nordwest Zeitung (Der Münsterländer).

Eckhardt, Albrecht (Hrsg.) (2008): Die Geschichte der Stadt Friesoythe. Oldenburg (Oldb.): Isensee Verlag.

Eismann, Otger; Kath. Seniorengemeinschaft St. Marien Friesoythe (Hrsg.) (2012, 2012, 2013, 2015, 2018): Aus der Schatztruhe. Friesoyther Senioren erinnern sich. Heitere und nachdenkliche Erzählungen. Gesammelt, aufgeschrieben und bearbeitet von Otger Eismann. Fünf Bände (Band 5 unter dem Titel: Das Beste aus vier Schatztruhen). Friesoythe: H. B. Schepers.

Eismann, Otger (2020): Kinderjahre im Schatten des Hakenkreuzes. Eine Kindheit im nationalsozialistischen Deutschland. 1933–1945. Friesoythe: H. B. Schepers.

Eismann, Otger (2021): Frieden, was ist das eigentlich? Kinder erleben das Kriegsende und die Zeit danach. Friesoythe: H. B. Schepers.

Elsen, Heiner (08.07.2017a): Dieses verfluchte Sommerloch. In: Nordwest Zeitung Online. URL: https://www.nwzonline.de/cloppenburg/wirtschaft/dieses_a_31,3,1997677310.html, zuletzt aufgerufen am 28.05.2020.

Elsen, Heiner (14.07.2017b): Woher kommen Stock und Hut? Schützenfest: Blick in die Geschichte der Friesoyther Gilde – Erstes Fest von 1337. In: Nordwest Zeitung (Der Münsterländer).

Elsen, Heiner (11.05.2020): Plakataktion soll wachrütteln: Friesoytherin setzt Zeichen der Solidarität mit Flüchtlingen. In: Nordwest Zeitung Online. URL: https://www.nwzonline.de/plus-cloppenburg-kreis/friesoythe-plakataktion-soll-wachruetteln-friesoytherin-setzt-zeichen-der-solidaritaet-mit-fluechtlingen_a_50,8,814201721.html, zuletzt aufgerufen am 02.11.2020.

Faß, Dirk (2002): Spökenkieker. (Un)glaubliche Geschichten. Oldenburg (Oldb.): Isensee Verlag.

Faske, Albert (2006): Spuren: Ein Friesoyther Lesebuch. Friesoythe: H. B. Schepers.

Faske, Albert (2010): Bäten Schmulachen. Vertellsel up Platt: Pastöre, Saogen un Speuk ute Gemeinde Friesaithe. Friesoythe: H. B. Schepers.

Finger, Manfred (22.01.1982): Heinrich Schultes Schriften „Der größte Schatz des Friesoyther Archivs“. Clemens Woltermann: Wichtige Quellen der Heimatforschung. In: Nordwest Zeitung (Der Münsterländer).

Fock, Gorch (1952, Erstveröffentlichung 1913): Seefahrt ist not! Hamburg: Verlag M. Glogau jr.

Freud, Sigmund (1922): Traum und Telepathie. Vortrag in der Wiener psychoanalytischen Vereinigung. In: Imago. Zeitschrift für Anwendung der Psychoanalyse auf die Geisteswissenschaften VIII (1922), S. 1–22. URL: https://

www.gutenberg.org/files/31560/31560-h/31560-h.htm, zuletzt aufgerufen am 07.11.2021.

Gerken, Elisabeth (1976): Chronik der Familie Wreesmann Friesoythe. Zusammengestellt am 1.3.1976 von Elisabeth Gerken, geb. Wreesmann. Friesoythe: Eigenvervielfältigung durch die Autorin.

Gerndt, Helge (2020): Sagen – Fakt, Fiktion oder Fake? Eine kurze Reise durch zweifelhafte Geschichten vom Mittelalter bis heute. Münster: Waxmann.

Goscinny, René; Uderzo, Albert; Cyriacks, Hartmut (Übers.); Goltz, Reinhard (Übers.); Nissen, Peter (Übers.) (2015): Asterix Mundart Plattdeutsch 5: De Spökenkieker. Berlin, Köln: Egmont Ehapa.

Grober-Glück, Gerda (1972): Das „Zweite Gesicht" – traditioneller Volksglaube und Präkognition. In: Zeitschrift für Parapsychologie und Grenzgebiete der Psychologie. Jahrgang 14, Nr. 1–4, S. 102–129.

Grywatsch, Jochen (2013): „So schaurig schön …" Übersinnliches bei Annette von Droste-Hülshoff. In: LWL-Freilichtmuseum Detmold; Carstensen, Jan; Apel, Gefion (Hrsg.): „Verflixt!" – Geister, Hexen und Dämonen. Schriften des LWL-Freilichtmuseums Detmold – Westfälisches Landesmuseum für Volkskunde, Band 35. Münster: Waxmann, S. 169–178.

Güthlein, Karin (20.04.1989a): Tags verspottet, nachts eingesperrt: Bruchstücke eines bedrückenden Lebens. In: Münsterländische Tageszeitung: Wurfsendung „Friesoythe aktuell".

Güthlein, Karin (16.08.1989b): Denkmal für einen Friesoyther „Spökenkieker": Späte Ehrung nach Spott und Einsamkeit für den Stadtschreiber „Vierfuß". In: Nordwest Zeitung.

Güthlein, Karin (unbekanntes Datum 1989c): Denkmal für den „Ollen Vierfuß". In: Oldenburgische Volkszeitung.

Güthlein, Karin (2012): Späte Ehrung für Spott und Kränkungen. Friesoythe setzt Denkmal für einen „Spökenkieker". In: Eismann, Otger; Kath. Seniorengemeinschaft St. Marien Friesoythe (Hrsg.). Aus der Schatztruhe. Friesoyther Senioren erinnern sich. Band 1. Heitere und nachdenkliche Erzählungen. Gesammelt, aufgeschrieben und bearbeitet von Otger Eismann. Überarb. Aufl. Friesoythe: H.B. Schepers, S. 81–83.

Gutjahr, Mirko; Gutjahr-Almaguer, Claudia; Stiftung Luthergedenkstätten in Sachsen-Anhalt (Hrsg.) (2021): „Pestilenz!" – Der Podcast zur Pest. Folge 1: Pest und Schinken. URL: https://www.martinluther.de/de/pestilenz-der-podcast-zur-pest, zuletzt aufgerufen am 12.09.2021.

Hand, Wayland Debs (1969): Stabile Funktion und variable dramatis personae in der Volkssage. In: Petzoldt, Leander (Hrsg.): Vergleichende Sagenforschung. Darmstadt: Wissenschaftliche Buchgesellschaft, S. 319–325.

Harmening, Dieter (2001): Wahrsagen. Lexikonartikel in: Kasper, Walter; Baumgartner, Konrad; Bürkle, Horst; Ganzer, Klaus; Kertelge, Karl; Korff,

Wilhelm; Walter, Peter (Hrsg.): Lexikon für Theologie und Kirche. 3. völlig neu bearbeitete Auflage. Zehnter Band: Thomaschristen bis Žytomyr. Freiburg im Breisgau, Basel, Rom, Wien: Herder, S. 942–943.

Hartwig, Kai (10.11.2020): Offene Worte auf Twitter: „Ihr seid Spökenkieker“: Eindeutiges Statement geht viral – Selbst Promis feiern Ansage gegen Corona-Leugner. In: Merkur.de. URL: https://www.merkur.de/welt/corona-leugner-virus-musiker-ansage-promis-twitter-bernd-begemann-spoekenkieker-klaas-boehmermann-zr-90095545.html, zuletzt aufgerufen am 26.02.2021.

Heeren, Heinrich (29.07.1987): Mit Schärpe, Cutaway und Zylinder. Schützengilde-Mitglieder sind in erster Linie Bürger. In: Nordwest Zeitung (Der Münsterländer).

Heimatbund für das Oldenburger Münsterland (2013): Aus der Chronik der Städte und Gemeinden des Oldenburger Münsterlandes 2011/2012. Landkreis Cloppenburg. In: Heimatbund für das Oldenburger Münsterland (Hrsg.): Jahrbuch für das Oldenburger Münsterland 2013. Cloppenburg: Heimatbund Oldenburger Münsterland, S. 424–449.

Heimatbund für das Oldenburger Münsterland (Hrsg.) (2019): Jahrbuch 2020. Sonderdruck. Cloppenburg: Heimatbund Oldenburger Münsterland.

von Heimburg, Johann Ernst (Nachdruck 1984 mit Illustrationen von Schulten, Holger; verfasst um 1884): Der Geldschrankdiebstahl zu Friesoythe. Ein Ritter- und Räuber-Epos aus dem Nachtleben einer Kleinstadt, gewürzt mit Bürgertugend, Menschenschläue und etwas Fuseldunst jedoch gänzlich ohne Blutvergießen, in zierlichen Versen aufgerollt von einem lebendig Begrabenen. Friesoythe: H.B. Schepers.

Henßen, Gottfried (Hrsg.) (1935): Volk erzählt. Münsterländische Sagen, Märchen und Schwänke. Mit sieben Bildtafeln und einer Karte. Gesammelt und herausgegeben von Gottfried Henßen. Münster i.W.: Verlag Aschendorff.

HEV [Verfasserkürzel] (08.08.2007): Freizeit: Heimatfreunde beim „Seher“. In: Nordwest Zeitung Online. URL: https://www.nwzonline.de/cloppenburg/kultur/heimatfreunde-beim-seher_a_5,1,732815956.html, zuletzt aufgerufen am 03.12.2020.

Heykes, Soeke (13.06.2019): In Friesoythe gibt es viel zu entdecken. Stadtrundgang: In vielen Skulpturen und Relikten spiegelt sich die Vergangenheit der Stadt wieder. In: Nordwest Zeitung (Der Münsterländer).

Hirschfeld, Michael (2008): Friesoythe vom Ende des Ersten Weltkriegs bis zum Ende des Zweiten Weltkriegs (1918–1945). In: Eckhardt, Albrecht (Hrsg.): Die Geschichte der Stadt Friesoythe. Oldenburg (Oldb.): Isensee Verlag, S. 281–339.

hn [Verfasserkürzel] (06.05.1955): Theodor Wreesmann mit dem doppelten Gesicht. Friesoyther ehemaliger Stadtschreiber „Vierfuß“ wäre jetzt 100 Jahre alt geworden. In: Nordwest Zeitung (Der Münsterländer). Friesoyther Nachrichten.

höf [Verfasserkürzel] (22.07.2011): Dreiste Diebe stehlen Denkmal. 2000 Euro Belohnung ausgesetzt. In: Münsterländische Tageszeitung.

Hoffmann, Christian (2007): Zur Geschichte der Friesoyther Bauernschaft Pehmertange bis 1945. „… eine Sandhöhe im Moore". In: Heimatbund für das Oldenburger Münsterland (Hrsg.): Jahrbuch für das Oldenburger Münsterland 2008. Vechta: Vechtaer Druckerei und Verlag, 139–161.

Höffmann, Julius (22.07.2011): Kommentar: Ein Stück Identität beschädigt. In: Münsterländische Tageszeitung.

Hoffmann, W. (14.04.1955): Vor 10 Jahren: Friesoythe sank in Schutt und Trümmer. In: Nordwest Zeitung (Der Münsterländer).

Hogarz, Liborius (1992): Rede zur Einweihung des Wreesmann-Denkmals am 14. April 1992. Unveröffentlicht.

Horst, Georg Conrad (1830): Deuteroskopie, oder merkwürdige psychische und physiologische Erscheinungen und Probleme aus dem Gebiete der Pneumatologie. Für Religionsphilosophen, Psychologen, und denkende Aerzte. Eine nöthige Beilage zur Dämonomagie, wie zur Zauber-Bibliothek. Erstes und zweites Bändchen. Frankfurt am Main: Verlag Heinrich Wilmans.

Institut für Denkmalpflege (Hrsg. in Zusammenarbeit mit dem Niedersächsischen Landesverwaltungsamt – Inst. für Denkmalpflege) (1976): Kunstdenkmälerinventare Niedersachsens. Die Bau- und Kunstdenkmäler des Herzogtums Oldenburg 3: Amt Cloppenburg und Amt Friesoythe. Neudruck der bei Stalling (Oldenburg) erschienenen Ausgabe von 1903. Osnabrück: Wenner.

Jostes, Franz (1904): Westfälisches Trachtenbuch. Die jetzigen und ehemaligen westfälischen und schaumburgischen Gebiete umfassend. Bielefeld, Berlin, Leipzig: Velhagen & Klasing.

Kalinke, Heinke M. (2013): Zeitzeugen. In: Institut für Germanistik der Carl von Ossietzky Universität Oldenburg; Bundesinstitut für Kultur und Geschichte der Deutschen im östlichen Europa, Oldenburg (Hrsg.): Online-Lexikon zur Kultur und Geschichte der Deutschen im östlichen Europa. URL: ome-lexikon.uni-oldenburg.de/p32752, zuletzt aufgerufen am 18.06.2021.

Kant, Immanuel (1912): Vorkritische Schriften. Band II. Hg. v. Artur Buchenau. Berlin: Bruno Cassirer. URL: https://www.gutenberg.org/files/36076/36076-h/36076-h.htm, zuletzt aufgerufen am 08.11.2021.

Kiesekamp, Hedwig (Pseudonym: Rafael, L.) (1909): Der Spökenkieker und andere westfälische Geschichten. Essen (Ruhr): Fredebeul & Koenen.

kn [Verfasserkürzel] (24.05.1950): Volksmission in Friesoythe beendet. In: Oldenburgische Volkszeitung.

Kreke, Hubert (27.12.1990): Der Mahner deutet auf Zerstörung. Stadt setzt Theodor Wreesmann ein Denkmal. In: Münsterländische Tageszeitung: Altes Amt Friesoythe.

Kühling, Richard (1953): Friesoythe im zweiten Weltkrieg. In: Ottenjann, Heinrich (Hrsg.): Heimatkalender für das Oldenburger Münsterland 1953. Vechta: Vechtaer Druckerei und Verlag, S. 85–86.

Kühling, Richard (1980): Friesoythe in der Geschichte. In: Männergesangverein Friesoythe (Hrsg.): Festschrift 100 Jahre MGV Friesoythe von 1880. 1880–1980. Friesoythe: Druckerei Schepers, S. 47–53.

Kuper, Michael (2018): Wenn't späukt ... Moorgeister, 4 fuß, Spukorte. Unheimliche Vertellsters aus dem Emsland & Umgebung. Meppen: Edition Extra.

L. A. [Verfasserkürzel] (1921): Vorgeschichte und Visionen. III. Fortsetzung. In: Heimatblätter. Zeitschrift des „Heimatbundes für das Oldenburger Münsterland". 2. Nummer des 2. Jahrgangs, 11. Februar 1921. Vechta, S. 9–10.

Laage, Karl Ernst; Theodor-Storm-Gesellschaft (Hrsg.) (1992): Theodor Storm – Gottfried Keller. Briefwechsel. Kritische Ausgabe. Storm Briefwechsel Band 13. Berlin: Erich Schmidt Verlag.

Laborde-Nottale, Élisabeth (1995): Das Zweite Gesicht: Eine psychoanalytische Studie über Hellsehen, Telepathie und Präkognition. Stuttgart: Klett-Cotta.

Laing, Heinz-Josef (14.12.1990): Denkmal für „Vierfuß" beschlossen. In: Nordwest Zeitung (Der Münsterländer).

Laing, Heinz-Josef (15.09.1993a): Farbige Fassade mit Konterfei von „Vierfuß". 180 Stunden Arbeit für riesiges Gemälde. In: Nordwest Zeitung (Der Münsterländer).

Laing, Heinz-Josef (16.09.1993b): Zur Sache: „Vierfuß": Beweise gibt es (Interview mit Ferdinand Cloppenburg). In: Nordwest Zeitung (Der Münsterländer).

Laing, Heinz-Josef (09.03.2007): Pestschinken gilt als Stadtretter. Jubiläum: Friesoythe feiert 700-Jähriges – Vom Armenhaus zur Boomregion. In: Nordwest Zeitung (Zeitung für Ganderkesee).

Laing, Heinz-Josef (10.09.2008): Menschen hörten auf „Vierfuß". Stadtgeschichte: Stadtschreiber sagt die Zerstörung der Stadt voraus. In: Nordwest Zeitung (Der Münsterländer). Sonderseiten „700 Jahre Friesoythe".

Landgraf, Fritz (1958): Erinnerungen aus den Kindertagen. In: Stadt Friesoythe (Hrsg.): 650 Jahre Stadt Friesoythe. 1308–1958. Friesoythe: Schepers, S. 118–120.

Lenz, Siegfried (1968): Deutschstunde. Hamburg: Hoffmann und Campe.

Longerich, Peter (2008): Heinrich Himmler. Biographie. München: Siedler-Verlag.

Lübbing, Hermann (1968): Oldenburgische Sagen. Ausgewählt und neu erzählt von Hermann Lübbing. Oldenburg (Oldb.): Heinz Holzberg Verlag.

Männergesangverein Friesoythe (1980) (Hrsg.): Festschrift 100 Jahre MGV Friesoythe von 1880. 1880–1980. Friesoythe: Druckerei Schepers.

Martin, Martin (1716, Erstausgabe 1703): A Description of the Western Islands of Scotland. The Second Edition, very much Corrected. London.

mc [Verfasserkürzel] (14.04.1992): Denkmal läßt Stadtgeschichte lebendig werden. In: Nordwest Zeitung (Der Münsterländer).

MC [Verfasserkürzel] (31.07.2004): Die Zahl der Feste ist noch ein Rätsel. Historie: Wie alt ist die Gilde wirklich? In: Nordwest Zeitung (Der Münsterländer).

Meerkatz, Albert (1938): Erläuterungen zu Gorch Fock: „Seefahrt ist not!". 261. Bändchen der Reihe: Dr. Wilhelm Königs Erläuterungen zu den Klassikern. Leipzig: Herm. Beyer Verlag.

Meyer, Marius (21.07.2011a): Friesoythe: Diebe zerstören Denkmal – Hoher Schaden. In: Nordwest Zeitung Online. URL: https://www.nwzonline.de/blaulicht/friesoythe-diebe-zerstoeren-denkmal-hoher-schaden_a_1,0,598096800.html, zuletzt aufgerufen am 14.11.2020.

Meyer, Marius (22.07.2011b): Diebe zerstören Denkmal in Friesoythe. In: Nordwest Zeitung Online. URL: https://www.nwzonline.de/blaulicht/diebe-zerstoeren-denkmal-in-friesoythe_a_1,0,598174907.html, zuletzt aufgerufen am 14.11.2020.

Meyer, Marius (22.07.2011c): Kriminalität: Diebe zerstören Seher-Denkmal. In: Nordwest Zeitung Online. URL: https://www.nwzonline.de/cloppenburg/blaulicht/diebe-zerstoeren-seher-denkmal_a_1,0,598157132.html, zuletzt aufgerufen am 14.11.2020.

von Münster, Johann (1591): Ein Christlicher Vnderricht Von den Gespensten, Welche bey Tag oder Nacht den Menschen erscheinen. zu Ehren und freundlichem Gefallen Etlichen Fürnehmen unnd Gottfürchtigen Leuthen auffs Papir gebracht. Bremen: Bernhardt Peterß.

Münzebrock, Bernard (2012): Wie das Lied: „Moritat von Friesoythe" entstand. In: Eismann, Otger; Kath. Seniorengemeinschaft St. Marien Friesoythe (Hrsg.): Aus der Schatztruhe. Friesoyther Senioren erinnern sich. Band 1. Heitere und nachdenkliche Erzählungen. Gesammelt, aufgeschrieben und bearbeitet von Otger Eismann. Überarb. Aufl. Friesoythe: H.B. Schepers, S. 11–15.

NDR Radio Niedersachsen (1989): Spökenkieker / Friesoythe. Gesendet in AKTUELL regional am 15.08.1989 um 18 Uhr. Manuskript.

Neidhart, A. (1924): Das zweite Gesicht. Vor- und Fernschau zukünftiger Ereignisse. Ein Blick in die Tiefen der Seele. Die Okkulte Welt Nr. 140. Pfullingen in Württemberg: Johannes Baum Verlag.

nn [Verfasserkürzel] (07.06.1950): Das „Buchweizenland" brennt. In: Münsterländische Tageszeitung.

o.V. (1827): Das zweite Gesicht. In: Petersen, Georg Peter (Hrsg.): Schleswig-Holstein-Lauenburgische Provinzialberichte. Eine Zeitschrift für Kirche und Staat. 16. Jahrgang, 4. Quartalsheft. Altona: Selbstverlag des Herausgebers und in Kommission in der Buschen Buchhandlung, S. 701–708.

o.V. (1928): Wie der Kirchturm von Friesoythe und der Hauptmann des Schießplatzes Meppen an einem Tage umfielen! In: Katholischer Volksbote (unbekannte Ausgabe). *Nachdruck in:* Eismann, Otger; Kath. Seniorengemeinschaft St. Marien Friesoythe (Hrsg.) (2015): Aus der Schatztruhe. Friesoyther Senioren erinnern sich. Band 4. Heitere und nachdenkliche Erzählungen. Gesammelt, aufgeschrieben und bearbeitet von Otger Eismann. Friesoythe: H.B. Schepers, S. 51–54.

o.V. (05.10.1950): Der „Seher" von Friesoythe. In: Oldenburgische Volkszeitung.

o.V. (1955a): Der Seher von Friesoythe. In: Heimatblätter. Heimatbeilage der Oldenburgischen Volkszeitung. Nr. 4, 36. Jahrgang, S. 6.

o.V. (1955b): Der Friesoyther Geschichtsschreiber. Zum Gedächtnis an Hauptlehrer Anton Wreesmann. In: Münsterländische Tageszeitung (Juni 1955): Beilage „Volkstum und Landschaft", Nr. 32, S. 12–13.

o.V. (29.12.1990): Falschmeldung in der Truppe löste Friesoythes Zerstörung aus. Cloppenburg: Oberstleutnant fiel im regulären Kampf. In: Münsterländische Tageszeitung.

o.V. (22.07.2011a): Stadt und Heimatverein zeigen Kunstraub an: Diebe entwenden Bronzesilhouette vom Stadtschreiber. In: Neue Zeitung zum Wochenende, S. 1.

o.V. (24.07.2011b): Diebe stehlen Relief vom Bronzedenkmal. In: Sonntagsblatt für den Landkreis Cloppenburg, S. 3.

o.V. (2021): MÄNNERSACHE HANNEKEN präsentiert exklusiv das Friesoyther Poster. In: Der neue Fritz. Friesoyther Stadtmagazin. Ausgabe 1, September 2021. Friesoythe: Höffmann Medien.

Oldenburgische Landschaft (Hrsg.) (1983): Geschichten ton Läsen un Vertelln. Heft 2: Süd-Ollnborg. Oldenburg: Oldenburg.

Osterhoff, Elisabeth (1958a): De olle Vierfuß. In: Stadt Friesoythe (Hrsg.): 650 Jahre Stadt Friesoythe. 1308–1958. Friesoythe: Schepers, S. 81.

Osterhoff, Elisabeth (1958b): De olle Vierfuß. In: Ottenjann, Heinrich (Hrsg.): Heimatkalender für das Oldenburger Münsterland 1958. Vechta: Vechtaer Druckerei und Verlag, S. 105.

Osterhoff, Elisabeth (1961): Krieg in der Heimat. In: Katholischer Oldenburgischer Lehrerverein; Verein katholischer deutscher Lehrerinnen in Oldenburg (Hrsg.): Heimatland. Münster in Westfalen: Aschendorffsche Verlagsbuchhandlung, S. 85–87.

Osterkamp, Tina (2015): Zerstörung Friesoythes im April 1945. Kanadische Berichte und Friesoyther Zeugenschilderungen im Vergleich. In: Heimatbund Oldenburger Münsterland (Hrsg.): Jahrbuch für das Oldenburger Münsterland 2016. Cloppenburg: Heimatbund Oldenburger Münsterland, S. 142–160.

Ottenjann, Helmut (1968): Neuentdeckte mittelalterliche Reliquien-Plastiken aus Südoldenburg (Mit Taf. 1–11). In: Oldenburger Landesverein für Geschichte, Natur- und Heimatkunde (Hrsg.): Oldenburger Jahrbuch. 67. Band / 1968. Oldenburg (Oldb.): Oldenburger Landesverein für Geschichte, Natur- und Heimatkunde, S. 65–82.

Petschel, Günter (Hrsg.) (2006): Sagen und Märchen aus dem Oldenburger Land. Husum: Husum Druck- und Verlagsgesellschaft.

Petzoldt, Leander (1999): Einführung in die Sagenforschung. Konstanz: UVK Universitätsverlag.

Peuckert, Will-Erich (1936a): Spökenkieker. Lexikonartikel in: Bächtold-Stäubli, Hanns; Hoffmann-Krayer, Eduard (Hrsg.): Handwörterbuch des deutschen Aberglaubens. Band 8. Silber – Vulkan. Berlin: Walter de Gruyter, S. 307–311.

Peuckert, Will-Erich (1936b): Vorgeschichte. Lexikonartikel in: Bächtold-Stäubli, Hanns; Hoffmann-Krayer, Eduard (Hrsg.): Handwörterbuch des deutschen Aberglaubens. Band 8. Silber – Vulkan. Berlin: Walter de Gruyter, S. 1691–1727.

Peuckert, Will-Erich (1964): Niedersächsische Sagen. Band 1. Aus der Reihe: Denkmäler deutscher Volksdichtung. Göttingen: Verlag Otto Schwartz & Co.

Pfarrei St. Marien: Pfarrchronik. Bd. 2 (1920–1949). Archiviert in: Offizialatsarchiv Vechta, Dep. Pfarrarchiv Friesoythe, U-10-2. Unveröffentlicht.

Pfarrei St. Marien; Katholisches Pfarramt in Friesoythe (Hrsg.) (1960): Die Sankt Marienkirche zu Friesoythe/Oldb. Erolzheim: Libertas, Verlag für Kirche und Heimat, Baum.

Pille, Martin (2018): „Kennst du die Blassen im Heideland …?“ Das „Zweite Gesicht“ gibt es auch bei uns. In: Münsterländische Tageszeitung Nr. 154 (05.07.2018): Beilage „Volkstum und Landschaft“ Nr. 185, 84. Jg., S. 8–9.

Plaggenborg, Maike (27.09.2012): Der Mann mit dem „zweiten Gesicht“. In: Nordwest Zeitung. Auch online verfügbar, URL: https://www.nwzonline.de/wirtschaft/weser-ems/der-mann-mit-dem-zweiten-gesicht_a_1,0,1144592150.html, zuletzt aufgerufen am 28.05.2020.

pp [Verfasserkürzel] (14.04.1992): Denkmal erinnert an Zerstörung Friesoythes im Krieg – Oberst schrieb: „Gesäubert“ – so wie keine Stadt seit Jahrhunderten „gesäubert“ worden ist … In: Münsterländische Tageszeitung.

Raskasar, Frater (2017): Präkognition: Hellsehen oder das Zweite Gesicht. Leipzig: Bohmeier Verlag.

Reinke, Elisabeth [unter dem Autorinnenkürzel ER] (06.07.1950a): Der „Vierfuß“ mit dem doppelten Gesicht. Zerstörung Friesoythes wurde vorausgesagt – Eine mysteriöse Begebenheit aus den letzten Kriegstagen. In: Nordwest Zeitung (Der Münsterländer).

Reinke, Elisabeth (08.07.1950b): Die Zerstörung der Stadt Friesoythe und das „Zweite Gesicht“. In: Oldenburgische Volkszeitung (Vechta): Beilage „Heimat und Welt“, S. 1.

Reinke, Elisabeth (1954): Zweites Gesicht. In: Rheinisch-westfälische Zeitschrift für Volkskunde. Band 1, 1954. S. 248–252.

Reinke, Elisabeth (1968): Über das Zweite Gesicht. 24 Seiten, handschriftlich, im Archiv für Alltagskultur in Westfalen der Kommission Alltagskulturforschung. Einsendedatum: 02.01.1968. Inventarnummer: MS00522.

Reuter, Alexander (2021): „Dei Pestschinken is bolle so olt as use Stadt“. Der Friesoyther Pestschinken und seine Sage im Bedeutungswandel. Münster: Waxmann.

RG [Verfasserkürzel] (27.07.1961): Schützenfest mit zwei Königen. Scheibenschießen erst seit 1890 – Kompanieeinteilung seit 1842. Aber Schützenfest schon 1337? – Aus der Chronik. In: Nordwest Zeitung (Der Münsterländer).

RG [Verfasserkürzel] (10.09.1963): Heute um 20 Uhr Vortrag: „Gibt es ein zweites Gesicht?“. In: Nordwest Zeitung (Der Münsterländer).

RG [Verfasserkürzel] (13.03.1981): „Spökenkieker – zweites Gesicht“. Vortragsabend beim Heimatverein. In: Nordwest Zeitung (Der Münsterländer).

Schaefer, Elisabeth (2008): Die Lange Strasse vor der Zerstörung 1945. Friesoythe: Eigenvervielfältigung durch die Autorin.

Schaefer [hier fälschlicherweise: Schäfer], Elisabeth (2012): Die Lange Straße in Friesoythe vor der Zerstörung – wie sie in meiner Jugend aussah. In: Eismann, Otger; Katholische Seniorengemeinschaft St. Marien Friesoythe (Hrsg.): Aus der Schatztruhe. Friesoyther Senioren erinnern sich. Heitere und nachdenkliche Erzählungen. Band 2. Friesoythe: H.B. Schepers, S. 39–50.

Schepper, Rainer (1967): Ut dat Tüskenland. Sendefolge im Rahmen der niederdeutschen Sendungen des WDR-Hörfunks für Westfalen.

Schepper, Rainer (1981): Das Zweite Gesicht in Volksglaube, Dichtung und Forschung: Eine Skizze. Illustration: Barbara Daling. Münster: Verlag Regensberg.

Schering, Ernst (1953): Die innere Schaukraft. Träume, Erscheinungen des Zweiten Gesichts und Visionen des Johannes Falk. München und Basel: Ernst Reinhardt Verlag.

Schieckel, Harald (Bearb.); Niedersächsische Archivverwaltung (Hrsg.) (1980): Inventare und kleinere Schriften des Staatsarchivs in Oldenburg Heft 10. Findbuch zum Bestand Stadtarchiv Friesoythe (Best. 262-13). Göttingen: Vandenhoeck & Ruprecht.

Schlenter, Josef Michael (1893): Das zweite Gesicht. Eine natürliche Erklärung mystischer Vorgänge. Leipzig: Oswald Mutze.

Schmëing, Karl (1937): Das Zweite Gesicht in Niederdeutschland. Wesen und Wahrheitsgehalt. Leipzig: Johann Ambrosius Barth.

Schmëing, Karl (1943): Zur Geschichte des Zweiten Gesichts. Eidetische Grundlinien. Oldenburg (Oldb.): Gerhard Stalling.

Schmëing, Karl (1954): Seher und Seherglaube. Darmstadt-Eberstadt: Themis-Verlag.

Schopenhauer, Arthur (1877, 3. Auflage): Parerga und Paralipomena. Kleine philosophische Schriften. Erster Band. Leipzig: F. A. Brockhaus.

Schulte, Heinrich (1969, verfasst vor 1951): Friesoythe. Friesoythe: Eigenvervielfältigung des Chronik-Manuskripts durch die Stadt Friesoythe.

Schulte, Heinrich (1970): Das alte Amt Friesoythe – besonders die Stadt Friesoythe – während und nach den Kriegswirren. In: Stadt Friesoythe (Hrsg.): Friesoythe. 25 Jahre danach. 1945–1970. Friesoythe: Stadt Friesoythe, S. 33–37.

Segschneider, Ernst Helmut (1973): Zur mündlichen Überlieferung der Sage in Südoldenburg. In: Heimatbund für das Oldenburger Münsterland (Hrsg.): Jahrbuch für das Oldenburger Münsterland 1973. Vechta: Vechtaer Druckerei und Verlag, 165–178.

Siebs, Benno Eide (1930): Die Norderneyer. Eine Volkskunde. Norden: Heinrich Soltau Buchdruckerei und Verlagsanstalt.

Sieve, Peter (1986): Zwei alte Gedenksteine in Friesoythe. In: Münsterländische Tageszeitung: Beilage „Volkstum und Landschaft" Nr. 118 (August 1986), S. 10–11.

Sieve, Peter (1987): Geschichte eines Friesoyther Bürgerhauses. In: Münsterländische Tageszeitung Nr. 73 (27.03.1987): Beilage „Volkstum und Landschaft" Nr. 120, 49. Jg., S. 14–15.

Sieve, Peter (1989): Schraowen Hus, die Wreesmanns und der Pestschinken von Friesoythe. In: Münsterländische Tageszeitung Nr. 39 (15.02.1989): Beilage „Volkstum und Landschaft" Nr. 125, 56. Jg., S. 2–4.

Sieve, Peter (2007a): Die Bürgermeister der Stadt Friesoythe. Friesoythe: H.B. Schepers.

Sieve, Peter (2007b): Aus der niederdeutschen Kleinstadt in die Zentren des Handels und der Kultur. Lebenswege Friesoyther Bürgersöhne in der Fremde. In: Bölsker, Franz; Kuropka, Joachim (Hrsg.): Westfälisches aus acht Jahrhunderten: zwischen Siegen und Friesoythe – Meppen und Reval. Festschrift für Alwin Hanschmidt zum 70. Geburtstag. Münster: Aschendorff, S. 51–80.

sim [Verfasserkürzel] (15.09.1993): An der Langen Straße entsteht ein buntes Stadtcafé. Mit Anzug und Mütze: Mädchen aus Friesoythe bemalen Mauer. In: Münsterländische Tageszeitung: Altes Amt Friesoythe.

Speckmann, Hermann (2008): Besprechen im Oldenburger Land. Die verborgene Heilkunst. Oldenburg (Oldb.): Isensee Verlag.

Stacey, Charles Perry (Hrsg.) (1960): The Victory Campaign. The Operations In North-West Europe 1944–1945. Volume III. Ottawa: Queen's Printer.

Stacey, Charles Perry (1982): A Date with History. Memoirs of a Canadian Historian. Ottawa: Deneau Publishers.

Stadt Friesoythe (Hrsg.) (2015/16): Friesoythe informiert. Das blaue Adress-, Behörden- und Firmenhandbuch. Erfurt: Heise Adressbuch Verlag.

Stadtarchiv Friesoythe: Bestand 12 (Unterlagen über einzelne Personen und Familien), Nr. 2: Theodor Caspar Anton Joseph Wreesmann. Enthält u. a.: Auszug aus dem Kirchenbuch, Abschrift: Taufen der Kath. Kirchengemeinde St. Marien von 1855; Auszug aus dem Sterberegister 1941: Sterbeurkunde von Theodor Caspar Anton Joseph Wreesmann vom 9. April 1941.

Stegemann, Victor (1927): Blutregen. Lexikonartikel in: Bächtold-Stäubli, Hanns; Hoffmann-Krayer, Eduard (Hrsg.): Handwörterbuch des deutschen Aberglaubens. Band 1. Aal – Butzemann. Berlin: Walter de Gruyter, S. 1445–1447.

Steyler Missionare (Hrsg.): Stadt Gottes. Katholische Illustrierte Familienzeitschrift. Herausgegeben zum Unterhalt des Missionswerkes. 55. Jahrgang 1931/32, Heft 4, Januar 1932. Steyl: Missionsdruckerei.

Stix, Heiner (12.04.2022): Männersache. Schützengilde will nicht an ihrer Tradition rütteln. In: OM Online. Das Nachrichtenportal von Münsterländische Tageszeitung und Oldenburgische Volkszeitung. URL: https://www.om-online.de/om/mannersache-schutzengilde-will-nicht-an-ihrer-tradition-rutteln-118972, zuletzt aufgerufen am 16.04.2022.

Stolterfoht, Jacob (1634): Consideratio Visionum. Oder: Schrifftmessiges Bedencken. Was von Gesichtern heutiges Tages zu halten sey. Lübeck.

Strackerjan, Ludwig (1867): Aberglaube und Sagen aus dem Herzogthum Oldenburg (Zwei Bände). Oldenburg: Gerhard Stalling.

Strackerjan, Ludwig (1881): Von Land und Leuten. Bilder und Geschichten aus dem Herzogtum Oldenburg. Oldenburg: Schulzesche Hof-Buchhandlung und Hof-Buchdruckerei.

Strackerjan, Ludwig; Willoh, Karl (Bearbeitung) (1909, zweite erweiterte Auflage): Aberglaube und Sagen aus dem Herzogtum Oldenburg (Zwei Bände). Oldenburg: Gerhard Stalling.

Strackerjan, Ludwig; Willoh, Karl (1985): Aberglauben und Sagen aus Friesoythe. Entnommen der Sammlung von Ludwig Strackerjan. In: Münsterländische Tageszeitung Nr. 37 (13.02.1985): Beilage „Volkstum und Landschaft" Nr. 115, 47. Jg., S. 15–16.

Strotdrees, Gisbert (2007a): Gerüchte um ein Lauffeuer. In der Serie: Das zweite Gesicht. In: Landwirtschaftliches Wochenblatt Westfalen-Lippe. 30/2007, S. 96.

Strotdrees, Gisbert (2007b): „Sonst sind sie einfach, häufig beschränkt …“. In der Serie: Das zweite Gesicht. In: Landwirtschaftliches Wochenblatt Westfalen-Lippe. 40/2007, S. 88.

Strotdrees, Gisbert (2008a): Vor der Bombennacht gewarnt? In der Serie: Das zweite Gesicht. In: Landwirtschaftliches Wochenblatt Westfalen-Lippe. 4/2008, S. 96.

Strotdrees, Gisbert (2008b): „Ich sehe Friesoythe brennen!“. In der Serie: Das zweite Gesicht. In: Landwirtschaftliches Wochenblatt Westfalen-Lippe. 8/2008, S. 112.

Strotdrees, Gisbert (2008c): „Nun traf genau das ein“. In der Serie: Das zweite Gesicht. In: Landwirtschaftliches Wochenblatt Westfalen-Lippe. 12/2008, S. 112.

Strotdrees, Gisbert (2013): Das ‚Zweite Gesicht‘ in Westfalen. Geschichte, Erzählkultur, Erinnerungsort. In: LWL-Freilichtmuseum Detmold; Carstensen, Jan; Apel, Gefion (Hrsg.): „Verflixt!“ – Geister, Hexen und Dämonen. Schriften des LWL-Freilichtmuseums Detmold – Westfälisches Landesmuseum für Volkskunde, Band 35. Münster: Waxmann, S. 33–44.

Strotdrees, Gisbert (2015): Professor Spuk. Serie: Westfälische Köpfe. In: Wochenblatt für Landwirtschaft und Landleben. 46/2015, S. 106.

Tenhaeff, Wilhelm Heinrich Carl (1976): Der Blick in die Zukunft: Präkognition. Berlin: Universitas.

Wimberg, Claudia (19.10.2021): „Seher“ von Friesoythe starb vor 80 Jahren. Theodor Caspar Anton Joseph Wreesmann sah auch die fast vollständige Zerstörung seiner Heimatstadt voraus. In: Münsterländische Tageszeitung.

Wimberg, Claudia (25.03.2022): „Je größer desto besser“: Friesoyther Künstlerin setzt Fassaden in Szene. In: OM Online. Das Nachrichtenportal von Münsterländische Tageszeitung und Oldenburgische Volkszeitung. URL: https://www.om-online.de/kultur/je-groser-desto-besser-friesoyther-kunstlerin-setzt-fassaden-in-szene-117045, zuletzt aufgerufen am 09.04.2022.

Wittkampf, Peter (2019): Spökenkieker. Das Zweite Gesicht in Westfalen. Coesfeld: Longinus im Elsinor Verlag.

Woltermann, Clemens (1977a): Altes und Neues aus der Stadt Friesoythe. In: Münsterländische Tageszeitung: Beilage „Volkstum und Landschaft“ Nr. 96 (April 1977), 39. Jg., S. 10–13.

Woltermann, Clemens (1977b): Aus einer Familienchronik: Die Wreesmanns. In: Münsterländische Tageszeitung: Beilage „Volkstum und Landschaft“ Nr. 98 (Dezember 1977), 39. Jg., S. 15–16.

Woltermann, Clemens (1979): Rund um St. Marien in Friesoythe. Ein Beitrag zur Geschichte der Stadt. Friesoythe: Katholische Kirchengemeinde.

Wreesmann, Caspar; Woltermann, Clemens (1978): J. Ernst von Heimburg, ein Amtshauptmann in Südoldenburg. In: Heimatbund für das Oldenburger Münsterland (Hrsg.): Jahrbuch für das Oldenburger Münsterland 1978. Vechta: Vechtaer Druckerei und Verlag, S. 77–80.

wu. [Verfasserkürzel] (06.05.1950): Heilige Mission in Friesoythe. In: Münsterländische Tageszeitung.

Zuehlke, Mark (2010): On to Victory: The Canadian Liberation of the Netherlands, March 23 – May 5, 1945. Vancouver: Douglas & McIntyre.

Zurbonsen [„zur Bonsen"], Friedrich (1920): Neuere Vorgesichte und verwandte Erscheinungen. 73 Selbstzeugnisse aus der Gegenwart. Köln: J.P. Bachem Verlag.

Zurbonsen [„zur Bonsen"], Friedrich (1921, 5. Auflage): Das Zweite Gesicht (Die „Vorgeschichten") nach Wirklichkeit und Wesen. Köln: J.P. Bachem Verlag.

Sonstige Internetquellen

Harsewinkel. Die Mähdrescherstadt. Freizeit und Kultur, Sehenswürdigkeiten: Spökenkiekerdenkmal. URL: https://www.harsewinkel.de/sv_harsewinkel/de/Freizeit%20+%20Kultur/Sehensw%C3%BCrdigkeiten/Sp%C3%B6kenkiekerdenkmal/, zuletzt aufgerufen am 03.11.2021.

Kulturtourismus im Oldenburger Land. Tour: „Mit Sagen und Geschichten durch Friesoythe". URL: https://www.kulturtourismus-ol.de/mit-sagen-und-geschichten-durch-friesoythe/, zuletzt aufgerufen am 14.10.2021.

Open Caching Website, seit 2011 inaktiver Cache: Der „Seher" von Friesoythe. URL: https://www.opencaching.de/viewcache.php?cacheid=104351, zuletzt aufgerufen am 06.12.2020.

Spökenkieker. Ihr regionales Anzeigenmagazin (Website). Eintrag: Was ist ein Spökenkieker? URL: https://derspoekenkieker.de/was-ist-ein-spoekenkieker/, zuletzt aufgerufen am 02.01.2021.

Wikipedia: Friesoythe. URL: https://de.wikipedia.org/wiki/Friesoythe, zuletzt aufgerufen am 14.10.2021.

Abbildungsverzeichnis

Abb. 1: Der Stadtschreiber von Friesoythe (1931). Kohlezeichnung angefertigt von August Kathe. Quelle: Das Original befindet sich im Postgeschichtlichen Museum Friesoythe. Veröffentlicht wurde es zuerst in: Steyler Missionare

(Hrsg.): Stadt Gottes. Katholische Illustrierte Familienzeitschrift. Herausgegeben zum Unterhalt des Missionswerkes. 55. Jahrgang 1931/32, Heft 4, Januar 1932. Steyl: Missionsdruckerei, S. 155.

Abb. 2: Das Spökenkieker-Denkmal in Harsewinkel, erschaffen vom Bildhauer Hubert Hartmann. Quelle: Stadtarchiv Harsewinkel.

Abb. 3: Das Krankenhaus St. Marien-Stift mit Franziskanerinnen im Eingang, Postkarte von 1917. Quelle: Archiv Postgeschichtliches Museum Friesoythe.

Abb. 4: Die Souterrain-Fenster, hinter denen Wreesmann gelebt hat, links der mittlerweile entfernten Krankenhaustreppe. Foto: Alexander Reuter (2021).

Abb. 5: Das damalige Friesoyther Rathaus mit Stadtwappen, Postkarte aus den 1930er Jahren. Quelle: Archiv Postgeschichtliches Museum Friesoythe.

Abb. 6: Signatur Theodor Wreesmanns auf einem offiziellen Dokument (1921). Quelle: Offizialatsarchiv des Bischöflich-Münsterschen Offizialats für die Katholische Kirche im Oldenburger Land, Vechta: B 23b 5 Faszikel 79 e.

Abb. 7: Abschrift eines Dokuments von Wreesmann als Stadtschreiber (1921). Quelle: Offizialatsarchiv des Bischöflich-Münsterschen Offizialats für die Katholische Kirche im Oldenburger Land, Vechta: B 23b 5 Faszikel 79 c.

Abb. 8: Charakteristischer Notizzettel von Theodor Wreesmann, undatiert, wahrscheinlich 1930er oder 1940er Jahre. Quelle: Stadtarchiv Friesoythe.

Abb. 9: Die Lange Straße im Jahr 1946. Quelle: Cloppenburg, Ferdinand (2003): Die Stadt Friesoythe im zwanzigsten Jahrhundert. Friesoythe: H.B. Schepers, S. 192.

Abb. 10: Die Mühlenstraße im Jahr 1946. Quelle: Cloppenburg, Ferdinand (2003): Die Stadt Friesoythe im zwanzigsten Jahrhundert. Friesoythe: H.B. Schepers, S. 192.

Abb. 11: Kapuzinerpater Caesar. Foto: H. Scheideler, Recklinghausen Süd. Quelle: Archiv der Deutschen Kapuzinerprovinz, Altötting.

Abb. 12: Kapuzinerpater Renatus. Quelle: Archiv der Deutschen Kapuzinerprovinz, Altötting.

Abb. 13: Kapuzinerpater Gaudentius. Quelle: Archiv der Deutschen Kapuzinerprovinz, Altötting.

Abb. 14: „Mettken Hus“ (2. Haus v. l.) in der Langen Straße um 1900. Foto: privat. Quelle: Cloppenburg, Ferdinand (2003): Die Stadt Friesoythe im zwanzigsten Jahrhundert. Friesoythe: H.B. Schepers, S. 36.

Abb. 15: Missionskreuz in der St. Marien-Kirche Friesoythe. Foto: Stuke. Quelle: Postkarte des Libertas Verlag, aus der Privatsammlung von Roswitha Krause. Außerdem veröffentlicht in: Pfarrei St. Marien; Katholisches Pfarramt in Friesoythe (Hrsg.) (1960): Die Sankt Marienkirche zu Friesoythe/Oldb. Erolzheim: Libertas, Verlag für Kirche und Heimat, Baum.

Abb. 16: Die katholische Pfarrkirche St. Marien, 4. Juni 2013. Foto: Wolfgang Letzel.

Abb. 17: Zeichnung: Der Stadtschreiber Wreesmann (1932). Künstler: Clemens Tenbrink. Foto aus: Eismann, Otger; Kath. Seniorengemeinschaft St. Marien Friesoythe (Hrsg.) (2012, überarbeitete Auflage): Aus der Schatztruhe. Friesoyther Senioren erinnern sich. Band 1. Heitere und nachdenkliche Erzählungen. Gesammelt, aufgeschrieben und bearbeitet von Otger Eismann. Friesoythe: H.B. Schepers, S. 83.

Abb. 18: Relief: Der Stadtschreiber von Friesoythe (1937). Künstler: Clemens Tenbrink. Foto: Stadt Friesoythe (2022).

Abb. 19: Büste des Friesoyther Stadtschreibers Wreesmann. Künstler: Clemens Tenbrink. Foto aus: Güthlein, Karin (20.04.1989): Tags verspottet, nachts eingesperrt: Bruchstücke eines bedrückenden Lebens. In: Münsterländische Tageszeitung: Wurfsendung „Friesoythe aktuell“.

Abb. 20: Verworfener Modellentwurf für ein lebensgroßes Bronzedenkmal: Der Stadtschreiber am Fenster mit Stadttor (Ausschnitt). Künstler: Holger Voigts. Foto: Stadt Friesoythe (2021).

Abb. 21: Verworfener Modellentwurf für ein lebensgroßes Bronzedenkmal: Der Stadtschreiber vor Trümmerlandschaft (Ausschnitt). Künstler: Holger Voigts. Foto: Alexander Reuter (2022).

Abb. 22: Das „Seher-Denkmal“ beim alten Rathaus, erschaffen vom Bildhauer Holger Voigts. Foto: Alexander Reuter (2021).

Abb. 23: Der „Mahner“ mit Mundnasenschutz im April 2020. Foto: Alexander Reuter (2020).

Abb. 24: Die „Vierfuß-Statue“ mit Solidaritätsaufruf. Foto: Lena Wewer. Aus: Nordwest Zeitung Online am 11.05.2020: Plakataktion soll wachrütteln: Friesoytherin setzt Zeichen der Solidarität mit Flüchtlingen. Autor: Heiner Elsen. URL: https://www.nwzonline.de/plus-cloppenburg-kreis/friesoythe-plakataktion-soll-wachruetteln-friesoytherin-setzt-zeichen-der-solidaritaet-mit-fluechtlingen_a_50,8,814201721.html, zuletzt aufgerufen am 02.11.2020.

Abb. 25: Das unbebaute Grundstück mit Wandmalerei. Wandmalerei: Michaela Plaggenborg und Brigitta Norrenbrock, 1993. Foto: Alexander Reuter (2021).

9 Anhang

9.1 Übersetzungen plattdeutscher und englischer Zitate ins Hochdeutsche

In der vorliegenden Arbeit habe ich einige plattdeutsche Schriftquellen zitiert. Diese sollen hier, mit Verweis auf die Seite, auf der ich das Zitat eingebracht habe, ins Hochdeutsche übertragen werden. Selbiges gilt für einige englischsprachige Zitate. Die Übersetzungen sind kursiv gedruckt und stammen von mir. Das plattdeutsche Gedicht „De olle Vierfuß" von Elisabeth Osterhoff in hochdeutscher Übersetzung von Albert Faske bildet Anhang 9.2.

S. 23:

„Nåloop gift 't neet, man Voerloop gif 't." (Siebs 1930: 150)

„Nachspuk [oder auch: Wiedergänger] gibt es nicht, aber Vorspuk gibt es."

S. 26:

Schon auf dem Titelblatt des Buches, welches eine Inhaltsangabe enthält, wird das Second Sight umrissen als „Faculty of foreseeing things to come, by way of Vision, so common among them [the inhabitants, Anm. d. Verf.]" (Martin 1716: i).

[...] „die Fähigkeit, Dinge, die kommen werden, durch ein Gesicht vorauszusehen, die so verbreitet ist unter ihnen [den Einwohnern, Anm. d. Verf.]".

S. 46:

„Masse Friesayther hebbt den ollen Vierfuß in'n Düstern bi Vullmaond äöwer dat Stadttor kreipen seihn, un dat up Hannen un Feuten. Hei schall nämlick maondsüchtig wän wäsen. Dorvan köm uck sien Binaom Vierfuß." (Oldenburgische Landschaft 1983)

„Viele Friesoyther haben den alten Vierfuß im Dunkeln bei Vollmond über das Stadttor kriechen sehen, und das auf Händen und Füßen. Er soll nämlich mondsüchtig gewesen sein. Daher kommt auch sein Beiname Vierfuß."

S. 48:

„Ick müsste dor weer hän[.]"

„Ich musste da wieder hin."

S. 49:

„Malchen, dat will ik dir seggen: Gah nich nachts ut't Huus! Hal di nich so'n Kruz an, worunner ick lied. Bliev nachts to Hus un hol dir nich wat an."

„Malchen, das will ich dir sagen: Geh nicht nachts aus dem Haus! Hol dir nicht so'n Kreuz ran, worunter ich leide. Bleib nachts zuhause und hol dir nicht was ran."

S. 53:

„Hier hässt du uk Blöer und brukst bi mi nich utkieken, läsen wess du ass Schaulmester ja woll noch köhnen!" (Bögershausen 2006: 126)

„Hier hast du auch Blätter und brauchst bei mir nicht reinschauen, lesen wirst du als Schulmeister ja wohl noch können!"

S. 80:

„Uck vandaoge wedd in dei Friesayther Gägend noch masse van den ollen Vierfuß schnacket. Dorbi is dei Stadtschriewereie bloß Näbensaoke. Einen Naomen heff dei olle Vierfuß bi dei Lüe, weil hei anners wör un'n bäten mehr kunn as annere.

Segget wedd, dat hei dat tweide Gesicht har. Hei kunn Saoken seihn, dei de läöterhen eis passeiern dön. Einigge näumt dat uck Speukenkikereie. Dei Dag is lang, un dei Lüe schnacket väl. Dorümm mott man nich alens glöwen, wat dor vertelld wedd. Un wenn man sücke Geschichten äöwer Speukenkiekers hört, dann kaomt einen disse Lüe uck'n bäten gruselig vör. Mangers heff man uck Angs vör ehr, weil man mennt, dei Worschauers käönt nich bloß in vörut kieken, nee, man trauet ehr uck tau, dat sei dat, wat vör us ligg, 'n bäten regeiern läönt [sic]. Wenn dann dat Utseihn van disse Lüe tau dei eigene Angs passen deit, dann geiht man sücke Speukenkiekers all gern ut'n Weg." (Oldenburgische Landschaft 1983)

„Auch heute wird in der Friesoyther Gegend noch viel von dem alten Vierfuß gesprochen. Dabei ist die Stadtschreiberei bloß Nebensache. Einen Namen hat der alte Vierfuß bei den Leuten, weil er anders war und ein bisschen mehr konnte als andere.

Gesagt wird, dass er das zweite Gesicht gehabt hat. Er konnte Dinge sehen, die später erst passierten. Einige sagen dazu auch Spuksichtigkeit. Der Tag ist lang und die Leute quatschen viel. Darum muss man nicht alles glauben, was da erzählt wird. Und wenn man solche Geschichten über Spukseher hört, dann kommen einem diese Leute auch ein bisschen gruselig vor. Manchmal hat man auch Angst vor ihnen, weil man meint, die Weissager können nicht bloß vorausschauen, nein, man traut ihnen auch zu, dass sie das, was vor uns liegt, ein bisschen lenken können. Wenn dann das Aussehen von diesen Leuten zu der eigenen Angst passt, dann geht man solchen Spuksehern ganz gern aus dem Weg."

S. 83:

„Uck wedd dor van schnacket, dat, wenn einer inne Stadt äöwer Starwen leeg, dei olle Vierfuß kaomen wör, dör't Fenster käken un schüddekoppt har. Dann wüßden dei Lüe, dat sei den Pastor taun Verseihn haolen mössen. Dei Kranke stürw dann uck, off nu van siene Krankheit off dör den Schreck, dat weit man nich so genau.

Annere vertellt wer, dat dei olle Vierfuß uck bi Lüe ankaomen wör, wor eine Hochtied in't Hus staohn har. Dor bruken dei Inwaohners vörher nicks nich van wüßt hebben. Dorbi har sick dei olle Vierfuß dann an't Fenster stellt un har nappkopped." (Oldenburgische Landschaft 1983)

„Auch wird davon erzählt, dass wenn einer in der Stadt im Sterben lag, der alte Vierfuß gekommen sei, durch das Fenster geschaut und mit dem Kopf geschüttelt habe. Dann wussten die Leute, dass sie den Pastor zum Versehgang holen mussten. Der Kranke starb dann auch, ob nun an seiner Krankheit oder durch den Schreck, das weiß man nicht so genau.

Andere erzählen wieder, dass der alte Vierfuß auch bei Leuten angekommen wäre, wo eine Hochzeit ins Haus stand. Da brauchen die Bewohner vorher nichts von gewusst haben. Dabei hat sich der alte Vierfuß dann ans Fenster gestellt und hat genickt."

S. 87:

„Wenn ik ne likenfolge seie, dat kan man noch ankiken, aover dat janhaogel (sonst gebraucht für ‚Gesindel'), wat dao achtern hertreckt un draover sweft, kan ik nich sein, dao mot ik wegkiken." (Käthe P. in Segschneider 1973: 177)

„Wenn ich einen Leichenzug sehe, das kann man noch ansehen, aber das Gesindel, was da hinterherzieht und drüber schwebt, kann ich nicht ansehen, da muss ich weggucken."[64]

64 Dieses Zitat bleibt rätselhaft, vor allem aufgrund des Wortes „janhaogel". Mit seiner Übersetzung des Wortes als „Gesindel" liegt Segschneider richtig: Das online verfügbare *Plattdeutsch-Hochdeutsche Wörterbuch für Ostfriesland* kennt den Ausdruck „Janhagel un sien Maten" als „das Pack *(Gesindel)*" oder „der Pöbel". Auf *Wikipedia* heißt es: „Janhagel oder Jan Hagel ist ein vorwiegend norddeutscher und niederländischer veralteter Ausdruck für den Pöbel, abgeleitet vom erfundenen Namen „Jan Hagel", „Johann Hagel" oder „Hans Hagel", der in älterer Literatur noch ausgeschrieben wird". Es wird nicht ersichtlich, warum der Anblick von weltlichem „Gesindel" in einem Leichenzug so unerträglich sein solle, geschweige denn wie dieses „Gesindel" es vollbringe, über dem Leichenzug „drüber zu schweben". Ich

S. 89:

„As dei Friesayther an'n En' van den leßden Weltkrieg den truriggen Schutthopen bekeken, dei van ehre Stadt äöwerbläwen wör, do füllt einige van ehr in: ‚Dat hebbt wi jo all jümmer wüßt, dat dat so kaomen mößde.'

Dorbi dachden sei an dat Worschauen van den ollen Vierfuß. Dei olle Vierfuß, hei hedde eigendlick mit sien richtigen Naom Wreesmann un har einen Posten bi dei Friesayther Stadt as Stadtschriewer. Ale Lüe kennden üm, denn hei löp faoken dör dei Straoten un röp ut, wat es Amtlickes tau vermelden geew. [...]

Disse olle Vierfuß har nu vör'n tweiten Weltkrieg maol seggt, hei kunn van't Friesayther Amtsgericht – dwaschk dör dei Stadt – bit nao't Krankenhus henkieken. Dei Lüe glöwden dat nich, denn sei kunnen van't Amtsgericht bloß bit vör dei nächste Huswand kieken. Nao'n Krieg noch man hebbt dei Friesayther inseihn, wat dei Schnack van den ollen Vierfuß tau bedüen har.

As Friesaythe nämlick in Schutt un Aschken leeg, do kunn man wücklick van't Amtsgericht bit nao't Krankenhus henkieken, jederein kunn dat, dei Hüser leegen anne Grund." (Oldenburgische Landschaft 1983)

„Als die Friesoyther am Ende des letzten Weltkrieges den traurigen Schutthaufen ansahen, der von ihrer Stadt übriggeblieben war, da fiel einigen von ihnen ein: ‚Das haben wir ja alles immer gewusst, dass das so kommen müsste.'

Dabei dachten sie an das Vorausschauen von dem alten Vierfuß. Der alte Vierfuß, er hieß eigentlich mit seinem richtigen Namen Wreesmann und hatte einen Posten bei der Stadt Friesoythe als Stadtschreiber. Alle Leute kannten ihn, denn er lief oft durch die Straßen und rief aus, was es Amtliches zu vermelden gab. [...]

Dieser alte Vierfuß hatte nun vor dem zweiten Weltkrieg mal gesagt, er könne vom Friesoyther Amtsgericht – quer durch die Stadt – bis zum Krankenhaus hinschauen. Die Leute glaubten das nicht, denn sie konnten vom Amtsgericht bloß bis an die nächste Häuserwand sehen. Nach dem Krieg aber haben die Friesoyther eingesehen, was das Gerede von dem alten Vierfuß zu bedeuten hatte.

---

mutmaße daher, dass „janhaogel" sinngemäß mit „Unholde" anstatt mit „Gesindel" übersetzt werden könnte, womit wieder ein Bezug zur Geisterwelt vorhanden wäre. Suchergebnisse „Janhagel" im *Plattdeutsch-Hochdeutschen Wörterbuch für Ostfriesland* auf der Website *Ostfriesische Landschaft*: https://www.platt-wb.de/platthoch/?term=Janhagel, zuletzt aufgerufen am 26.11.2021.
Wikipedia-Begriffsklärungsseite „Janhagel": https://de.wikipedia.org/wiki/Janhagel, zuletzt aufgerufen am 26.11.2021.

Als Friesoythe nämlich in Schutt und Asche lag, da konnte man wirklich vom Amtsgericht bis zum Krankenhaus hinschauen, ein jeder konnte das, die Häuser lagen am Boden.“

S. 90:

„This unfortunate episode only came to my notice and thus got into the pages of history because I was in Friesoythe at the time and saw people being turned out of their houses and the houses burned. How painfully easy it is for the business of ‚reprisals‘ to get out of hand! I am glad to say that I never heard of another such case.“ (Stacey 1982: 163 f.)

„Dieser bedauernswerte Vorfall ist mir nur aufgefallen und dadurch in die Geschichtsbücher eingegangen, weil ich zu dieser Zeit in Friesoythe war und gesehen habe, wie Menschen aus ihren Häusern getrieben und die Häuser in Brand gesteckt wurden. Wie schmerzhaft leicht kann die Sache der ‚Vergeltungsmaßnahmen‘ aus dem Ruder laufen! Ich bin froh, sagen zu können, dass ich nie von einem weiteren derartigen Fall gehört habe.“

S. 90:

„The tragedy at Friesoythe went unmentioned at divisional, corps, and army headquarters. No investigation followed.“ (Zuehlke 2010: 309)

„Die Tragödie von Friesoythe blieb im Divisions-, Korps- und Armeehauptquartier unerwähnt. Es folgte keine Untersuchung.“

S. 91:

„Goht na Pehmertange!“

„Geht nach Pehmertange!“

S. 93:

„Lat us na Pehmer Tange gahn! Vierfuß hätt sägt, wi möt na Pehmer Tange gahn!“

„Lasst uns nach Pehmertange gehen! Vierfuß hat gesagt, wir müssen nach Pehmertange gehen!“

S. 173:

„#LeaveNoOneBehind“ bzw. Leave no one behind

„#Lass[t]NiemandenZurück“ bzw. Lass(t) niemanden zurück

9.2 „De olle Vierfuß“ in hochdeutscher Übersetzung

Das plattdeutsche Gedicht „De olle Vierfuß“ wurde verfasst von Elisabeth Osterhoff, siehe Abschnitt 6.2 des vorliegenden Buches. Die folgende Bearbeitung und Übertragung ins Hochdeutsche stammt von Albert Faske und erschien in seinem Band *Spuren: Ein Friesoyther Lesebuch* (2006: 111 f.).

„Der alte Vierfuss

Kennt ihr ihn noch? Er war weit über 80 Jahr,
bis auf den Kragen stand ihm das graue Haar.
Mit Füßen, größer als gewöhnlichermaßen,
schlurfte und schleppte er sich durch die Straßen.
Allzeit im Gehrock, doch wie fahl und unmodern,
die Ecken hingen herunter bis fast auf die Erd’n.
Das Revers aus schwarzer Seide glänzte vornehm.
Sein Schlips war ’ne altmodische Fliege von vordem.
Rotzfreche Jungen ärgerten ihn mal gern.
Aber dann konnte er unheimlich böse werd’n.
Sein Gesicht war gezeichnet von tiefen Falten,
die von seinem beschwerlichen Leben erzählten.
Ganz tief in diesem zerknitterten Gesicht
standen kluge Augen mit Brauen, grau und dicht.
Allzeit saß vorne auf der Nase die Brille zum Lesen,
auf der Straße aber wäre sie nicht nötig gewesen.
Aus den Augenwinkeln schaute er die Leute sich an;
menschenscheu wurde mit der Zeit der alleinstehende Mann.
Fest zusammengekniffen war sein Mund,
die Leute durften nicht wissen, was dieser tat kund.
So war der alte Wreesmann, meistens Vierfuß genannt,
uns Friesoythern als Spökenkieker bekannt.
Ja, der alte Vierfuß hatte das Zweite Gesicht.
Damit behaftet, spürte er Unruhe in sich.
Es trieb ihn oftmals aus dem Bett, gewaltsam,
er musste unbedingt dorthin, wo bald ein Unglück kam.
So stand er oft nachts hinter Fenstern und Mauern,
dort waren die Menschen dann zu bedauern.
Sie dachten, bei ihnen gebe es bald Brand oder Tod,
und wussten nicht ein noch aus vor lauter Not.
Doch eine Voraussage ging uns alle an.
Vierfuß sagte: „In Friesoythe kommt es irgendwann,

dass zerstört wird die ganze Stadt,
zwischen Amtshaus und Krankenhaus liegt alles platt.
Ihr müsst dann nach Pehmertange gehen,
dort passiert nichts, da bleibt alles stehen."
So hat er noch auf dem Sterbebett gesagt,
dass die Sorge um Friesoythe ihn heftig plagt.
Einige lachten, andere dachten daran,
als 1945 die Panzer rollten heran.
Und als unsere Stadt lag platt,
hatte der Seher wieder mal Recht gehabt.
Auch sah er voraus das neue Friesoythe,
verglich mit Köln die Stadt von heute.
Erlebt hat er das selbst nicht mehr,
1941 erlöste von der Qual ihn unser Herr.
Viele Jahre ist er hier Stadtschreiber gewesen
und hat viel in alten Überlieferungen gelesen.
Urkunden und alte Zeitungen studierte er gern.
Wir müssen heute ihn noch besonders ehr'n.
Von unserer Vergangenheit ist vieles uns geblieben,
weil er es gesammelt hat und in Schönschrift aufgeschrieben:
Von den Tecklenburgern, vom Plündern und Sieg,
von der Pest und dem Dreißigjährigen Krieg;
über alle Familien und die Schützengilde
war er verflixt gut im Bilde.
Er sagt auch selbst, warum er das schreibt:
„Damit bei den Leuten die Heimatliebe bleibt."
Sie sollen 'ne Menge von ihrer Vaterstadt wissen
und das aus den alten Zeiten nicht vergessen.
So wollte der alte Stadtschreiber im Grund
dasselbe wie unser Heimatbund."

9.3 Friesoyther Sagen nach Ludwig Strackerjan und Karl Willoh

In Kapitel 5.2 des vorliegenden Buches habe ich die Weltkriegs-Erzählungen um den „Seher" Wreesmann als jüngste Fortführung eines Friesoyther Sagen- und Erzählkanons betrachtet, der noch weitere historisch bedeutsame Ereignisse und unruhige Zeiten mit abdeckt. Aufzeichnungen dieser weiteren, heute überwiegend vergessenen Erzählungen finden sich in dem Werk *Aberglaube und Sagen aus dem Herzogthum Oldenburg*, 1867 erstmals von Ludwig Strackerjan herausgegeben und 1909 von Karl Willoh erweitert. Da das zweibändige Werk nur noch in Bibliotheken zugänglich ist, ich bei den Leserinnen und Lesern des vorliegenden Buches aber ein Interesse für diese Erzählungen vermute, habe ich diese hier dem Anhang beigefügt. Ein Sternchen markiert alle jene Texte oder Nachträge, die erst mit der Neuauflage 1909 Eingang in das Werk gefunden haben. Alle übrigen waren bereits Bestandteil der Originalausgabe von 1867. Zitiert wird hier aus der erweiterten Neuauflage.

„*Als in Friesoythe in münsterschen Zeiten noch Militär lag, stand ein Posten vor dem Wachthause am jetzigen Markt. Der Oberst wollte die Zuverlässigkeit der Wachtsoldaten prüfen und hatte sich ein Drahtgestell mit einem Hundekopf machen lassen, in das er zur Nachtzeit hineinschlüpfte und dann auf allen Vieren bis an das Wachthaus herankroch, um die Wache zu erschrecken. Einige Male waren die wachthabenden Soldaten in abergläubischer Furcht davon gelaufen, schließlich nahm sich einer ein Herz und lief mit den Worten: ‚Ick stäk en dör un wenn't uk de Düwel is,‘ auf das Ungetüm los und bohrte seinen Säbel in dessen Leib. Der Oberst war tot. Jetzt spukt er in Gestalt eines schwarzen Hundes in der Gegend, wo sich früher die alte Wallstraße befand.“ (Bd. I, 230)

Übersetzung der plattdeutschen wörtlichen Rede: *„Ich stech' ihn durch und wenn's auch der Teufel ist“.*

„Wenn man von Friesoythe nach Ikenbrück will, muß man die Bischofsbrücke passieren. Ein Fuhrmann, der vor Jahren diesen Weg kam, hörte plötzlich eine Stimme hinter sich, die sagte: ‚O wie schwer ist mein Kopf, o wie schwer ist mein Kopf!‘ Der Fuhrmann erwiderte: ‚Wenn dein Kopf dir so schwer ist, so lege ihn nur hinten auf den Wagen.‘ Hierauf wurde der Wagen so schwer, daß die Pferde ihn nur mit genauer Not aus der Stelle bringen konnten. Um an den Ort seiner Bestimmung zu gelangen, mußte der Fuhrmann auf einen Nebenweg abbiegen, und als er dieses tat, wurde den Pferden der Wagen wieder leichter. Zu Hause angekommen, waren die Pferde naß von Schweiß und totmüde; der Fuhrmann aber wurde vom Schrecken so krank, daß er acht Tage das Bett hüten mußte. – Jene Stimme ist auf dem Wege auch von andern Leuten gehört.“ (Bd. I, 240)

„Zu Friesoythe im Wreesmannschen Hause (jetzt H. Windeberg) nahe dem Harkebrügger Tor wird ein über 300 Jahr alter Schinken aufbewahrt. In diesen Schinken ist einmal vor vielen vielen Jahren die Pest hineingebannt, die in Gestalt einer blauen Wolke in der Luft herumgefahren und endlich bezwungen und in den Schinken gebannt ist; der Schinken aber ist dadurch unverweslich geworden. Der Schinken kann aus dem Hause, in welchem er verwahrt wird, nicht entfernt werden; wird er herausgeholt, so kehrt er in der nächsten Nacht unfehlbar dahin zurück. Vor etwa 60 Jahren wollten Holländer den Schinken kaufen, wurden aber abschlägig beschieden; doch verstattete ihnen der Besitzer, ein Stück herauszuschneiden, und die Lücke ist noch zu sehen. *Auch neuerdings hält die Sage daran fest, daß die Pest in Gestalt eines blauen Rauches in den Schinken gezogen, und daß seitdem die Pest aus Friesoythe verschwunden sei. Nur sagt man, das Loch in den [sic] Schinken rühre von einem räuberischen Schweden her, der mit seinem Säbel ein Stück herausgeschnitten habe. Der Schinken sei unverletzlich, bei Bränden werde er immer zuerst gerettet." (Bd. II, 186 f.)

„In der Gemeinde Friesoythe, aber an der Grenze von Neuscharrel, liegt ein runder, aufgeworfener, mit Eichen besetzter Hügel, welcher den Namen *Schillsbusch* führt. Im dreißigjährigen Kriege hatten die Saterländer bei Scharrel gegen die Mansfelder eine Landwehr errichtet, und auf jenem Hügel war ein Wachtposten aufgestellt. Von dieser Schildwache hat der Hügel seinen Namen erhalten." (Bd. II, 352. Herv. i. O.)

„*Friesoythe hatte bislang einen historischen Schinken und ein historisches Gewehr. Als die Mansfelder zu Weihnachten 1623 gen Friesoythe heranrückten, flohen die umliegenden Landleute in das Lütgenborger Moor. Friesoythe schlug die ersten Angriffe ab, und die Mansfelder bezogen in Altenoythe ein Lager, stellten aber einen Posten auf dort, wo zwischen Altenoythe und Friesoythe der Weg nach Bösel abbiegt. Nachdem in Friesoythe eine Verstärkung eingetroffen, war die Besatzung nicht nur stark genug, die Feste dauernd zu verteidigen, sondern auch einen Ausfall zu machen. Am Weihnachtsabend schlich ein Bürger namens Pancraz aus der Stadt, machte sich an den von den Mansfeldern aufgestellten Posten, der von einem Baume aus Ausguck hielt, heran und schoß ihn mit einem wohlgezielten Schuß herunter. Kaum war der Schuß gefallen und in der Stadt gehört, als Besatzung und bewaffnete Bürger von der Stelle aus, wo jetzt die Wassermühle liegt, einen Ausfall machten, auf Altenoythe losstürmten und dort die Mansfelder, die sich auf dem Kirchhofe verschanzt hatten, angriffen. Ein furchtbares Morden begann, (ein Soldat fand in der Kirche seinen Tod), das damit endigte, daß die Mansfelder, die nicht gefallen oder gefangen genommen waren, in das Moor flüchteten. Die Böseler, welche sich an der Verteidigung der Stadt und an dem Ringen auf dem Altenoyther Kirchhof mit Flinten, Sensen, Heugabeln usw. beteiligt hatten, erhielten zum Danke für ihre tatkräftige Hilfeleistung Wiesen an der Lahe östlich der Altenoyther Chaussee nach Edewecht zu, die sie noch jetzt besitzen und bis auf den heutigen Tag ‚Mansfelder Wiesen' heißen. Das Gewehr, womit Pancraz den Posten erschoß, war zuletzt im Besitz des Landmanns Schüdde in Schwaneburg und ist kürzlich verkauft worden. (Nach einer anderen Lesart ist der von Pancraz erschossene Soldat der Anführer der Mansfelder gewesen, und die Mansfelder Wiesen haben das Lager der Mansfelder abgegeben.)" (Bd. II, 352 f.)

„Im Anfange des vierzehnten Jahrhunderts lebte auf Windbergs Stelle zu *Schwaneburg* ein Ehepaar, das nur einen einzigen Sohn hatte. Der Bauer führte einen wichtigen Prozeß, und eines Tages erschien der Richter aus Cloppenburg in Friesoythe, um das Urteil zu sprechen. Das Urteil fiel gegen den Bauern aus, und des letzteren Sohn ward darüber so erbost, daß er beschloß, den Richter ums Leben zu bringen. Er begab sich auf den Galgenberg, der zwischen Friesoythe und Thüle an der Straße von Friesoythe nach Cloppeburg liegt, lauerte dem Richter auf, als dieser nach Cloppenburg zurückfuhr, und erschoß ihn; dann entfloh er und pilgerte nach Jerusalem. Die Eltern waren über die Missetat ihres einzigen Sohnes sehr betrübt und voll Bekümmernis um sein Seelenheil. Sie beteten viele Male für ihren Sohn und taten viele Werke der Barmherzigkeit zu seiner Seele Besten; allein sie wußten nicht, ob sie mit all ihren Gebeten und guten Werken seine Seele wirklich retten würden. Da erschien ihnen einst im Traume ein Geist und bedeutete sie, sie sollten des Nachts ein leinenes Laken draußen unter freiem Himmel auslegen; wenn dies Laken am anderen Morgen naß sei, so sei dies ein Zeichen, daß ihr Sohn noch selig werden könne. Die Eltern folgten der Weisung, und als sie am andern Morgen zusahen, war das Laken naß. Da vermachten die Eltern in der Freude ihres Herzens ihr ganzes Vermögen an ihren Knecht und ihre Magd, legten ihnen aber auf, daß sie alljährlich den vierten Teil aller auf der Stelle wachsenden Früchte an die Armen zu Oythe (d. i. Friesoythe) geben sollten, und zwar den Roggen zu Brod verbacken. Die Stiftung wurde auch ausgeführt, und die Armen von Oythe mußten jeden Sonnabend das Brod abholen, wenn eine Glocke, die auf dem Hofe in einem Baume hing, geläutet wurde. Aber die Armen zeigten sich in der Folge wenig dankbar, sondern warfen mit dem Brode, das sie abgeholt hatten, herum; deshalb wurde später der Vierte von der Windbergs-Stelle der Kirche zu Oythe übertragen, wogegen diese den Armen einige Grundstücke in der Bauerschaft Altenoythe überwies. Um das Jahr 1832 ist der Vierte abgelöst.“ (Bd. II, 353 f. Herv. i. O.)

„Einem Eingesessenen zu Schwaneburg war einst zur Winterszeit ein Korb mit Bienen gestohlen. In seinem Zorne verfluchte er den Dieb und wünschte ihm, daß er zur Strafe nach seinem Tode alle Jahre in der Nacht des Diebstahls wiedergehen möge. Seitdem soll nun jeden Winter in einer bestimmten Nacht der Dieb mit einem Bienenkorbe auf dem Kopfe durch Schwaneburg gehen.“ (Bd. II, 354)

„*Als das Schmiedehandwerk in Friesoythe noch blühte, waren beide Seiten der Langestraße mit Schmiedewerkstätten fast ganz bebaut, und bis Molbergen konnte man zur Abendzeit den von den Schmiedeessen geröteten Himmel über Friesoythe sehen. Zu jener Zeit hatte ein Sohn von Schüdden Stelle in Schwaneburg die Aufforderung erhalten, als Soldat in Münster einzutreten, war aber zum festgesetzten Termine nicht erschienen, und Gendarmen zu Pferde trafen in

Friesoythe ein, um den Widerstrebenden zu holen. Als diese von Schwaneburg zurückkehrten, den Gefangenen zwischen sich, hatten die Schmiede ihren Plan fertig. In dem Augenblicke, als die Reiter in die Langestraße einbogen, trat jeder Schmied mit einer glühenden Eisenstange vor die Tür, hielt sie den Pferden vor die Nase, und im Nu waren diese in wilder Flucht davongestürmt, den Bauernsohn auf der Straße zurücklassend. Dieser machte sich eiligst davon und ist auch nicht wieder eingefangen worden.“ (Bd. II, 354 f.)

„*In der Franzosenzeit, als in Friesoythe französisches Militär lag, wurde in Doktors Hause, jetzt Frau von der Horst bei der Kirche, ein Ball abgehalten, zu dem auch die Franzosen sich einfanden. Einer der letzteren wollte mit der hübschen Tochter des Bürgermeisters tanzen. Diese weigerte sich, und es kam zu einem Wortgefecht zwischen den Fremdlingen und den Bürgern. Ein riesenstarker Friesoyther ergriff zuletzt das Püsterrohr vom Kamin und schlug auf die Franzosen ein und mit solchem Erfolge, daß diese nicht nur das Festhaus, sondern am folgenden Morgen auch die Stadt verließen.“ (Bd. II, 355)

9.4 „Der Wasserhund“ von Albert Faske

Das Märchen „Der Wasserhund“ stammt von Albert Faske und erschien in seinem Band *Spuren: Ein Friesoyther Lesebuch* (2006: 18). In Kapitel 5.2 des vorliegenden Buches wurde es angesprochen und wird hier mit Herrn Faskes freundlicher Genehmigung zur Veranschaulichung wiedergegeben:

„Der Wasserhund

Es lebte einmal ein verarmter Ritter auf der Burg zu Friesoythe, der sich mit dem Bösen eingelassen hatte. Statt die Schwachen, Witwen und Waisen zu beschützen, überfiel er sie und raubte sie aus. Auch die Kaufleute waren vor ihm nicht sicher. Damit ihm auch niemand entkam, folgte ihm immer ein Bluthund mit einem fürchterlichen Gebiss, dessen Eckzähne weit über die Lefzen ragten. Beide waren in der Gegend gefürchtet.

Von dem Unwesen der beiden erfuhr der fromme Bischof und sagte: ‚Dem Wegelagerer muss ein Ende bereitet werden.‘ Daher zog er selbst mit in den Kampf, um die Burg des Raubritters zu schleifen. Er und seine Mannen überraschten den Bösewicht, bevor dieser den Burggraben und die niederen Wiesen ringsherum mit dem Wasser der Soeste füllen konnte. Den Burgleuten gelang es aber noch, das Burgtor zu schließen, obwohl sie gerade ein Zechgelage veranstalteten, wobei sie den edlen Wein becherten, den sie zuvor einem Kaufmann geraubt hatten. In seiner Trunkenheit lästerte der Unhold: ‚Will der Lumpenbischof meine Burg angreifen?‘ Dazu heulte sein Hund auf wie ein Höllentier und fletschte fürchterlich die Zähne. Das fahle Mondlicht schimmerte durch die knorrigen Äste der Eichen.

Der Kampf währte nur kurz, die Burgmänner verloren ihr Leben. Der Raubritter, tödlich getroffen, krächzte: ‚Mein Höllenhund wird mich rächen!‘ Der Bischof will gesehen haben, wie dann der schreckliche Vierbeiner mit einem gewaltigen Satz über die Burgmauer hinweg durch das milchige Mondlicht, den bösen Geist des Wegelagerers mit sich führend, in die Soeste sprang. Das Wasser sei aufgespritzt und habe ihn verschluckt. Der böse Geist aber fand keine Ruhe und lebt in dem Wasserhund weiter.

In all den vergangenen Jahrzehnten und Jahrhunderten ist es dem Wasserhund immer wieder gelungen, unschuldige Kinder, die dem Ufer zu nahe kamen, zu packen und unter Wasser zu ziehen, so dass sie ertranken und ihr Leben verloren.

Erst wenn Unrecht und Gewalt aus der Welt verschwunden sind und alle Menschen sich einander helfen, wird auch der böse Geist sein unheilvolles Treiben lassen und unschuldige Kinder verschonen.“